DATE DUE

Jul			
APR 28 '72			
MAY 28 1980			
GAYLORD			PRINTED IN U.S.A.

❧ Narradores de hoy

Narradores de hoy

EDITED BY

EDITH HELMAN
Chairman, Department of Modern Languages,
Simmons College

AND

DORIS KING ARJONA

W. W. NORTON & COMPANY · INC · NEW YORK

INDICE

PREFACE

Narradores de hoy is an anthology of stories published since 1940 by eighteen Spanish writers, all of whom are still living and writing. Most of them are novelists as well as *cuentistas,* and therefore collectively represent the significant trends in Spanish postwar fiction. This anthology is a continuation of the editors' *Cuentos contemporáneos,* a collection of stories from the period before World War II.

The book uses various approaches to help students read perceptively, with maximum comprehension and enjoyment, the literary Spanish of today. Among its outstanding features are the accompanying recordings made by the authors of the selections, both for aural-oral practice and for unifying and reinforcing linguistic and literary study of the text. "Cámara y visión," the general introduction to the anthology, the forewords for individual authors, and the *preguntas* that follow each story are mainly concerned with literary interpretation. Since they are meant to form a basis for student discussion, all are written in Spanish. The introduction deals with the nature of the *cuento,* its relation to other art forms, the influences, past and present, operating on Spanish fiction writers of today, and the meaning of the lyrical-subjective, autobiographical, neonaturalistic and neorealistic strains in contemporary Spanish literature. The work of each author is introduced by a foreword that discusses his life and outstanding works, briefly analyzes his thought and style, and introduces the theme, characters, background, and technique of the selection or selections. Following each story is a set of *preguntas* dealing more with motivation, style, and tone than with content; these are designed to help the student read at different levels and to discover meanings not immediately apparent. The short story is ideal for this kind of study: it is a single, more or less unified structure that can render experience in microcosm.

Each of the twelve sets of laboratory exercises is based on the reading of a passage by its author; reading and exercises together require some twenty minutes. For the student who listens to the passage and then reads it aloud himself, following the author's word-grouping, intonation, and emphasis, the words come to have a new dimension. The exercises that follow the reading passage highlight its linguistic details: vocabulary in context, forms in functional use, and specific elements of style. These exercises are not repetitive; they do not call for automatic or mechanical response, but rather force the student to think. They are brief, but they suggest innumerable other exercises that may be used with or without a laboratory by any teacher who believes that detailed linguistic study is indispensable to intelligent and pleasurable reading.

The stories in this anthology reflect many aspects of life and thought in present-day Spain. They have been chosen as representative of their authors and as suitable for second- and third-year college classes or for advanced classes in high school. Some important writers are not represented because appropriate selections from their works were not available. Although passages have been omitted from some selections which are parts of novels or are too long for presentation in full, in no case has the text been altered. The book includes English equivalents in footnotes as well as a Spanish-English vocabulary; the student for whom it is intended has not yet reached the stage where he is likely to comprehend a literary text fully without some translation into his native language.

The stories in *Narradores de hoy* are presented chronologically according to the date of birth of the authors. For progressive difficulty in reading, they may be divided into three groups:

1. Laforet, *Al colegio;* Campos, *El cuento de la lechera;* Fernández Santos, *Una fiesta;* Lacruz, *La comunidad;* Núñez Alonso,

A los trece años de viaje; Salvador, *El bosque;* Sueiro, *El maestro;* Aldecoa, *Balada del Manzanares*

2. Matute, *Bernardino;* Delibes, *La cucaña;* Romero, *El forastero, Mundo adolescente;* Goytisolo, *La ronda;* Aldecoa, *En el kilómetro 400;* Alemán Sainz, *Autobús para cualquier parte;* Muñoz Rojas, *Las Villena*

3. Ayala, *El tajo;* Halcón, *Pernales;* Cela, *La romería;* Gironella, *Tres platos en la mesa*

E. H.

D. K. A.

ACKNOWLEDGMENTS

The editors of this anthology are deeply grateful to the authors of the selections, many of whom not only gave permission for the inclusion of their works but also devoted time and effort to recording them. We are indebted to Ilene Avery, Director of the International Institute for Girls in Spain, for making all arrangements with authors and studios; to the American Embassy in Madrid and to Radio Barcelona for the actual recordings; to friends who used precious air-weight allowances to transport tapes to Spain and bring recordings back to the United States. We further acknowledge our indebtedness to Linda Maisterra of Simmons College for her contribution to the exercises accompanying the recordings; to the Fassett Recording Studio for painstaking care in preparing the master tape; to Antonio Ruiz Salvador for lending his voice to the laboratory exercises based on the readings; to Carlos V. Arjona for reading the manuscript of the anthology; and to Louise Finer Cohen for her aid in its preparation. Finally, we wish to express our appreciation to the Duke of Montellano for permitting us to reproduce Goya's *La cucaña*, and to the museums and other institutions that authorized the reproduction of the illustrations in this book.

INTRODUCCION: CAMARA Y VISION

LA NARRACIÓN corta o larga permite al lector alejarse por un tiempo de su mundo propio para explorar mundos ajenos— reales o posibles. La palabra "cuento" sugiere en seguida el predominio de la imaginación sobre la realidad observada, de lo inventado e imprevisto sobre lo rutinario de la vida corriente. Hace miles de años que el cuento tradicional vuela en alas de la imaginación popular de continente en continente, cambiando de lengua y de decorado. Pero el moderno cuento artístico sigue nuevos derroteros desde Chekhov y Hemingway. No es que haya desaparecido el modo antiguo de fabular: un cuento de Jorge Campos que incluimos, el "Cuento de la lechera", utiliza un antiguo marco para una estampa nueva. En esta antología de relatos escritos en los últimos veinticinco años, se encuentra lo viejo y lo tradicional al lado de lo nuevo y original, y se encuentran entrecruzados, a veces en el mismo relato, elementos románticos y realistas. Se suele considerar a Chekhov como realista, pero al leer con atención sus cuentos, descubrimos que el autor se sirve de las cosas familiares para revelar significaciones ocultas. Para Hemingway también, el realismo no es más que un molde, en el cual vierte la nueva materia descubierta por su imaginación. Sucede algo parecido en estos relatos, que fueron escritos por novelistas o narradores contemporáneos españoles, de las más diversas tendencias estilísticas. Algunos están contados en la tercera persona por un narrador-observador más o menos objetivo, mientras que en otros, el narrador-protagonista habla de su propia experiencia en primera persona. El autor se sirve de una técnica narrativa u otra para organizar su campo de percepción, y fundiendo lo subjetivo con lo objetivo, consigue producir la sensación de la realidad inmediata.

El cuento se parece a la fotografía instantánea en que capta una escena o una situación en un momento de iluminación. En esta acción simplificada intervienen pocos personajes y éstos, por lo general, están proyectados sobre un solo plano. Breve y concentrado como el poema, el cuento a veces se aproxima al poema en su lirismo, por ejemplo en "Las Villena" de José Antonio Muñoz Rojas. Otras veces está más cercano al cuadro de costumbres, en la captación del detalle para crear el ambiente, aunque el ambiente del cuento tiene que ser accesorio a la acción bien enfocada y a los personajes, singularizados en el relato, pero generalizados en la estampa costumbrista. Lo que distingue, además, el cuento del artículo de costumbres, es la perspectiva particular y subjetiva del autor, como vemos en "La romería" de Camilo José Cela o en "La ronda" de Juan Goytisolo. Hoy día que predomina tanto el diálogo en la ficción, el cuento se parece con frecuencia a la comedia en un acto. Chekhov escribía con igual habilidad comedias y cuentos. En la actualidad, muchos cuentos utilizan técnicas cinematográficas y podrían fácilmente convertirse en guiones de cine o de televisión.

Es más variada aún la temática que la técnica del relato breve. Basta a veces que en un instante cambie, de una manera definitiva, la relación entre dos seres humanos, como en "Balada del Manzanares" de Ignacio Aldecoa o en la estampa de Carmen Laforet titulada "Al colegio". El tema puede ser psicológico, por ejemplo el paso de la frontera entre el estado normal y el psicopático, como en los relatos de Alejandro Núñez Alonso y de Mario Lacruz. El contenido, o sea, la materia prima, del cuento moderno puede ser de lo más vulgar y prosaico. El cuentista suele buscarlo en la vida cotidiana del hombre corriente, o de un grupo de personas observadas en el trabajo, o en el descanso— en una fiesta o feria, por ejemplo, o en una romería. El tema es un nuevo vislumbre por medio del cual el cuentista hace ver el drama implícito en las situaciones normales, o revela lo complejo bajo lo que parece sencillo en las relaciones humanas. Cuando el autor se propone criticar una injusticia social, no la explica en términos abstractos sino que la representa en situaciones concretas en las cuales intervienen personas que parecen reales. Aun tratándose de la guerra civil, Francisco Ayala, por ejemplo, en "El tajo", no presenta la guerra en su aspecto militar o ideológico, sino a través de un conflicto moral que tiene lugar dentro de la conciencia del protagonista, dando a entender que la guerra se debe en primera instancia a la agresiva hostilidad que siente cada hombre dentro de sí.

El narrador, pues, lanza una mirada iluminadora sobre la condición del hombre dentro de su circunstancia individual y colectiva y, con frecuencia, alcanza a ver y hacernos ver la significación de la vida, que se encuentra hoy y siempre en los sentimientos y actos más sencillos. En su esfuerzo por buscar sentido en el revuelto mundo actual, el novelista se aleja de las grandes ciudades y reproduce el lenguaje y los usos del hombre de pueblo o de campo que no ha perdido su identidad ni su espontaneidad, como Miguel Delibes en su novela *El camino,* de la cual incluimos un capítulo, "La cucaña". El héroe aquí es un niño—y es un verdadero héroe como otro niño héroe en el cuento de Ana María Matute, "Bernardino"—; parece que ambos autores quieren destacar y reafirmar, por medio de los sentimientos y actos de estos niños, ciertos valores perdidos de vista en estos últimos años, pero que son eternos y esenciales para una vida humana.

A pesar de la diversidad de temas, procedimientos e intenciones artísticas, se notan ciertos rasgos comunes en los novelistas actuales, ante todo su preocupación por la lengua y por el estilo. No cabe duda de que esta intensa preocupación la heredan de los escritores de la generación del '98 y de la del '28. Si los jóvenes reaccionan por lo general contra la obsesión con el experimento estético de los autores vanguardistas de los años '20— Pérez de Ayala, Miró, Jarnés, entre otros—, estudian e imitan a los grandes maestros de la generación del '98—a Unamuno y a Valle-Inclán, a Baroja y a 'Azorín.' Se percibe la huella de la estampa íntima de 'Azorín' en cuentos de Muñoz Rojas y de Jorge Campos, de Laforet y de Matute, entre otros muchos autores de novelas autobiográficas. De la influencia de Baroja ha dicho Cela —en su ensayo sobre el gran novelista aparecido en *Cuatro figuras del '98:* "Quiérase o no se quiera—y proclamándolo o callándolo—de Baroja sale toda la novela a él posterior." Es evidente que la mayoría de los narradores actuales, desde Juan Antonio de Zunzunegui hasta Jesús Fernández Santos, siguen el rumbo de la novela barojiana de diversas maneras: en la búsqueda de lo auténtico en tipos, escenas, y problemas populares, en el uso del lenguaje popular "natural" para expresarlos, y asimismo en los temas, más bien sombríos, que eligen para la representación desinteresada de la realidad, observada y estudiada por ella misma.

El narrador actual que recurre a temas populares no se propone describir costumbres pintorescas sino conquistar un trozo de realidad efectiva en la vida del hombre elemental, sano, y fiel a sus instintos, y ganarse así una cabeza de playa, desde la cual pueda ir recobrando el mundo perdido o desmoronado. El novelista español había recurrido al sentir del pueblo en otras épocas de crisis, cuando parecía que todo el mundo estaba al revés, como a principios del siglo XVII, cuando sacó de los más bajos fondos de la sociedad el protagonista de la novela picaresca. El pícaro Guzmán de Alfarache, como Lazarillo antes, descubre el mundo en torno y lo presenta con naturalismo desde su propia perspectiva. La novela de Baroja surge en otra crisis, en el ambiente angustiado y desesperado del desastre del '98. Una vez más, tras la terrible guerra civil (1936-1939), el escritor o artista español se encuentra con su mundo destrozado, y escindido, además, en dos facciones irreconciliables. En un mundo falto de valores, crear una obra es un acto de fe. El narrador hace frente a la vida tal como es, no a la que hubiera querido ver, sino a la realidad bruta, angustiosa y desesperante que se le ofrece. Algunos escritores, que habían llegado a la madurez antes de la guerra, reanudan su obra en el extranjero—Max Aub, Ramón Sender, Rosa Chacel, Arturo Barea, Ramón Gómez de la Serna, Francisco Ayala, entre otros muchos. Los demás siguen realizando su obra, emprendida hace tiempo ya dentro de España—Manuel Halcón, Zunzunegui, y los grandes escritores, mencionados arriba, de las generaciones anteriores.

Terminada la guerra, los jóvenes escritores, los que cumplen treinta años entre 1936 y 1950—Muñoz Rojas, Cela, Luis Romero,

Campos, José María Gironella, Delibes, y otros muchos—continúan o inician su obra a pesar de la censura y del ambiente totalitario, siguiendo distintos rumbos. Algunos, tal vez los mayores—Halcón y Muñoz Rojas, por ejemplo—evocan del pasado formas de vida ya desaparecidas. Otros se sienten con la obligación de encararse con la realidad tal como se les presenta. A su parecer, hace falta restablecer contactos con el mundo, con la gente, y consigo mismo. El hecho es que en otros países, en Estados Unidos y en Francia, la narrativa de los años '40 presenta asimismo una visión desoladora del hombre, aislado, desheredado, amoral y violento. El hombre siente de pronto su radical soledad a la vez que su incapacidad para adherirse a un partido o programa: nada tiene valor ni sentido.

No es de extrañar que en la España de la posguerra, la novela, a partir de *La familia de Pascual Duarte* (1942) de Camilo José Cela, refleje todo el vacío moral y el estancamiento económico-social de aquellos años. Cela imita un antiguo modelo literario, la novela picaresca, para crear un nuevo tipo de pícaro, Pascual Duarte, que cuenta la historia de su vida y crímenes en unas memorias escritas en la cárcel. Cuatro siglos antes, Lazarillo de Tormes había explicado cómo, dada su familia o herencia, y forzado por el hambre, se había hecho pícaro; pero él tenía alegría de vivir y libre albedrío para hacerse su vida de pícaro, para escaparse del servicio de un amo y escoger a otro mejor; tenía confianza en sí mismo, en su valor como persona, y un sentido de humor que no le abandonaba nunca. Pascual Duarte, en cambio, es un tipo sombrío que justifica sus crímenes, atribuyéndolos a su circunstancia; no sólo es víctima de esta circunstancia sino de su vida misma; para Pascual Duarte, como para Segismundo, el haber nacido es ya un crimen. Su vida es, en efecto, una sentencia a muerte mucho antes de que él se encuentre sentenciado a muerte por la justicia. En un ser elemental e instintivo como Pascual Duarte, la frustración, exasperación y desesperanza producen reacciones violentas y acciones brutales, en fin, toda una serie de crímenes horrorosos. El novelista, que da forma literaria a esta vida brutalizada, crea un lenguaje a propósito, es decir, violento y agresivo, y de un naturalismo exageradamente crudo. Los críticos, al referirse a esta novela y a otras que la imitan, suelen emplear el término "tremendista" y atribuyen a Cela la invención del "tremendismo". Pero Cela asevera, y con razón, que el tremendismo es una calificación absurda, que no puede referirse ni a un estilo ni a un género, y que, además, sea lo que fuera, no fue invención suya. El caso es que José Ortega y Gasset en su primer libro, *Meditaciones del Quijote* (1914), ya empleó la palabra "tremendo" en un contexto que ilumina su significado actual: "Entre las páginas simbólicas de toda una edad española, habrá siempre que incluir aquellas *tremendas* donde Mateo Alemán dibuja la alegoría del Descontento." Estas páginas tremendas reflejan la violencia y corrupción de otra época, la que engendra al pícaro más completo, Guzmán de Alfarache, digno antepasado de numerosos descendientes hasta el mismo Pascual Duarte.

La familia de Pascual Duarte obtuvo un éxito inmediato cuando salió a luz, y se ha vuelto a imprimir en numerosas ediciones y en diversos idiomas. Aunque adopta la forma autobiográfica de la picaresca, es una novela moderna en su técnica y en su visión desoladora de la vida de un ser, al parecer humano, el cual, cogido en la trampa de su desgraciada circunstancia, se transforma en mala bestia. Para el joven intelectual o escritor español, que se sentía él también cogido en el ambiente violento y represivo de la dictadura militar, Pascual Duarte expresaba la agresiva hostilidad contra el mundo a su alrededor que cada cual sentía sin poderla manifestar.

Otra primera novela, *Nada* (1944) de Carmen Laforet, resume el sentir de la juventud española a través de la protagonista adolescente, que plantea los problemas y las dudas que preocupan a todos. Ella llega a Barcelona a estudiar en la universidad y por mucho que busque, no encuentra nada en que pueda tener fe. La novela es autobiográfica, en parte, por lo menos, y es cierto que el mundo con el cual se había encarado la autora en aquellos años, al llegar ella a Barcelona, le había dejado la misma impresión desoladora que a la joven protagonista. *Nada* obtuvo el primer premio Nadal y a la vez un gran éxito de crítica.

En los dos últimos decenios, se han escrito numerosas narraciones autobiográficas, obras en las cuales los autores procuran recobrar el mundo de su infancia—*Primera memoria* de Ana

María Matute y *Duelo en el Paraíso* de Juan Goytisolo, por ejemplo—para comprender mejor el mundo en el que se encuentran ya mayores. Es casi universal el interés por las confesiones literarias desde que aparecieron las famosas de Rousseau. En España, casi todos los autores del '98 cuentan sus recuerdos de infancia o de adolescencia: Unamuno en sus *Recuerdos de niñez y de mocedad*, 'Azorín' en *Las confesiones de un pequeño filósofo*, Baroja en su *Juventud, egolatría* y más tarde en sus *Memorias;* estos autores utilizan en sus novelas también numerosos elementos autobiográficos. Pero las novelas autobiográficas actuales tienen otro objeto; sus autores parecen sentir la necesidad de volver a los orígenes, a la primera infancia, como Freud en sus investigaciones, para tratar de descubrir cómo se habían extraviado, cómo llegaron a extrañarse de su propio mundo. Los protagonistas de las novelas autobiográficas y de otras narraciones subjetivas, aunque no sean autobiográficas, se parecen en su manera de ver y sentir la vida a personajes de las novelas de Faulkner, de Styron, y de otros novelistas contemporáneos de los Estados Unidos. Evocan experiencias del pasado en monólogos interiores para explicarse mejor el presente. Para estos autores, como para sus personajes, el nuevo arte narrativo es un proceso de descubrimiento. Recordar y reconstruir el mundo de la infancia es un medio de aprehender el mundo actual en sus raíces, y de llegar así a poseerlo.

El procedimiento más directo, sin embargo, para tomar contacto con la realidad es observarla, apuntando cuanto se ve, hasta las cosas más insignificantes, con la precisión objetiva de una cámara fotográfica. Es el método del nuevo realismo, llamado objetivo o social, que se inicia, una vez más, con una novela de Cela, *La colmena* (1951). En ésta se presenta la vida en Madrid de un gran número de personajes del mismo estrato social, "vidas grises, vulgares y cotidianas", según el autor. Este, al hablar de *La colmena*, la compara con un reloj porque es "una novela hecha de múltiples ruedas y piececitas que se precisan las unas a las otras para que aquello marche". Y la verdad es que Cela crea dichas piececitas con gran habilidad y las ajusta con tanta paciencia y simpatía que el lector se queda maravillado y conmovido por estos personajes que según el autor, "viven inmersos en su propia insignificancia." Y viven, en efecto, estos seres insignificantes para el lector, no tanto por los datos sacados de la realidad como por la imaginación y el sentimiento del autor, quien por medio del lenguaje los hace vibrar.

La mayor parte de los narradores actuales, de la generación de Cela y de la generación más joven—o sea, de los escritores que cumplen treinta años entre 1951 y 1965—emplean el método realista, más o menos objetivamente, para presentar tipos sencillos o vulgares, "hombres sin historia", dentro de su ambiente y de su vida diaria. Unos pretenden reproducir la realidad con la precisión del lente fotográfico, olvidando que un fotógrafo maneja el lente y que compone el trozo de realidad que quiere sacar. El ojo, de todas maneras, no es un mero lente de cámara. La mirada capta mucho más de lo que el ojo ve: penetra la superficie del objeto, funde lo que observa con lo que imagina, en la percepción de la cosa o de la persona. Por otra parte, la mirada del novelista abarca sólo un aspecto o trozo de la realidad escogido de conformidad con la actitud o la perspectiva de la persona que mira. Y el artista siempre modifica, transforma o deforma lo que percibe. El novelista-cámara, pues, es una ficción, como lo es también la supresión del autor mediante una técnica narrativa u otra. El objeto de tal supresión sería, según se dice, hacer ver al lector la vida "tal como es" o sea, con más realismo. Pero el hecho es que las revoluciones o innovaciones en el arte casi siempre se hacen en nombre del realismo o del naturalismo aunque se trate sólo de presentar otro tipo de realidad por medio de nuevos procedimientos.

Uno de los mejores escritores actuales, dentro de la tendencia del realismo objetivo o documental, Ignacio Aldecoa, reconoce la importancia de la perspectiva del autor en el descubrimiento de una realidad nueva o desconocida. Ha dicho en una entrevista: "Ser escritor es, antes que nada, una actitud en el mundo. Yo he visto, y veo continuamente, cómo es la pobre gente de España. No adopto una actitud sentimental ni tendenciosa. Lo que me mueve, sobre todo, es el convencimiento de que hay una realidad española, cruda y tierna a la vez, que está casi inédita en nuestra novela... En líneas generales, mi propósito es desarrollar novelísticamente, en la medida de mis fuerzas, la épica de los grandes oficios..." En uno de sus cuentos que incluimos, titulado "En el kilómetro 400," Aldecoa crea efectivamente una nueva realidad al presentar a unos camionistas en su trabajo diario de transportar pescado de un puerto norteño a la capital. Reproduce no sólo el lenguaje vivo popular en sus ritmos, imágenes, y dichos milenarios, sino la manera de sentir espontánea y apasionada del hombre sencillo. Hace ver cómo son estos hombres que trabajan, unidos por la amistad, por la tarea y el riesgo comunes, cómo se portan en determinada situación; pero va mucho más allá de lo que proporciona la pura observación cuando hace vislumbrar en ellos su gran potencia humana imprevista para dominar la circunstancia de su vida y aun para hacer frente a la tragedia de la muerte. Aldecoa nos lo hace ver y sentir sin decírnoslo. Son los personajes mismos que se presentan y se revelan a través del diálogo y de la acción. Esto lo consigue Aldecoa descubriendo una nueva realidad desde su propia perspectiva y creándola por medio de la imaginación y del arte. El arte es de verdad para él una forma de conocimiento.

El método del realismo documental se emplea en una serie de novelas destacadas en estos años, en *La noria* de Luis Romero que sale un año despúes que *La colmena,* en *Los bravos* de Jesús Fernández Santos, en *La piqueta* de Antonio Ferres, en *Las afueras* de Luis Goytisolo-Gay, y en la más comentada de todas, *El Jarama* de Rafael Sánchez Ferlosio. En esta última se emplea el método objetivo con un rigor extremado. Unos excursionistas madrileños pasan un día en los alrededores del río Jarama, conversan, toman algo en una tasca, se bañan, una persona del grupo se ahoga en el río—nada más en cuanto a acción. El autor no explica ni comenta nada; al parecer, tampoco interpreta ni juzga nada. Presenta unos tipos elementalizados, vistos desde fuera, casi exclusivamente por medio de sus conversaciones insípidas "transcritas." El lector está convencido que estos seres existen y que llevan la vida monótona y vacía que sugieren sus conversaciones. Es como si el lector estuviera sentado cerca escuchándolos directamente. Este es precisamente el efecto que el novelista quiere producir, el de la real existencia autónoma de unas personas dentro de su mundo. Pero, claro, este mundo y los personajes es el autor quien los inventa y quien nos hace sentir la

INTRODUCCIÓN: CÁMARA Y VISIÓN

nulidad de su vida desde su propio punto de vista, lo cual cons-
tituye ya una especie de interpretación y crítica de la realidad
que presenta. La realidad efectiva del mundo que inventa, pues,
depende de la intensidad de su visión personal y de la fuerza del
estilo, que transforman los nimios detalles observados en personajes consistentes y vivos. Sin los elementos subjetivos y líricos
que abundan en la obra de Sánchez Ferlosio, casi a pesar suyo,
sin el claroscuro de su estilo, serían invisibles estos seres grises
contra el fondo gris.

Aun en las narraciones de viaje, que ofrecen desde luego el
medio más directo y objetivo para tomar contacto con la realidad
española, el sentir del viajero, y su propósito, determinan lo que
ve y cómo lo ve. En tiempos de crisis, los escritores sienten la
necesidad de reconocer el país en sus paisajes, en sus caminos
y en sus gentes. A fines del siglo XVIII, los pensadores ilustrados
recorren los pueblos de España, observándolo y apuntándolo
todo—usos y costumbres, fauna y flora, minas y caminos, fábricas
y monumentos artísticos. En el '98 los poetas y los intelectuales
procuran de nuevo descubrir el sentido de España en sus grandes
obras de arte, en su campo y en sus pueblos. Los narradores
actuales viajan por lugares poco conocidos para estudiarlos directamente, apuntando cuanto ven—cosas y personas, tradiciones
y costumbres—con una precisión casi científica. Algunos viajan,
como Cela, porque les apasiona el campo de España y porque
les parece que "la prueba de caminar por España no es mala
gimnasia para el escritor de nuestro país". Cela cuenta sus viajes
en una serie de narraciones encantadoras que empiezan con su
Viaje a la Alcarria, donde trasluce la visión poética del autor
en pasajes como éste:

> El viajero, al pasar al andén, nota como un ahogo. Los trenes
> duermen, en silencio, sobre las negras vías, mientras la gente
> camina sin hablar, como sobrecogida, a hacerse un sitio a
> gusto entre las filas de vagones. Unas débiles bombillas mal
> iluminan la escena. El viajero, mientras busca su tercera,
> piensa que anda por un inmenso almacén de ataúdes, po-
> blado de almas en pena, al hombro el doble bagaje de los
> pecados y las obras de misericordia.

Consta que la fantasía del autor transmuta lo que ve de tal
manera que es algo totalmente nuevo.

Otros viajeros se fijan más en problemas sociales colectivos,
que surgen en los barrios o regiones pobres; estudian cómo es
y cómo vive el hombre común en una aldea castellana o en un
pueblo murciano o extremeño, o en las chabolas que aparecen
de la noche a la mañana en los confines de las grandes ciudades.
Estos narradores pretenden presentar la realidad observada con
absoluta objetividad, pero claro está que la selección de determinados lugares es subjetiva y corresponde al objeto de protesta social que los mueve a elegirlos. Así, por ejemplo, se
realiza el estudio de una de las regiones más agrestes y aban-
donadas de España en dos obras recientes, *Caminando por las
Hurdes* por Ferres y López Salinas y el tomo de relatos por
Carnicer, *Donde las Hurdes se llaman Cabrera.* La misma actitud
de crítica social se nota en las narraciones de viajes de Goytisolo,
Campos de Níjar, La chanca, y también en la estampa de viaje
que incluimos, "La ronda". En estos viajes los jóvenes intelectuales afirman de nuevo su identificación con el pueblo, con el
hombre olvidado. El viajero narrador, disconforme con el medio
físico y moral, acumula datos precisos que utiliza dando a conocer los males que observa. Pero el aglutinante de estos datos
objetivos es su visión y a la vez su compasión o ternura para
con los que sufren; los documentos adquieren sentido sólo cuando
están fundidos con la intención y el sentir del narrador.

En cuanto a la novela o al relato, son los elementos subjetivos
los que dan no sólo sentido sino realidad efectiva a la obra. El
método de la observación exacta le sirve de excelente disciplina
al novelista o cuentista; le proporciona material que le ha de
servir en la construcción del mundo novelístico, que siempre
es un mundo creado, un mundo de ficción que parece real. El
relato arranca de la realidad observada—sea cual sea su tendencia
literaria, su tema o técnica—pero su trayectoria depende del tem-
peramento y del punto de vista del autor, como de su propósito
y recursos artísticos. Vamos a ver que los relatos de esta antología arrancan de diversas realidades y que los rumbos que siguen
son igualmente distintos. No se puede percibir todavía un sentido generacional en los narradores españoles de hoy, pero sí

puede afirmarse que todos manifiestan una intensa preocupación por la vida del hombre en el mero presente. En su honda preocupación humana siguen y continúan una de las tradiciones más antiguas y auténticas de la literatura española.

En esta época de radicales cambios morales y sociales, los escritores y artistas buscan e inventan nuevas técnicas y formas para descubrir o iluminar nuevas realidades. La narrativa moderna, por ejemplo, ya no trata de aprehender la realidad en el tiempo—según hacía el novelista del siglo XIX—sino en el espacio, imitando en esto las artes plásticas. Así es que el novelista de hoy, en vez de desarrollar una sola acción linear, presenta instantáneas de los personajes en momentos de visión. El cuento se presta perfectamente a esta técnica, y tal vez por esta razón, entre otras, es una de las formas narrativas que de mayor ascendiente goza en la actualidad.

NOTA BIBLIOGRAFICA

LA BIBLIOGRAFÍA de los autores individuales se incluye en la nota crítica que dedicamos a cada autor. Aquí se citan únicamente algunos estudios sobre la novela actual o sobre la literatura española contemporánea que hemos consultado en la preparación de esta antología:

Juan Luis Alborg, *Hora actual de la novela española*, 2 vol., Madrid 1958 y 1962.

Enrique Anderson Imbert, *El cuento español*, Buenos Aires, 1959.

Mariano Baquero Goyanes, *Proceso de la novela actual*, Madrid, 1963.

Camilo José Cela, *Cuatro figuras del '98*, Barcelona, 1961.

Juan Goytisolo, *Problemas de la novela*, Barcelona, 1959.

Eugenio de Nora, *La novela española contemporánea*, 3 vol., Madrid, 1958-1962.

Domingo Pérez Minik, *Novelistas españoles de los siglos XIX y XX*, Madrid, 1957.

Angel del Río, *Historia de la literatura española*, edición revisada; Vol. II, New York, 1963.

Federico Carlos Sainz de Robles, *La novela española en el siglo XX*, Madrid, 1957.

Gonzalo Torrente Ballester, *Panorama de la literatura española contemporánea*, Madrid, 1956.

Narradores de hoy

Manuel Halcón

PERNALES

MANUEL HALCÓN, elegido hace unos años miembro de la Real Academia Española, por su maestría de la lengua, es conocido ante todo por los numerosos artículos y ensayos, cuentos y narraciones que publica desde hace mucho tiempo y a paso constante en el diario *A B C* y en la revista *Semana*. Además de las narraciones, algunas recogidas en libros como el titulado *Narraciones* (1959), se han publicado varias novelas suyas, entre ellas *Los Dueñas* (1956) y *Monólogo de una mujer fría* con la cual ganó en 1960 el Premio Nacional de Literatura. En sus novelas, como en su biografía del famoso poeta Fernando Villalón, Halcón evoca todo un mundo lejano que él conoce y siente profundamente, el de la sociedad aristocrática hacendada de Andalucía.

Hijo de los marqueses de San Gil, Manuel Halcón nació hacia 1903 en Sevilla. Desde su primera infancia podía observar directamente la vida diaria del campo y de vez en cuando algunos de los incidentes que celebran en romances poetas como Federico García Lorca[1] y Fernando Villalón. En sus *Recuerdos de Fernando Villalón*, de donde hemos sacado la selección *"Pernales"*, el autor cuenta sus reminiscencias de niño, de las temporadas pasadas en la hacienda de sus tíos, al lado del primo Fernando, verdadero héroe de su infancia, que era poeta a la vez que ganadero de toros bravos. Retrata con viva simpatía a toda la familia, a los gañanes y demás personajes dentro de su ambiente. En el

---

[1]. **Federico García Lorca** (1899-1936) great Andalusian poet and playwright

episodio *"Pernales"* relata el niño su propio encuentro con el célebre bandido, su impaciencia por ver el fabuloso caballo, la impresión que deja el bandolero en los gañanes, y las dramáticas escenas que siguen. Estas son vivas estampas de costumbres auténticamente populares resumidas al fin en los versos del poeta. Halcón coincide con el poeta en su visión apasionada de aquella vida que evoca por medio de la misma lengua expresiva y sabrosa, sencilla y a la vez elegante.

❦ Pernales

Por aquellos tiempos toda la serranía de Morón, las campiñas de Utrera y Arahal y hasta los mismos ruedos de Sevilla, vivían bajo el terror de un nombre: *Pernales.* Aunque no robaba más que para comer, era un criminal. Dejemos esto sentado para proclamar con libertad que, en cambio, era un 5 magnífico jinete. Hijo de un yegüerizo de Montellano, había aprendido algo que tenía aún más importancia que mantenerse bien sobre la silla: elegir un caballo.

Contaban que su ayudante llevaba siempre un potro en cuatro riendas, cuya doma remataba *Pernales*,[2] que así tenía 10 siempre un caballo de refresco por si le fallaba su célebre jaca, pero su jaca no moría. Algún balazo de la guardia civil o de los carabineros lo sufría en silencio. Era del hierro de Corbacho, robada por *Pernales* en la dehesa del Hornillo.

Hizo que todos los potros desfilasen ante él y apartó aquél, 15 castaño encendido, cuatralbo, que bebía en blanco.

Los yegüerizos no le opusieron resistencia. Desmontó él de su viejo caballo, le puso al potro unas serretas,[3] estuvo dándole cuerda durante una hora, le echó luego la montura, le hizo tragar por primera vez el hierro del bocado, se montó en él, 20 asumió el mando de las cuatro riendas y desapareció. Allí quedó en prenda su viejo caballo mordiendo la hierba, sin

2. **cuya doma ... Pernales** *trained with finishing touches by Pernales*
3. **serretas** *cavesson* (band with saw-toothed edges fixed to the nostrils of a horse to make him manageable)

5

enterarse. Hasta un año más tarde, el tiempo que dura la doma de un potro, no empezó *Pernales* a burlarse de la guardia civil de caballería, a quien se arriesgaba a torear gracias a los pies de su jaca.

5 Por ser el último bandido a caballo, fue el más perseguido y contra el que se emplearon más medios.[4] El primero para el que funcionó el teléfono, cuyos postes iban entonces apareciendo lentamente por las cunetas.

Nunca se había anunciado por el alambre la situación de
10 los Niños de Ecija.[5] De *Pernales, sí.* Un día, por ejemplo, se dijo: "Esta noche *Pernales* ha robado la finca de los condes de Miraflores. Se supone que como el ladrón no anda durante el día y salió de madrugada de la hacienda de la *Rana,* no ha podido ir muy lejos y estará escondido hasta la noche por
15 aquellos contornos. La guardia civil le sigue la pista."

En la hacienda de la *Rana* pasaban mis tíos una temporada todos los años durante la recolección y molienda de la aceituna, y yo estaba allí cuando llegó *Pernales.*

Martín, el capataz, entró sin color ni sostén en los huesos[6]
20 temblando y balbuciendo:

—¡Señora condesa, ahí está *Pernales!*

Ya estaban las doncellas implorando de rodillas ante el oratorio y los demás criados sin gota de sangre. Nunca he presenciado una manifestación tan franca de miedo. A mí
25 me dominaba la curiosidad por conocer el célebre caballo de *Pernales,* y aprovechando el terror reinante me pude deslizar al patio y ganar la puerta de la gañanía. Los gañanes y los ganaderos estaban todos de pie en torno a la chimenea de campana, algo más separados que otras veces, con sus mar-
30 selleses sobre los hombros y el gesto contraído. Me encontré en medio del corro y miré a todos buscando la figura imponente del célebre bandido. Todos parecían iguales y vestían del mismo modo. Esto me envalentonó y pregunté en voz alta:

4. y **contra...medios** *and the
one against whom more meas-
ures were taken*
5. **los Niños de Ecija** famous gang

of bandits from Ecija, a town
in southern Spain
6. **sin color...huesos** *pale and
limp*

Joaquín Sorolla y Bastida, *El encierro*. Courtesy of The Hispanic Society of America, New York.

—¿Dónde está *Pernales?*

Nadie contestó, pero las miradas convergieron hacia un hombre que algo más separado de los demás, sentado en un banquillo de madera, acercaba sus borceguíes mojados a la candela. Era una figura enteca, rubio, vestido de corto, pero sin ninguna clase de aliño, sin majeza y sin rasgo peculiar que prestase carácter a su figura. Podría pasarse diez veces por su lado sin reconocerle y mil veces estar junto a él en una bulla sin notarlo. Me miró extrañado de mi infantil gallardía y preguntó:

—¿De quién es el zagalillo?

—Es el sobrino del amo—contestaron a coro los gañanes con esa unidad que presta el miedo colectivo a la voz y al ademán.

Pernales me atrajo hacia sí y me sentó en sus rodillas; sacó luego la petaca y ofreció tabaco a la ronda.

Yo encontraba todo esto demasiado normal y ya empezaba a parecerme que jugábamos una vez más a los bandidos y que un zagal cualquiera de la finca representaba en aquel momento el papel del ladrón. Entonces le pregunté a boca de jarro:

—Pero ¿y tu caballo? ¿Dónde está tu caballo?

Pernales contestó sonriendo:

—Ahora te lo enseñaré, cuando encienda el cigarro.

Pero este corto diálogo sirvió para romper el hielo entre los campesinos, que se consideraron libres para hablar y aun para bromear entre sí. Hubo uno que llevó su insolencia a preguntarme:

—Tú pensabas que *Pernales* sería un hombre de mucho más rejo y te encuentras con esto, ¿verdad?

Sentí que los músculos de las piernas del bandido se contraían y que sus ojos se dirigían al gañán con mirada de atención frente al peligro. En su instinto había comprendido que en aquellos momentos estaba sucediendo para él algo vital. Estaba a punto de ser hollada la linde del respeto que imponía no su presencia física, sino la fama de sus bárbaras hazañas, y que un minuto más de confianza podía envolverle y anularle de pronto. Despertó en él la vena de la improvisa-

ción, que tantas veces le librara.[7] Me colocó en el suelo, se
levantó y fue hacia él. Y empinándose un poco le descargó
una terrible bofetada. El silencio volvió a reinar.

Pernales, cogiéndome de la mano, me llevó hacia la cuadra
para que viese su caballo. Nueva decepción. Por ninguna   5
parte veía al caballo soñado que tantas veces intenté dibujar
con tinta china en mi álbum de aventuras. Las únicas grupas
relucientes eran las del tronco del coche, el caballo de Martín,
la yegua del guarda. Después venía la larga pesebrera de los
mulos, y allá al fondo, separado de éstos por una lanza, un   10
rucio arrinconado, con la montura puesta, descubierto de
ancas, sucio de barro, con el pelo hirsuto, descansando sobre
los corvejones, con la cabeza dentro del pesebre. Reconocí en
él al único animal extraño de la cuadra. Pero ¿podía ser aquél
el célebre caballo de Pernales? Era.   15
Acercóse a él hablándole, le acarició la culata y la tabla del
cuello, removió el pesebre y examinó el pienso que comía.
Luego me cogió en volandas y me subió a la montura. Pregunté:

—¿Por qué está tan flaco?   20

—Porque muchos días no come—contestó su dueño.

—¿Y éste es tu caballo el bueno?—añadí.

—Este es el mejor caballo de la tierra—contestó Pernales
mirándole por todas partes y aflojándole un poco la cincha.
Después, con sus mismos pies, extendió un poco de paja por el   25
suelo, haciéndole la cama. Me tomó de nuevo en brazos y volvimos a la gañanía. Más tarde comprendí que aquel deseo de
Pernales de no separarme de su cuerpo era una medida más de
precaución para evitar que alguien disparase sobre él por
temor a herirme.   30
Pronto llegó Martín con una botella de vino y unas lonjas
de jamón serrano. Pernales sin probarlo dijo:

—Llévese esto a mi compañero que está a la parte de fuera y
que encierren a todos los perros, que no quiero oír ladrar.

Cuando volvió el capataz, Pernales le hizo señas y se apartó   35
con él a un ángulo del patio:

7. que... librara which had saved him so many times

—Dile a la señora condesa que no tema nada de mí; sólo quiero que me preste tres mil reales porque me encuentro en un apuro y no tardaré en devolvérselos. Ahora, éstos los quiero en seguida, pues me tengo que marchar.

5   Fue lo único que oí aquella noche. Habían notado mi falta, y el mozo de comedor, sobreponiéndose al pánico, cumplió la orden de mi tía; se acercó, me cogió en brazos y me llevó a la cama.

La gran preocupación de mi tía era que Fernando coin-
10 cidiese con el ladrón, pues tenía anunciada su llegada muy temprano para correr liebres en el cortijo de La Higuera. Pero no fue así; *Pernales* tuvo tiempo de alejarse tranquilamente, sin volver la cara atrás, según la escuela de los antiguos bandoleros.

15   Me desperté con el ruido de espuelas y la bronca voz de Fernando, que llegaba a saludar a su madre apenas clareaba el día. Entraron con él también en tropel sus galgos y sus podencos. Estaba entonces en plena afición a las liebres.[8]

Ya conocía el lance de *Pernales* y se proponía, antes de
20 empezar la caza, dar una batida por la finca, suponiendo que el bandido estaría escondido en alguna choza o en alguna quiebra del terreno. Cinco o seis hombres a caballo y otros tantos a pie se juntaron a la puerta de la hacienda. Yo, prometiéndome un espectáculo emocionante, trepé a los más altos
25 riscos de la herriza, que a unos doscientos metros de la casa domina la llanura. Allí, entre las piedras, me agazapé. Y veía los jinetes que cruzaban los llanos hacia la carretera; subieron por la haza de Montoro y desaparecieron de mi vista.

Pero no tardó mucho en levantarse un clamor lejano, como
30 un huracán que se avecina, y al fin vi aparecer en dirección adonde yo estaba un jinete velocísimo y después toda el ala de batidores con Fernando a la cabeza. Era *Pernales* perseguido.

El bandido ganaba terreno, separándose de sus seguidores por momentos. Fernando, a su vez, también se separaba de los

8. **Estaba . . . liebres.** *At that time*
he was all for shooting hares.

suyos; pero los pies del caballo de *Pernales* tenían alas. Entonces comprendí la leyenda de aquel animal tan flaco y tan feo
que desprecié en la cuadra. Era una figura de una gallardía
indiscutible la que formaban el jinete y su caballo, a quien ya
no se le veían los huesos y las fealdades de la piel, sino la ágil 5
y velocísima acción de sus remos, que apenas tocaban la tierra.
Sin embargo, Fernando tampoco quedaba muy atrás. Hubo
un momento en que, por conocer mejor el terreno de la finca,
cortó por una vereda y atravesó el arroyo sin dificultad; cosa
que tuvo que hacer el caballo de *Pernales* vadeándolo. Esto 10
hizo que ambos jinetes quedasen próximos; pero aun le
quedaba a *Pernales* su gran recurso. Llamó a su jaca hacia la
izquierda y la precipitó sobre los riscos de la herriza, por los
que trepó como una cabra, subiendo fácilmente hasta donde yo
estaba. Fernando quedó al pie del cerro viéndole subir, respe- 15
tando el instinto de su caballo, que no se atrevía a galopar
sobre las rocas. Yo me oculté, y por primera vez sentí miedo
de aquel hombre que tomaba para mí proporciones gigantescas.
Vi cómo su rostro contraído no se mofaba de sus perseguidores,
a pesar de que podía hacerlo, sino que vigilaba atentamente a 20
una y otra parte, presintiendo siempre algún nuevo peligro.

> Sé tú como la avutarda,
> que está en lo alto del cerro
> mirando a un lado y a otro
> por si se acercan los perros. 25

> ¡Mira aquel mirlo parado
> cn las adclfas del río
> que están en el otro lado!

> Arrea tu caballo,
> capitán valiente, 30
> que los caballistas
> tenemos la vida
> vendida a la muerte.

Se puso la mano sobre los ojos para otear el horizonte por
donde el sol comenzaba a levantarse y divisó, en efecto, que 35

dos parejas de la guardia civil avanzaban por el camino de
herradura. Todo era allí cuestión de momentos y de nervios.
Pronto los civiles dejaron sus caballos y se echaron a tierra,
montando los fusiles. Entonces, *Pernales* volvió su caballo
5 sobre las piernas,[9] descendió del cerro en dirección opuesta
adonde estaba Fernando y penetró velozmente en el olivar.
Los civiles le hicieron dos descargas sin alcanzarle. *Pernales*
había desaparecido entre los árboles.

La guardia civil, unida al grupo de los paisanos, se abrió
10 en ala y comenzó una batida minuciosa. Pero el bandido no
perdía su tiempo. Había atravesado el olivar a galope tendido
y salía sin ser visto a los llanos de la dehesilla, donde pastaban
apaciblemente las yeguas en piara. Se acercó al yegüerizo y,
al tiempo que echaba pie a tierra, le dijo con una voz seca y
15 concluyente:

—Tú no has visto nada, ¿comprendes?

Le quitó la montura y el freno a su caballo y ocultó estas
cosas en el hato. Después lo acercó a las yeguas, llevándolo
cogido por la crin, y quedó confundido en la piara. Dirigió al
20 yegüerizo espantado una larga y expresiva mirada de inteligencia, y se echó de bruces entre la hierba húmeda de rocío,
turgente y encubridora.

El yegüerizo, como una estatua de sal, quedó un rato apoyado en su chivata, aturdido por el acontecimiento. Poco a
25 poco fue reaccionando hasta escuchar el ladrido de los perros
y sentir los relinchos de los caballos que se aproximaban. Entonces tuvo un momento muy de acuerdo con la psicología de
los hombres del campo. Avanzó pausadamente hacia la piara,
se acercó a una mansa yegua de orondo vientre y pelo lustroso,
30 le quitó la esquila que llevaba al cuello pendiente de un collar
de cuero en el que figuraba el hierro de la casa labrado en
tachuelas de cobre remachado; se acercó luego cautelosamente
al caballo de *Pernales* y le puso la esquila.

Después volvió al hato, sin mirar al lugar de donde partía
35 una mirada de gratitud, satisfecho de sus movimientos.

9. **volvió...piernas** *made his horse
rear around*

Al pasar los guardias preguntaron:

—¿No vio un hombre a caballo?

—Yo no he visto nada—contestó el ganadero.

Fernando hubiese aprovechado la ocasión para inspeccionar
las yeguas de su padre; pero surgió entonces una nueva peri- 5
pecia. Casi de la boca de la yegua puntera que mordía el pasto
saltó como un disparo de la tierra la liebre.

Cuando pasa esto en el campo de Andalucía una voz unánime grita: "¡Ahí va!" Todo el campo se estremeció en la
mañana. Los galgos dispararon las flechas de sus huesos,[10] los 10
podencos comenzaron a ladrar y hasta los guardias civiles, con-
tagiados, siguieron a los otros caballistas . . .

La liebre escapó. Esto es lo más simpático de la cacería.
Los perros, burlados, y los hombres, divertidos. Pero en la
retina de Fernando había quedado pendiente una imagen 15
extraña. Había observado en el breve tiempo que estuvo
junto a las yeguas un caballo cuyos lomos mostraban la señal
sedosa de la montura recién quitada. Aquel animal no perte-
necía ni al yegüerizo ni a la yeguada, y la cencerra que pendía
de su cuello tampoco era suya. Pero esto abría la imaginación 20
de Fernando a lo que él amaba por encima de todo: lo extraño.

No hizo ningún comentario; se despidió de los civiles, envió
al caserío a los criados y a los perros y se dirigió a la piara.

El yegüerizo le salió al encuentro.

—Dios le guarde, don Fernando.   25

—Por siempre.

Le dio la petaca, le preguntó por el ganado, clavó sus ojos
durante algún tiempo en el caballo sudoroso de la cencerra y
al tiempo que encendía el cigarro espetó al ganadero:

—Dile a ese hombre, al dueño de ese caballo, que esta noche 30
a las doce estaré en el alto del cerro de Montoro. Que le
espero. Que no tema, que es para su bien.

No sería aún la medianoche cuando *Pernales* acercó su caballo a una sombra que emergía de los surcos.

—Dios guarde a usted, don Fernando.   35

10. **dispararon . . . huesos** *shot ahead*

—Y a ti te condene por bestia. ¿Cómo te has atrevido a venir hasta aquí para robar a mi madre?

Pernales tardó algo en contestar:

—¿Y cómo se atreve usted a llamarme para esto? ¿Pretende
5 usted infundirme miedo o disimular el que yo le inspiro? [11]

También Fernando se tomó unos segundos para proseguir:

—¡Animal! He querido advertirte de que tu cabeza, hace tiempo pregonada,[12] corre peligro inminente. Hay un Tercio de la guardia civil movilizado únicamente en tu busca. Tienen
10 la orden de entregarte vivo o muerto. Ahora mismo en la gañanía hay una pareja y debajo de cada olivo de la *Rana* hay un civil. Huye de aquí y métete en la Marisma. Acércate a la Ciñuela, donde yo tengo los toros bravos. Te haré vaquero. Te haré un hombre decente. Tendrás mujer, hijos,
15 casa y un caballo. ¡Mejor que ése! Tendrás la paz.

—Don Fernando, yo se lo agradezco; pero de sobra sé que estoy perdido. Si he de hacer algo para salvarme tendrá que ser trasponiendo la Sierra Morena[13] y metiéndome en Castilla. Por acá se me ha vuelto el santo de espaldas,[14] y, como siempre,
20 la culpa la tiene una mujer. Por una mujer me eché al campo, pedí dinero para comer y maté para que no me matasen. Ahora por una mujer tendré que dejar lo que más quiero: mi caballo y mi tierra.

—¿A qué nuevas aventuras te has metido?—interrumpió
25 Fernando.

—¿Usted no sabe que desde hace unos días la guardia civil se acerca a los hombres de campo que tienen conmigo algún parecido y les obliga a desnudarse para examinarles el cuerpo? Ella, la mala pécora, con quien tuve un disgusto y a quien no
30 volveré a ver, ha ido con el soplo. Como únicamente se me puede reconocer es por una cicatriz que tengo en el cuadril. Un balazo que ella misma me curó hace tiempo. De Despe-

---

11. **¿Pretende . . . inspiro?** *Are you trying to scare me or keep me from knowing that I scare you?*

12. **hace . . . pregonada** *on which there has been a price for some time*

13. **la Sierra Morena** mountain range between central and southern Spain

14. **Por acá . . . espaldas** *Around here I am finished*

ñaperros[15] para abajo no hay guarida segura para mí. Pero yo se lo agradezco a usted, don Fernando, y acaso sea la suya la última mano que estreche la mía.

`Pernales* sacó después de los pliegues de la faja un puñal enfundado en cuero, con alegrías de metal, y una fecha: 1867. 5
—Le dejo a usted esto en recuerdo. Le juro que con él no hice sangre a nadie.

Fernando lo tomó. *Pernales* abrigó con su pierna derecha los ijares de su jaca, que echó a andar. A los pocos pasos el bandido se detuvo para añadir: 10
—Algo le agradezco más que nada, don Fernando. Que no me haya dicho usted, como todo el mundo, que me entregue a la justicia.

El poeta le vio ir, y en la obscuridad los dedos se le antojaban romances.[16] 15

> ¿A dónde vas con tu jaca
> y una herradura de menos,
> si en la barranca del río
> están los carabineros?

> —Con los zapatos puestos 20
> tengo que morir;
> si muriera como los valientes
> hablarían de mí.

15. **Despeñaperros** mountain pass between Andalusia and Castile
16. **los dedos ... romances** *his fin-* *gers felt as if they were strum-* *ming ballads*

Preguntas

1. ¿Cuál es el ambiente de este cuento?
2. ¿Quién es el personaje principal?
3. ¿Por qué vivían bajo el terror los pueblos de la serranía?
4. ¿Quién cuenta la historia? ¿Cambia su punto de vista o es siempre igual?
5. ¿Qué estampas de costumbres forman parte del cuento?

6. ¿A quién retrata mejor el autor, a *Pernales* o a Fernando?

7. ¿Cómo era la famosa jaca de *Pernales*? Según éste y según el niño.

8. ¿Qué impresión hace en el niño *Pernales*?

9. ¿Cuáles son las escenas de la historia? ¿Cuál es la más dramática?

10. ¿Qué recado para la condesa le da *Pernales* al capataz?

11. ¿A qué se debía que *Pernales* fuera el más perseguido de los bandidos?

12. ¿Cómo se porta el famoso bandido durante la persecución?

13. ¿Qué hace el bandido para que los civiles no le reconozcan?

14. ¿Qué sucede cuando la liebre salta de pronto de la tierra?

15. ¿Cómo se da cuenta Fernando de la figura extraña en la cacería?

16. ¿Qué es lo que le propone a *Pernales* Fernando?

17. ¿Por qué no lo acepta el bandido?

18. ¿Cuál es su actitud ante la vida tal como la revelan los versos finales?

19. ¿A qué figura de romance evoca la poesía incluida en el cuento?

20. ¿Qué papel juega el niño-narrador? ¿Qué idea tiene del bandido? ¿Qué efecto deja su recuerdo en el lector? ¿Cuál es la actitud hacia el bandido de los gañanes?

Alejandro Núñez Alonso
A LOS TRECE AÑOS DE VIAJE

ALEJANDRO NÚÑEZ ALONSO nació en 1905 en Gijón (Asturias). Allí inicia su carrera de periodista a los diez y nueve años, escribiendo artículos y crítica teatral para el *Noroeste* de Gijón. Sigue publicando crítica en *La Libertad* cuando se traslada a Madrid en 1927. Desde 1929 hasta 1949 vive en México, donde colabora en los principales diarios y revistas de la capital mexicana como redactor, editorialista y crítico. De México va a Roma de corresponsal, luego a París, y desde 1953 reside en Madrid.

No obstante su intensa actividad de periodista, escribe novelas de una gran diversidad técnica y temática, entre ellas *La gota de mercurio*—estudio del estado psicopático del protagonista, pintor mexicano, el día que ha de suicidarse—que presenta al Premio Nadal en 1954, quedando finalista. Sus novelas recientes forman dos grandes ciclos históricos: el ciclo de los primeros cincuenta años del cristianismo que se inicia con *El lazo de púrpura* (1956), recibiendo por esta novela el Premio Nacional de Literatura "Miguel de Cervantes"; a ésta siguen cuatro más, todas reimpresas en numerosas ediciones: *El hombre de Damasco* (1958), *El denario de plata* (1959), *La piedra y el César* (1961), *Las columnas de fuego* (1962). En el otro ciclo, el autor abarca la época contemporánea, tratando en la primera novela titulada *Cuando Alfonso era rey* (1963) los últimos años de la dictadura de Primo de Rivera; a esta obra viva y absorbente seguirá ¡*Viva la República!*

Aunque Núñez Alonso conoce a fondo las nuevas y variadas

Alejandro   Núñez   Alonso.
Photo: Lagos.

técnicas de la novela moderna europea y norteamericana, sólo se
sirve de ellas cuando le ofrecen nuevas o mayores posibilidades
expresivas. A sus numerosos lectores les atraen sobre todo sus
excepcionales dotes de creador de un mundo novelístico con
personajes autónomos e interesantes que representan vívidas
escenas de la tragicomedia humana. Su auténtica vocación de
narrador, que se anunció ya en el primer cuento suyo publicado
cuando él tenía once años, se manifiesta claramente en la selección que sigue, "A los trece años de viaje". Este episodio, sacado
de la novela *Segunda agonía* (1955), cuenta la historia de unos
náufragos tal como la encuentra, metida en una cantimplora,
un torrero que vive solo con su perro Boby en una isla por las
costas de Yucatán. La breve introducción a la narración misma, la
anécdota del hallazgo por el perro de la cantimplora con la carta
dentro, sirve para reforzar la impresión objetiva documental que
el novelista pretende producir en la imaginación del lector. El
torrero da a entender que él no hace más que transcribir y
transmitir la historia tal como le llegó en las dos cartas, la primera encontrada en la cantimplora, y la segunda, la inesperada
contestación del narrador, uno de los náufragos que describe sus

alucinantes experiencias con tanta intensidad que el lector tiene la sensación de vivirlas. En el tema general y en algunos detalles este episodio recuerda la novela inglesa de William Golding, *Lord of the Flies* (1954)—historia de unos niños que sobreviven un accidente de avión y organizan la vida del grupo alrededor de un jefe—pero las analogías son más bien superficiales, las que se encuentran en otras historias de náufragos. Lo original aquí es la gran habilidad con la que el autor reproduce las diversas actitudes y acciones de los náufragos psicopáticos.

🌿 A los trece años de viaje

Boby vino a despertarme . . . . Y me indicaba Playa Colorada.
Salí con él. Aún corría un viento fresco, desapacible, a pesar
de la intensidad del sol. En la playa no se veía aparentemente
ninguna novedad. Sin embargo, sé por experiencia que Boby
no insiste si el motivo no es importante. * * * El echó una 5
carrera y al fin se detuvo y empezó a ladrar, a dar vueltas al-
rededor de un pequeño objeto. Cuando me aproximé vi que
era una cantimplora de aluminio. Estaba herméticamente
cerrada con el tapón a rosca y el agua de mar la había recu-
bierto de minúsculas algas, de mohos, de adherencias de 10
plancton . . .
Traté de limpiar el bocal de la cantimplora para abrirla,
pero no pude. Estaba el tapón muy adherido a la rosca. Ya en
la casa y con la ayuda de una llave inglesa logré abrirla. Le
quité el corcho. Adentro venía un papel. Lo saqué con cui- 15
dado auxiliándome de unas pinzas y me encontré con una
carta, una singular carta que decía así:

Este mensaje quizá nunca llegue a ninguna mano. Hace
tres horas que Ernest se fue al mar. El tiempo apremia y el
que resta, no será mejor utilizado en esta desesperación que 20
para escribirte a ti, esposa mía, que me creerás muerto. Estoy
aún vivo y rodeado de cuatro seres humanos más. Los cuatro
esperamos estoicamente la muerte. El bueno de Ernest, en
quien teníamos puesta nuestra última esperanza, hace tres
horas que desapareció en el mar. Esta carta no llegará a tus 25

21

manos, lo sé. Pero si por casualidad llegara, sabe que el bueno
de Ernest se ha ido al mar. Y sabe también que mi pensamiento, el último, el de cada hora de estos terribles días pasados
en un peñasco del Atlántico, fueron para ti. No te doy las
5 señas, porque las desconocemos y además de que ningún correo
toca este peñasco, cuando esta carta llegue a tus manos, ya hace
meses, quizá años que habré muerto. Adiós, Clarita del alma.
Tuyo, hasta la muerte,

TEÓFILO

Este mensaje debe dirigirse a:
10   Clara Goñi de Guzmán
                 Oficina de Hacienda
                 Puerto de Gandía
                 Valencia, España

Muchas gracias.
15 En un lugar del Atlántico, un día de abril de 1941.

Sr. D. Ramón Morán
Islote Camama, Yucatán
México
MUY SEÑOR MÍO:
20   Ayer recibí su atta. carta dirigida a mi esposa acompañada
del mensaje que yo le escribí hace trece años. Es una lástima
que no pueda expresarle ni aproximadamente la conmoción
que estos escritos me produjeron. Al volver a releer mi mensaje me pareció sentir que la vida se detenía y que yo des
25 andaba todo el tiempo transcurrido para situarme en el momento y en las circunstancias vividas cuando el mensaje fue
redactado. Le confieso que nunca creí, ni abrigué la esperanza
de que el mensaje podría llegar a su destinataria. Lo escribí
más por desahogo que por otra cosa. En aquellos momentos,
30 en que me sentía morir poco a poco, minuto a minuto, ¡era
tan difícil pensar que la cantimplora podría llegar a manos de
alguien! Y mucho menos en tiempo oportuno. Y ya ve usted
que en trece años ha atravesado el Atlántico de costa a costa.
     No ha sido grato volver a encontrarme de un modo tan vivo,
35 casi me atrevería a decir tan corpóreo, conmigo mismo. Es

una experiencia que a nadie le deseo, pero que, dada su curiosidad, me siento animado a revelársela a usted. * * * Piense que éramos seis náufragos: tres hombres, una mujer, un niño y una niña. La niña era hija de la mujer, único parentesco que había entre los seis náufragos. * * * A los ocho días de estar en el islote, nosotros ya no teníamos nombre. Mme. Pocet era sencillamente la mujer. Su hija, la niña. O cuando mucho, la hija de la mujer. El niño Robert, el pecoso. Mr. Steelman era el bajito. Ernest, el marinero, no era ni siquiera el marinero, ni el bruto, sino la fuerza. Y no sé qué cosa sería yo para mis compañeros, aunque creo que tenían una idea muy coincidente con la que yo mismo hacía de mí: que era el intermedio neutro entre lo inútil y lo superfluo. Como en toda sociedad bien organizada, la fuerza imponía el terror en provecho propio. Esta función le cabía por derecho biológico al robusto. Pero el terror no era terror, sino una sutil versión de un miedo colectivo. Nuestro miedo a la soledad y a la muerte era tan grande que necesitábamos la existencia de Ernest, el marinero, pues su robustez era la única capaz de hacernos sentir un mínimo amparo, una mínima fuerza.

Mme. Pocet, o sea la mujer, por eso que desde lo antiguo las mujeres se han hecho a la idea y al sentimiento de que su debilidad necesita la protección del fuerte, comenzó a pegarse a Ernest, cediendo a una fuerza de imantación instintiva. Mr. Steelman y yo no sólo no sentimos repugnancia ni celos por esta actitud, sino que la consideramos natural, pues también nosotros nos movíamos sin darnos cuenta hacia Ernest. El que peor lo pasaba era Ernest, el marinero, que no sentía en esos momentos de angustia, de abandono y desesperación ningún apoyo, ningún sostén como nosotros lo encontrábamos en él. Y fue así como se impuso el terror, el sutil terror entre los náufragos. Los días que Ernest se mostraba más indiferente hacia nosotros y que no se molestaba en distribuirnos las escasas faenas cotidianas—vigilancia del horizonte, pesca, filtraje del agua, etc.—, nos sentíamos más disminuidos que nunca.

Poco a poco comenzamos a sentir un cierto amor por Ernest, por este hombre a quien su complexión le había deparado un

papel de responsabilidad que soportaba de mal grado. Era un amor sutil de acuerdo con ese terror que, sin proponérselo, había impuesto: un terror que surgía de nuestras almas de desvalidos, de desdichados juguetes de la vida. Y sabiéndonos
5 dejados de la mano de Dios, comenzamos a olvidarnos de El y Mme. Pocet y su hija así como Mr. Steelman, que en los tres días de lancha rezaban implorando la misericordia divina, en el islote dejaron de hacerlo, y yo vi en los ojos de Mme. Pocet la misma llamita fervorosa cuando miraba a Ernest que en los
10 días anteriores cuando rezaba.

Es cierto lo que digo. Ernest comenzó a ser para nosotros algo así como un dios. Un dios del que sabíamos que no dependía de nuestra vida, sino que únicamente servía a sostener nuestra esperanza. * * * Cuando la pesca nos era propicia,
15 acudíamos a Ernest para ofrecerle los peces con un entusiasmo y una alegría tales que parecían tener un móvil místico. El pequeño Robert se ocupaba en mantener encendido el rescoldo de la hoguera, y lo hacía como un catecúmeno de un fuego ritual.
20 Todos los días la marea subía dos veces y entonces nuestro islote quedaba reducido a unos sesenta metros cuadrados de tierra. Sabíamos que el día que el mar se pusiera furioso barrería el islote. Todos los días, pues, teníamos ante nosotros a la muerte. Por eso pensábamos solamente en descubrir que
25 una mancha de vida—una vela o el humo de una chimenea— entrara en nuestro horizonte. Esto no sucedía pocas veces, pero eran alucinaciones, fantasías ópticas del vigilante de guardia. * * *

Sin querer, tan sólo para neutralizar la desesperación que
30 nos provocaba el miedo, fuimos idealizando y deificando a Ernest. Y conforme aumentaba el amor que le teníamos, aumentaba también nuestro sutil temor. Temíamos que cualquier día Ernest se diera cuenta de que era un hombre como nosotros y reaccionara con los humores que le son propios a
35 la naturaleza humana. Y así fue, pues según Ernest se dio cuenta de la deificación que le hacíamos, sintióse con mayor responsabilidad e, incapaz de renunciar a ella, cosa que sería

cobarde, solía caer en las irritaciones que le provocaba su impotencia. Y esos días que se mostraba huraño, desabrido o francamente violento nos poníamos a temblar, con un temblor y miedo terribles, con el mismo pavor que los antiguos sentían por sus dioses bárbaros cuando éstos se manifestaban poco propicios.

Conforme aumentaba nuestra devoción, el terrible Ernest superaba su mito. Fueron los días tremendos de la catarsis, de la redención; los días angustiosos en que Ernest comenzó a dejar de ser hombre para empezar a ser dios; a abandonar la tierra para irse a su cielo.* * * Comenzó a predecir y a teorizar sobre los vientos, sobre el mar, sobre los astros, sobre las nubes. Todos nuestros conocimientos meteorológicos quedaron subordinados a los dictados del dios Ernest. Se le fueron agigantando de tal modo sus responsabilidades de dios que entró en una terrible angustia. Hablaba en voz alta y a solas. Hablaba incoherencias. Parecíannos incoherencias, pero era la voz de la sabiduría divina. Mme. Pocet se convirtió en su sacerdotisa y Mr. Steelman en su apóstol, en su mensajero. Y cuando nuestro dios Ernest decía: "Hoy saldrá el sol por oriente y se pondrá por poniente," yo esperaba comprobar en la aurora y en el ocaso el cumplimiento de la profecía. Y en efecto. Así, nuestro dios Ernest fue estableciendo las verdades eternas, las verdades incontrovertibles. Y si poníamos en sus manos un pez, sabíamos que ese pez iría a parar a nuestros estómagos por la gracia del dios Ernest, pues él había dicho: "El mar tiene peces para que los peces lleguen a mis manos y para que vosotros, hermanos míos, comáis de mis manos." * * * Y mientras tanto él, nuestro dios, que nos daba el pescado para el estómago y la esperanza para el espíritu, se debilitaba físicamente, pues sus ayunos eran cada día más rigurosos, su ascetismo más ejemplar.

Hoy puedo decirle que entonces Ernest, con tales carencias, con tan exorbitados sacrificios, estaba perdiendo el juicio. Era ya demasiado tarde para que nosotros viéramos en él la debilidad física. Si en principio nos ganó por su saludable robustez, por su fuerza, cuando éstas eran una sombra de lo que

habían sido, la mutación ya se había llevado a cabo, y fueron
desde entonces su espíritu, su templanza, su enorme y desinteresado amor al prójimo los que nos conquistaron. Fueron sus
predicciones. Fueron sus dictados. Porque gracias a él sabía-
5 mos que el sol aparecía por oriente para desaparecer por
occidente. Y que la luna llena iba precedida del cuarto creciente. Gracias a él los cielos y el mundo guardaban una cierta
relación con nosotros. Gracias a él sabíamos que todavía
vivíamos.
10 Nuestro dios Ernest se sacrificó por nosotros. El más dotado
para sobrevivir renunció a la vida por nosotros. Y un día que
fue presa de una alucinación se echó al mar para ir en busca
de un barco invisible. Ni Mr. Steelman ni yo ni ninguno de
los niños vimos nave alguna en el horizonte. Pero Mme. Pocet,
15 su sacerdotisa, afirmaba que sí la veía.
    La verdad es que nos quedamos solos. Sin nuestro dios
Ernest y sin esperanza. Fue entonces cuando yo redacté el
mensaje para mi esposa y lo encerré en la cantimplora y la
arrojé al mar. Pero lo estupendo es que a las cuatro horas de
20 haber desaparecido nuestro dios Ernest, apareció en el horizonte un buque. Encendimos la hoguera y acudió a nuestro
socorro. * * *
    Yo regresé a España y me encontré con una cruel sorpresa.
Mi mujer, mi adorada esposa, que al principio me recibió con
25 todos los júbilos del encuentro, en seguida comenzó a adoptar
una actitud un tanto desabrida y reservada para conmigo.
Supe que durante la ausencia y enterada de la noticia del
torpedeamiento del buque en que viajaba, me había dado por
muerto. Una mujer joven tiene corta viudez. Yo soy lo su-
30 ficiente comprensivo para hacerme cargo de las necesidades
sentimentales (sólo menciono las sentimentales) de una mujer
joven como era mi esposa. Y hubiera transigido porque tuviera un amante. Pero ella no conforme con eso, aún pre-
tendió quedarse con todos mis bienes, alegando un supuesto
35 enajenamiento mental por mi parte. Y ha logrado recluirme
en un manicomio. Se ha valido de reprobables recursos, entre
ellos el de soborno para hacer que un juez venal dictara la
separación de cuerpos. Pero no ganará. No ganará porque yo

tengo el asunto en el Tribunal Supremo, en el Tribunal de la
Rota[1] y en el Tribunal de la Haya.[2]

Usted que tiene ante sus ojos esta carta, comprenderá cuán
grande es mi dolor y cuán calumniosa la denuncia de mi esposa, de esa esposa a quien en mi último momento yo le escribí 5
el mensaje que usted conoce y que ha sido tan amable de
enviarle. Ella ha recibido su carta de usted y ha hecho una
copia que me ha enviado ayer al manicomio, pues el original
lo ha pasado a su abogado que mueve el asunto en el Tribunal
Supremo. Usted juzgue esta infamia. Pero yo le he pedido a 10
nuestro dios Ernest que interceda a mi favor, y esta misma
noche se me presentó en el cuarto del manicomio para decirme
que esté tranquilo. Y me lo dijo con aquel tono con que
descubría las verdades eternas: "Hoy saldrá el sol por oriente
y se pondrá por occidente." Y sus manos eran dos peces. Y 15
en sus ojos brillaba una luz oceánica.

Usted, amigo mío, que también vive en soledad, en un islote,
habrá tenido ocasión de conocer al dios Ernest, al dios marinero, al dios formal. Siempre que se encuentre en apuros o
en peligro pídale su ayuda. Si usted fuera un incrédulo sepa 20
que hay un hombre, yo, Teófilo Guzmán, que he visto nacer
un dios que, en principio, parecía ser un hombre cuando nosotros no éramos ni siquiera bestias.

Me gustaría recibir sus noticias para enviarle copia de un
instructivo de la nueva religión, de la cual es devoto, fidelísimo 25
evangelista, su hermano en la soledad,

TEÓFILO GUZMÁN

1. **Tribunal de la Rota** Roman
   Catholic tribunal, ecclesiastical
   court of final appeal

2. **Tribunal de la Haya** the International Court of Justice at the
   Hague

Preguntas

1. ¿De qué técnica narrativa se sirve el autor en esta narración?
2. ¿Quién es el protagonista del cuento?
3. ¿De qué manera produce el autor una impresión objetiva documental?

4. ¿Qué efecto produce la carta hallada en la cantimplora? ¿En el torrero? ¿En el autor de la carta al recibirla?

5. ¿Qué detalles de la primera carta sugieren el estado psicopático de su autor? ¿Cambia este estado durante los años que abarca la acción? ¿Qué último detalle es prueba de eso?

6. ¿Quiénes son los náufragos y cómo son?

7. ¿Qué idea tenían los demás del autor de las cartas?

8. ¿Qué papel hace Ernest y qué efecto produce en él?

9. ¿Qué buscaban y encontraban a veces en el horizonte los náufragos?

10. ¿Cómo se transforma la actitud de todos cuando Ernest pierde su fuerza? ¿Cómo desaparece por fin?

11. ¿Qué pasa a poco de marcharse Ernest?

12. Cuando el autor de las cartas vuelve a casa, ¿cómo le recibe su mujer? ¿por qué cambia pronto de actitud?

13. ¿Desde dónde escribe el náufrago la carta-historia? ¿Cuáles son los elementos racionales de la carta?

14. ¿Tiene importancia la época o el ambiente del cuento?

15. ¿Hay alguna relación entre este cuento y la vida española?

16. ¿Pueden compararse los cambios operados en la psicología en este grupo de náufragos con los que trata una novela inglesa contemporánea?

17. ¿Produce la técnica de Núñez Alonso una impresión de realidad? ¿de los personajes? ¿de la acción?

18. ¿Qué contribuye el uso de las cartas a esta impresión?

19. Fíjense que las dos cartas se siguen sin ninguna explicación de parte del autor del cuento. ¿Qué exige éste al lector?

20. ¿Tiene conclusión el cuento?

21. ¿Es el espíritu de este relato realista, romántico, o surrealista?

Francisco Ayala

EL TAJO

FRANCISCO AYALA es, además de novelista, crítico literario, ensayista, sociólogo y catedrático. Nacido en Granada en 1906, inicia su carrera literaria a los diez y ocho años con una novela titulada *Tragicomedia de un hombre sin espíritu* (1925), a la que sigue otra un año después, *Historia de un amanecer.* Estas novelas manifiestan una honda preocupación estética estimulada por copiosas lecturas en las obras de los grandes escritores de la

Francisco Ayala.
Photo: Simmons.

generación del '98—Unamuno, Valle-Inclán, 'Azorín', Baroja y Antonio Machado[1]—y de algunos nuevos que empiezan a dominar en las letras y en el pensamiento—Pérez de Ayala, Miró y Ortega y Gasset.[2] Ayala escribe algunos relatos para la *Revista de Occidente,* forjando un estilo personal de acuerdo con la nueva retórica, pero estas ficciones deshumanizadas no le satisfacen y siente la necesidad de buscar nuevos caminos. Como él mismo declara en el proemio a la primera edición de *La cabeza del cordero* (1949): "... puse tregua a mi gusto de escribir ficciones, y acudí con mi pluma al empeño de dilucidar los temas penosísimos, oscuros y desgraciados que tocaban a nuestro destino, al destino de un mundo repentinamente destituido de sus ilusiones."

Abandona, pues, las letras puras, estudia en Alemania los azarosos años 1929 a 1930, y al volver a España, consigue una cátedra de derecho político. Pero a los pocos años, con la catástrofe de la guerra civil española (1936-1939), la generación de Ayala queda dividida entre los vencedores "azules" que se quedan en el poder y los vencidos "rojos" que se marchan al destierro. Numerosos intelectuales—escritores, catedráticos, artistas—optan por el destierro, entre ellos Ayala, que desde el año 1939 vive en Buenos Aires, luego en Puerto Rico, y ahora en este país, donde tiene actualmente en la Universidad de Nueva York una cátedra de literatura española.

Hasta el año 1949, Ayala no vuelve a escribir "ficciones" pero en este año publica dos colecciones, *Los usurpadores y La cabeza del cordero,* tratando en ésta el tema de la guerra civil. Todas las narraciones de *Los usurpadores* giran alrededor del tema del poder, el poder ciego y destructor que ejercieron ciertas figuras

1. **Miguel de Unamuno** (1864-1936) Spanish Basque philosopher, essayist, poet, and novelist; **Ramón del Valle-Inclán** (1866-1936) novelist with an esthetic point of view; **'Azorín'** (José Martínez Ruiz, 1874-   ) essayist and novelist who sought to define the essence of Spain; **Pío Baroja** (1872-1956) prolific Spanish Basque novelist; An-tonio Machado (1875-1939) poet who wrote of the land and spirit of Castile

2. **Ramón Pérez de Ayala** (1880-1962) novelist, poet, essayist, and critic; **Gabriel Miró** (1879-1930) author of symbolistic novels; **José Ortega y Gasset** (1883-1955) philosopher, essayist, and critic

históricas. El autor vuelve a tratar el mismo tema en la novela
Muertes de perro (1958), donde los males del poder demoníaco
de nuestra época están encarnados en el dictador de una república centroamericana.

La novela corta que incluimos en versión abreviada, "El tajo",
es de *La cabeza del cordero* (1949). El mismo título sugiere que
la división en dos bandos irreconciliables que trae la guerra civil
se va convirtiendo tras ésta en abismo insuperable. Es admirable
la estructura del relato, que empieza con el incidente que es el
motivo principal de la historia. El teniente Santolalla del lado
fascista—o nacionalista—baja a recoger unas uvas en un viñedo
que está cerca del frente de Aragón donde él está apostado; entre
las viñas descubre a un miliciano que como él está cogiendo unos
racimos de uvas; en el momento en que éste se incorpora, el
teniente apunta su pistola y le mata. En la última parte, la cuarta,
terminada ya la guerra y vuelto a casa, Santolalla no puede olvidar al joven miliciano y se compromete a buscar la familia de
su víctima para ofrecer alguna reparación por su acción. En las
dos partes intermedias de la narración, Santolalla se nos revela
a través de sus recuerdos de infancia y de los horrores de la
guerra que había presenciado en Toledo y en Madrid, y luego
por medio de un examen de conciencia tras el encuentro con el
joven miliciano, "su única aventura memorable de toda la
guerra".

Este comentario irónico es excepcional en la narración, que
el autor-narrador relata de una manera completamente objetiva
e imparcial, en una prosa tersa, viva y ágil. Logra una absoluta
concordancia entre el carácter de cada personaje y su manera de
hablar, el ritmo de la frase, las palabras que emplea y hasta el
tono de voz en que las pronuncia. Son inolvidables varias escenas
gráficas, cinematográficas: el panorama que contempla Santolalla al principio, el encuentro entre las cepas con el miliciano, y
al fin, el diálogo con el abuelo, y sobre todo la breve conversación
con la madre, la actitud desconfiada e intransigente de ésta, la
respuesta tajante que le arroja: "Nada necesitamos, señor. Se
agradece."

En "El tajo" varias indicaciones concretas sitúan la acción
dentro de la guerra civil española: el frente de Aragón en el

otoño de 1938, más adelante, en agosto de 1938, "no se movía";
habían llegado a un punto muerto, en efecto, las fuerzas de ambos
lados; y sólo tres meses después una nueva ofensiva de los nacionalistas llevaría a la derrota de los republicanos. En agosto,
están tan aburridos los compañeros de Santolalla que hablan en
broma de un posible partido de fútbol con el enemigo, a quien
se refieren con el término despectivo de "rojos", llamándose a
sí mismos los "azules". Cuando la guerra civil estalló el 17 de
julio de 1936, el ejército español se levantó contra el gobierno
legítimo de la segunda República española,[3] que se quedó con
las pocas fuerzas armadas que seguían leales a su gobierno.
Para ayudar en la defensa de la República se formaron milicias
populares en los diversos partidos y sindicatos. Uno de éstos, la
Unión General de Trabajadores (U.G.T.), sindicato socialista
moderado, hizo un papel importante en la guerra; nuestro miliciano llevaba carnet de este sindicato. Al ocupar un pueblo o
ciudad, los nacionalistas tomaban presos, y en numerosos casos
fusilaban, a los masones, comunistas, anarquistas, republicanos
y obreros que pertenecían a los sindicatos; también perseguían
a las familias de todos ellos. Por eso se niega la madre a guardar
el carnet de su hijo, diciendo: "¿Y qué quiere usted que haga
con eso? . . . Tener escondido en casa un carnet socialista, ¿verdad? ¡No! ¡Muchas gracias!" Con estas palabras da a entender
cuánto han sufrido ella, su familia, los de su bando, con las repre-
salias que seguían a la guerra, que no había hecho más que
ahondar el tajo entre los dos bandos.

   Los detalles históricos recordados a través del estado de ánimo
de los personajes sirven para dar realidad a la narración, pero
ésta no es de ninguna manera una crónica histórica. Ayala crea
un mundo propio con personajes vivos, y la acción principal es
en su mayor parte psicológica, pasa dentro de la conciencia del
teniente Santolalla. No se trata aquí de buenos por un lado y
malos por otro, sino de la agresiva hostilidad latente dentro de
cada hombre que con el menor impulso destruye todo sentido
humano. Ayala dilucida en "El tajo" uno de los temas más

3. **la República** the second Span-   1931 and torn by the civil war
   ish republic, proclaimed in   (1936-1939)

penosos y apremiantes de nuestro tiempo, como pretendiera veinte años atrás al dejar de escribir novelas. Y ahora su maestría de la lengua y del estilo es tal que logra armonizar con el fin ético de la narración su perfecta expresión artística.

❧ El tajo

—¿Adónde irá éste ahora, con la solanera?—oyó que, a sus espaldas, bostezaba, perezosa, la voz del capitán. El teniente Santolalla no contestó, no volvió la cara. Parado en el hueco de la puertecilla, paseaba la vista por el campo, lo recorría hasta las lomas de enfrente, donde estaba apostado 5 el enemigo, allá, en las alturas calladas; luego, bajándola de nuevo, descansó la mirada por un momento sobre la mancha fresca de la viña y, en seguida, poco a poco, negligente el paso, comenzó a alejarse del puesto de mando—aquella casita de adobes, una chavola casi, donde los oficiales de la compañía 10 se pasaban jugando al tute las horas muertas—.

Apenas se había separado de la puerta, le alcanzó todavía, recia, llana, la voz del capitán que, desde adentro, le gritaba:

—¡Tráete para acá algún racimo!

Santolalla no respondió; era siempre lo mismo. Tiempo y 15 tiempo llevaban sesteando allí: el frente de Aragón no se movía, no recibía refuerzos, ni órdenes; parecía olvidado. La guerra avanzaba por otras regiones; por allí, nada; en aquel sector, nunca hubo nada. Cada mañana se disparaban unos cuantos tiros de parte y parte—especie de saludo al enemigo— 20 y, sin ello, hubiera podido creerse que no había nadie del otro lado, en la soledad del campo tranquilo. Medio en broma, se hablaba en ocasiones de organizar un partido de fútbol con los rojos; azules contra rojos. Ganas de charlar, por supuesto; no había demasiados temas y, al final, también la baraja 25

hastiaba . . . En la calma del mediodía, y por la noche, subrepticiamente, no faltaban quienes se alejasen de las líneas;
algunos, a veces, se pasaban al enemigo, o se perdían, caían
prisioneros; y ahora, en agosto, junto a otras precarias diver-
5 siones, los viñedos eran una tentación. Ahí mismo, en la
hondonada, entre líneas, había una viña descuidada, sí, pero
hermosa, cuyo costado se podía ver, como una mancha verde
en la tierra reseca, desde el puesto de mando.

El teniente Santolalla descendió, caminando al sesgo, por
10 largos vericuetos; se alejó—ya conocía el camino; lo hubiera
hecho a ojos cerrados—; anduvo: llegó en fin a la viña, y se
internó despacio, por entre las crecidas cepas. Distraído, can-
turreando, silboteando, avanzaba, la cabeza baja, pisando los
pámpanos secos, los sarmientos, sobre la tierra dura, y arran-
15 cando, aquí una uva, más allá otra, entre las más granadas,
cuando de pronto— "¡Hostia!"—muy cerca, ahí mismo, vio
alzarse un bulto ante sus ojos. Era—¿cómo no lo había di-
visado antes?—un miliciano que se incorporaba; por suerte,
medio de espaldas y fusil en banderola. Santolalla, en el so-
20 bresalto, tuvo el tiempo justo de sacar su pistola y apuntarla.
Se volvió el miliciano, y ya lo tenía encañonado. Acertó a
decir: "¡No, no!", con una mueca rara sobre la sorprendida
placidez del semblante, y ya se doblaba, ambas manos en el
vientre; ya se desplomaba de bruces . . . En las alturas, varios
25 tiros de fusil, disparados de una y otra banda, respondían
ahora con alarma, ciegos en el bochorno del campo, a los dos
chasquidos de su pistola en el hondón. Santolalla se arrimó
al caído, le sacó del bolsillo la cartera, levantó el fusil que se
le había descolgado del hombro y, sin prisa—ya los disparos
30 raleaban—, regresó hacia las posiciones. El capitán, el otro
teniente, todos, lo estaban aguardando ante el puesto de
mando, y lo saludaron con gran algazara al verlo regresar,
sano y salvo, un poco pálido, en una mano el fusil capturado,
y la cartera en la otra.
35   Luego, sentado en uno de los camastros, les contó lo sucedido; hablaba despacio, con tensa lentitud. Había soltado
la cartera sobre la mesa; había puesto el fusil contra un rincón.
Los muchachos se aplicaron en seguida a examinar el arma, y

el capitán, displicente, cogió la cartera; por encima de su
hombro, el otro teniente curioseaba también los papeles del
miliciano.

—Pues—dijo, a poco, el capitán dirigiéndose a Santolalla—;
pues, ¡hombre! parece que has cazado un gazapo de tu propia 5
tierra. ¿No eras tú de Toledo?—Y le alargó el carnet, con
filiación completa y retrato.

Santolalla lo miró, aprensivo: ¿Y este presumido sonriente,
gorra sobre la oreja y unos tufos asomando por el otro lado,
éste era la misma cara alelada—"¡no, no!"—que hacía un rato 10
viera venírsele encima la muerte?

Era la cara de Anastasio López Rubielos, nacido en Toledo
en 23 de diciembre de 1919 y afiliado al Sindicato de Oficios
Varios de la U.G.T. ¿Oficios varios? ¿Cuál sería el oficio de
aquel comeúvas?   15

Algunos días, bastantes, estuvo el carnet sobre la mesa del
puesto de mando. No había quien entrase, así fuera para dejar
la diaria ración de pan a los oficiales, que no lo tomara en sus
manos; le daban ochenta vueltas en la distracción de la charla,
y lo volvían a dejar ahí, hasta que otro ocioso viniera a hacer 20
lo mismo. Por último, ya nadie se ocupó más del carnet. Y un
día, el capitán lo depositó en poder del teniente Santolalla.

—Toma el retrato de tu paisano—le dijo—. Lo guardas
como recuerdo, lo tiras, o haz lo que te dé la gana con él.

Santolalla lo tomó por el borde entre los dedos, vaciló un 25
momento, y se resolvió por último a sepultarlo en su propia
cartera. Y como también por aquellos días se había hecho
desaparecer ya de la viña el cadáver, quedó en fin olvidado el
asunto, con gran alivio de Santolalla.

II

Esa fue su única aventura memorable en toda la guerra. Se 30
le presentó en el otoño de 1938, cuando llevaba Santolalla un
año largo como primer teniente en aquel mismo sector del
frente de Aragón—un sector tranquilo, cubierto por unidades
flojas, mal pertrechadas, sin combatividad ni mayor entusiasmo—. Y por entonces, ya la campaña se acercaba a su 35
término; poco después llegaría para su compañía, con gran

nerviosismo de todos, desde el capitán abajo, la orden de
avanzar, sin que hubieran de encontrar a nadie por delante[4];
ya no habría enemigo. La guerra pasó, pues, para Santolalla
sin pena ni gloria, salvo aquel incidente que a todos pareció
5 nimio, e incluso—absurdamente—digno de chacota, y que
pronto olvidaron.

El no lo olvidó; pensó olvidarlo, pero no pudo. A partir de
ahí, la vida del frente—aquella vida hueca, esperando, aburrida, de la que a ratos se sentía harto—comenzó a hacérsele
10 insufrible. Al principio, recién incorporado, recibió este destino como una bendición: había tenido que presenciar durante
los primeros meses, en Madrid, en Toledo, demasiados horrores; y cuando se vio de pronto en el sosiego campestre, y
halló que, contra lo que hubiera esperado, la disciplina de
15 campaña era más laxa que la rutina cuartelera del servicio
militar cumplido años antes, y no mucho mayor el riesgo,
cuando se familiarizó con sus compañeros de armas y con sus
obligaciones de oficial, sintióse como anegado en una especie
de suave pereza.

20 No quería confesárselo; pero se daba buena cuenta de que,
a pesar de estar lejos de su familia—padre y madre, los pobres,
en el Madrid asediado, bombardeado y hambriento; su hermana, a saber dónde; y el abuelo, solo en casa, con sus años—,
él, aquí, en este paisaje desconocido y entre gentes que nada
25 le importaban, volvía a revivir la feliz despreocupación de la
niñez, la atmósfera pura de aquellos tiempos en que, libre de
toda responsabilidad, y moviéndose dentro de un marco previsto, podía respirar a pleno pulmón, saborear cada minuto,
disfrutar la novedad de cada mañana, disponer sin tasa ni
30 medida de sus días... Ahora, todo eso se lo representaba,
diáfano y preciso, muy vívido, aunque allá en un mundo irreal,
segregado por completo del joven que después había hecho
su carrera, entablado amistades, preparado concursos y oposiciones, leído, discutido y anhelado, en medio de aquel remolino
35 que, a través de la República, condujo a España hasta el
vértigo de la guerra civil. Ahora, descansando aquí, al margen,

4. **sin que...delante** *when they*
   would find no one to face

Pablo Picasso, *Guernica* (mural). On extended loan to The Museum of Modern Art, New York, from the artist, M. Picasso.

en este sector quieto del frente aragonés, el teniente Pedro
Santolalla prefería evocar así a su gente en un feliz pasado,
antes que pensar en el azaroso y desconocido presente que,
cuando acudía a su pensamiento, era para henchirle el pecho
5 en un suspiro o recorrerle el cuerpo con un repeluzno.[5] Mas
¿cómo evitar, tampoco, la idea de que mientras él estaba allí
tranquilo, entregado a sus vanas fantasías, ellos, acaso? . . .

En esto iba pensando, baja la cabeza, por entre los viñedos,
aquel mediodía de agosto en que le aconteció toparse con un
10 miliciano, y—su única aventura durante la guerra toda—,
antes de que él fuera a matarle, lo dejó en el sitio con dos
balazos.[6]

III

A partir de ahí, la guerra comenzó a hacérsele insufrible de
todo punto. Se sentía sacudido de impaciencias, irritable; y
15 si al regresar de su aventura le sostenía la emocionada satisfacción de haberle dado tan fácil remate, luego, los documentos del miliciano dejados sobre la mesa, el aburrido transcurso de los días siguientes, el curioseo constante, le producían un insidioso malestar . . . "Por supuesto—se repetía—,
20 que si él hubiera podido me mata a mí; era un enemigo. He
cumplido, me he limitado a cumplir mi estricto deber, y nada
más." Nadie, nadie había hallado nada de vituperable en su
conducta; todos la habían encontrado naturalísima, y hasta
digna de loa . . . ¿Entonces?, se preguntaba, malhumorado . . .
25 A Santolalla le hubiera gustado discutir sus dudas con alguno
de sus compañeros; discutirlas ¡se entiende! en términos generales, en abstracto, como un problema académico. Pero
¿cómo? ¡si aquello no era problema para nadie! "Yo debo de
ser un bicho raro"; todos allí lo tenían por un bicho raro; se
30 hubieran reído de sus cuestiones; "éste—hubieran dicho—se
complica la existencia con tonterías." Y tuvo que entregarse
más bien a meras conjeturas sobre cómo apreciaría el caso, si
lo conociera, cada uno de los suyos, de sus familiares, em-

---

5. **era . . . repeluzno** *would swell*
his breast with a sigh or run
over his body with a chill

6. **antes . . . balazos** *before the sol-*
dier could kill him, he left him
dead of two bullet wounds

pleando rato y rato en afinar las presuntas reacciones: el orgullo del abuelo, que aprobaría su conducta; el susto de la madre, contenta en definitiva de tenerlo sano y salvo después del peligro; las reservas y distingos, un poco irritantes, del padre, escrutándolo con tristeza a través de sus lentes y que- 5
riendo sondearle el corazón hasta el fondo.

Como siempre, después de pensar en sus padres, a Santolalla se le exasperó hasta lo indecible el aburrimiento de la guerra. Eran ya muchos meses, años; dos años hacía ya que estaba separado de ellos, sin verlos, sin noticias precisas de su suerte, 10
y todo—pensaba—, todo por el cálculo idiota de que Madrid caería en seguida. ¡Qué de privaciones, qué de riesgos allá, solos!

Pero a continuación se preguntó, exaltadísimo: "¿Con qué derecho me quejo yo de que la guerra se prolongue y dure, si 15
estoy aquí, pasándome, con todos estos idiotas y emboscados, la vida birlonga, mientras otros luchan y mueren a montones?" Se preguntó eso una vez más, y resolvió llevar a la práctica lo que ya en varias ocasiones había cavilado: pedir su traslado como voluntario a una unidad de choque... 20

Pero, entre tanto, se precipitaba el desenlace: llegaron rumores, hubo agitación, la campaña tomó por momentos el sesgo de una simple operación de limpieza, los ejércitos republicanos se retiraban hacia Francia, y ellos, por fin, un buen día al amanecer, se pusieron también en movimiento y avan- 25
zaron sin disparar un solo tiro. La guerra había terminado.

IV

Al levantarse y abrir los postigos de su alcoba, se prometió Santolalla: "¡No! ¡De hoy no pasa!"[7] Hacía una mañana fresquita, muy azul; la mole del Alcázar,[8] en frente, se destacaba, neta, contra el cielo... De hoy no pasaba—se repitió, 30
dando cuerda a su reloj de pulsera—. Iría al Instituto, daría su clase de geografía y, luego, antes de regresar para el al-

muerzo, saldría ya de eso; de una vez, saldría del compromiso.[9]
Ya era hora: se había concedido tiempo, se había otorgado
prórrogas, pero ¿con qué pretexto postergaría más este acto
piadoso a que se había comprometido solemnemente delante
5 de su propia conciencia? Se había comprometido consigo
mismo a visitar la familia de su desdichada víctima, de aquel
miliciano, Anastasio López Rubielos, con quien una suerte
negra le llevó a tropezarse,[10] en el frente de Aragón, cierta
tarde de agosto del año 38. El 41 corría ya, y aún no había
10 cumplido aquella especie de penitencia que se impusiera,
creyendo tener que allanar dificultades muy ásperas, apenas
terminada la guerra. "He de buscar—fue el voto que formuló
entonces en su fuero interno—, he de buscar a su familia; he
de averiguar quiénes son, dónde viven, y haré cuanto pueda
15 por procurarles algún alivio." Pero, claro está, antes que nada
debió ocuparse de su propia familia, y también ¡caramba! de
sí mismo.
    Apenas obtenida licencia, lo primero fue, pues, volar hacia
sus padres. Sin avisar y ¡cosa extraña! moroso y desganado en
20 el último instante, llegó a Madrid; subió las escaleras hasta
el piso de su hermana, donde ellos se alojaban y, antes de
haber apretado el timbre, vio abrirse la puerta: desde la obscuridad, los lentes de su padre le echaron una mirada de
terror y, en seguida de alegría; cayó en sus brazos y, entre ellos,
25 le oyó susurrar: "¡Me has asustado, chiquillo, con el uniforme
ése!" Dentro del abrazo que no se deshacía, que duraba, Santolalla se sintió agonizar: la mirada de su padre—un destello—
¿no había sido, en la cara del hombre cultivado y maduro, la
misma mirada del miliciano pasmado a quien él sorprendió
30 en la viña para matarlo?... "Me has asustado, chiquillo"...
Pero ahora ¡cuánta confianza había en la expresión de su
padre! Flaco, avejentado, muy avejentado, pero contento de
tenerlo ante sí, y sonriente. El también, a su vez, lo contemplaba con pena. Inquirió: "¿Mamá?" Mamá había salido,

9. **saldría ... compromiso** *he would
    get that over with; he would
    discharge that obligation once
    and for all*

10. **con quien ... tropezarse** *whom
    he had been unlucky enough to
    encounter*

venía en seguida; habían salido las dos, ella y su hermana, a
no sabía qué. Y de nuevo se quedaron callados ambos, frente
a frente.

La madre fue quien, como siempre, se encargó de ponerle
al tanto, conversando a solas, de todo. "No me pareces el 5
mismo, hijo querido—le decía, devorándolo con los ojos, apretándole el brazo—; estás cambiado, cambiado." Y él no contestaba nada: observaba su pelo encanecido, la espalda ven-
cida—una espalda, ya, de vieja, el cuello flaco; y se le oprimía
el pecho.[11] También le chocaba penosamente aquella emo- 10
cionada locuacidad de quien era toda aplomo antes, noble
reserva ... Pero esto fue en el primer encuentro; después la
vio recuperar su sensatez—aunque, eso sí, estuviera, la pobre,
ya irremediablemente quebrantada—cuando se puso a in-
formarle con detalle de cómo habían vivido, cómo pudieron 15
capear los peores temporales ...

Santolalla le contó a su madre la aventura con el miliciano;
se decidió a contársela, estaba ansioso por contársela. Comenzó
el relato como quien, sin darle mayor importancia, refiere una
peripecia curiosa acentuando más bien en ella los aspectos de 20
azar y de riesgos; pero notó pronto en el susto de sus ojos que
percibía todo el fondo pesaroso, y ya no se esforzó por disimular: siguió, divagatorio, acuitado, con su tema adelante. La
madre no decía nada, ni él necesitaba ya que dijese; le bastaba
con que lo escuchara. Pero cuando, en la abundancia de su 25
desahogo, se sacó del bolsillo los documentos de Anastasio y
le puso ante la cara el retrato del muchacho, palideció ella, y
rompió en sollozos. ¡Ay, Señor! ¿dónde había ido a parar su
antigua fortaleza? Se abrazaron y la madre aprobó con vehemencia el propósito que, apresuradamente, le revelaba él de 30
acercarse a la familia del miliciano y ofrecerle discreta reparación. "¡Sí, sí, hijo mío; sí!"

Mas, antes de llevarlo a cabo, tuvo que proveer a su propia
vida. Arregló lo de la cátedra en el Instituto de Toledo, fue
desmovilizado del ejército. Tranquilo, pues, ya en un curso 35
de existencia normal, trazó ahora Pedro Santolalla un pro-

11. **se le oprimía el pecho** *his heart*
    was heavy

grama muy completo de escalonadas averiguaciones, que esperaba laboriosas,[12] para identificar y localizar a esa pobre gente.... Mas no fue menester tanto; el camino se le mostró tan fácil como sólo la casualidad puede hacerlo; y así, a las
5 primeras diligencias dio en seguida con el nombre de Anastasio López Rubielos, comprobó que los demás datos coincidían y anotó el domicilio. Sólo faltaba, por lo tanto, decidirse a poner en obra lo que se tenía prescrito. "¡De hoy no pasa!" se había dicho aquella mañana, contemplando por el balcón
10 el día luminoso. No había motivo ya, ni pretexto para postergar la ejecución de su propósito. La vida había vuelto a entrar, para él, en cauces de estrecha vulgaridad; igual que antes de la guerra. ¡No; de hoy no pasaba! Y ¡qué aliviado iba a sentirse cuando se hubiera quitado de una vez ese peso de encima!
15   Antes de salir, abrió el primer cajón de la cómoda, esta vez para echarse al bolsillo los malditos documentos, que siempre le saltaban a la vista desde allí[13] cuando iba a sacar un pañuelo limpio; y provisto de ellos, se echó a la calle. ¡Valiente lección de geografía fue la de aquella mañana! Apenas la hubo
20 terminado, se encaminó, despacio, hacia las señas que, previamente, tuviera buen cuidado de explorar: una casita muy pobre, de una sola planta, a mitad de una cuesta, cerca del río, bien abajo.
    Encontró abierta la puerta; una cortina de lienzo, a rayas,
25 estaba descorrida para dejar que entrase la luz del día, y desde la calle podía verse, quieto en un sillón, inmóvil, a un viejo, cuyos pies calentaba un rayo de sol [14] sobre el suelo de rojos ladrillos. Santolalla adelantó hacia dentro una ojeada temerosa y, tentándose en el bolsillo el carnet de Anastasio, vaciló
30 primero y, en seguida, un poco bruscamente, entró en la pieza. Sin moverse, puso el viejo en él sus ojillos azules, asustados, ansiosos. Parecía muy viejo, todo lleno de arrugas; su cabeza, cubierta por una boina, era grande: enormes, traslúcidas, sus orejas; tenía en las manos un grueso bastón amarillo.

12. **que esperaba laboriosas** *which he expected to be laborious*
13. **que ... allí** *which he could never help seeing there*
14. **cuyos ... sol** *warming his feet in a ray of sunlight*

Emitió Santolalla un "¡Buenos días!", y notó velada su propia voz. El viejo cabeceaba, decía "¡Sí, sí!"

Quisiera hablar con alguno de la familia—interrogó:—La familia de Anastasio López Rubielos ¿vive aquí?

Se había repuesto; su voz sonaba ya firme. —Rubielos, sí: 5 Rubielos—repetía el viejo.

Y él insistió en preguntarle: —Usted, por casualidad, ¿es de la familia?

—Sí, sí, de la familia—asentía.

Santolalla deseaba hablar, hubiera querido hablar con cual- 10 quiera menos con este viejo. —¿Su abuelo?—inquirió todavía.

—Mi Anastasio—dijo entonces con rara seguridad el abuelo—, mi Anastasio ya no vive aquí.

—Pues yo vengo a traerles a ustedes noticias del pobre Anastasio—declaró ahora, pesadamente, Santolalla. Y, sin que 15 pudiera explicar cómo, se dio cuenta en ese instante mismo de que, más adentro, desde el fondo oscuro de la casa, alguien lo estaba acechando. Dirigió una mirada furtiva hacia el interior, y pudo discernir en la penumbra una puerta entornada; nada más. Alguien, de seguro, lo estaba acechando, y 20 él no podía ver quién.

—Anastasio—repitió el abuelo con énfasis (y sus manos enormes se juntaron sobre el bastón, sus ojos tomaron una sequedad eléctrica)—Anastasio ya no vive aquí: no, señor. —Y agregó en voz más baja:—Nunca volvió. 25

—Ni volverá—notificó Santolalla. Todo lo tenía pensado, todo preparado. Se obligó a añadir: —Tuvo mala suerte Anastasio: murió en la guerra; lo mataron. Por eso vengo yo a visitarles . . .

Estas palabras las dijo lentamente, secándose las sienes con 30 el pañuelo.

—Sí, sí, murió—asentía el anciano; y la fuerte cabeza llena de arrugas se movía, afirmativa, convencida[15]—murió, sí, el Anastasio. Y yo, aquí, tan fuerte, con mis años: yo no me muero. 35

15. **se movía . . . convencida** *nodded*
   with conviction

Empezó a reírse. Santolalla, tonto, turbado, aclaró: —Es que a él lo mataron.

No se hubiera sentido tan incómodo, pese a todo, sin la sensación de que lo estaban espiando desde adentro. Pensaba,
5 al tiempo de echar otra mirada de reojo al interior: "Es estúpido que yo siga aquí. Y si quisiera, en cualquier momento podría irme: un paso, y ya estoy en la calle, en la esquina." Pero no, no se iría: ¡quieto! Estaba agarrotado, violento, allí,[16] parado delante de aquel viejo chocho; pero ya había
10 comenzado, y seguiría. Siguió, pues, tal como se lo había propuesto: contó que él había sido compañero de Anastasio; que se habían encontrado y trabado amistad en el frente de Aragón, y que a su lado estaba, precisamente, cuando vino a herirle de muerte una bala enemiga; que, entonces, él había
15 recogido de su bolsillo este documento... Y extrayendo del suyo el carnet, lo exhibió ante la cara del viejo.

En ese preciso instante irrumpió en la saleta, desde el fondo, una mujer corpulenta, morena, vestida de negro; se acercó al viejo y, dirigiéndose a Santolalla: —¿De qué se trata?
20 ¡Buenos días!—preguntó.

Santolalla le explicó en seguida, como mejor pudo, que durante la guerra había conocido a López Rubielos, que habían sido compañeros en el frente de Aragón; que allí habían pasado toda la campaña: un lugar, a decir verdad, bastante tran-
25 quilo; y que, sin embargo, el pobre chico había tenido la mala pata de que una bala perdida, quién sabe cómo...

—Y a usted ¿no le ha pasado nada?—le preguntó la mujer con cierta aspereza, mirándolo de arriba abajo.

—¿A mí? A mí, por suerte, nada. ¡Ni un rasguño, en toda
30 la campaña!

—Digo, después—aclaró, lenta, la mujerona.

Santolalla se ruborizó; respondió, apresurado: —Tampoco después . . . Tuve suerte ¿sabe? Sí, he tenido bastante suerte.

—Amigos habrá tenido—reflexionó ella, consultando la apariencia de Santolalla, su traje, sus manos.

16. **Estaba . . . allí** *He was held there against his will*

El le entregó el carnet que tenía en una de ellas, preguntándole: —¿Era hijo suyo?

La mujer ahora se puso a mirar el retrato muy despacio; repasaba el texto impreso y manuscrito; lo estaba mirando y no decía nada. 5
Pero al cabo de un rato se lo devolvió, y fue a traerle una silla: entre tanto, Santolalla y el viejo se observaban en silencio. Volvió ella, y mientras colocaba la silla en frente, reflexionó con voz apagada:
—¡Una bala perdida! ¡Una bala perdida! Esa no es una 10 muerte mala. No, no es mala; ya hubieran querido morir así su padre y su otro hermano: con el fusil empuñado, luchando. No es ésa mala muerte, no. ¿Acaso no hubiera sido peor para él que lo torturasen, que lo hubiesen matado como a un conejo? ¿No hubiera sido peor el fusilamiento, la hor- 15 ca?... Si aun temía yo que no hubiese muerto y todavía me lo tuvieran...

Santolalla, desmadejado, con la cabeza baja y el carnet de Anastasio en la mano, colgando entre sus rodillas, oía sin decir nada aquellas frases oscuras. 20
—Así, al menos—prosiguió ella, sombría—se ahorró lo de después; y, además, cayó el pobrecito en medio de sus compañeros, como un hombre, con el fusil en la mano . . . ¿Dónde fue? En Aragón, dice usted. ¿Qué viento le llevaría hasta allá? Nosotros pensábamos que habría corrido la ventolera 25 de Madrid.[17] ¿Hasta Aragón fue a dejarse el pellejo?

La mujer hablaba como para sí misma, con los ojos puestos en los secos ladrillos del suelo. Quedóse callada y, entonces, el viejo, que desde hacía rato intentaba decir algo, pudo preguntar: 30
—¿Allí había bastante?
—¿Bastante de qué?—se afanó Santolalla.
—Bastante de comer—aclaró, llevándose hacia la boca, juntos, los formidables dedos de su mano.

17. **¿Qué viento... Madrid.** *What could have taken him way over there? We thought he would* *have been in the fighting around Madrid.*

—¡Ah, sí! Allí no nos faltaba nada. Había abundancia.
No sólo de lo que nos daba la Intendencia—se entusiasmó, un
poco forzado—sino también—y recordó la viña—de lo que el
país produce.

5   La salida del abuelo le había dado un respiro; en seguida
temió que a la mujer le extrañase la inconveniente puerilidad
de su respuesta. Pero ella, ahora, se contemplaba las manos
enrojecidas, gordas. Sin aquella su mirada reluciente y fiera
resultaba una mujer trabajada, vulgar, una pobre mujer, como
10   cualquiera otra. Parecía abismada.

Entonces fue cuando se dispuso Pedro Santolalla a desplegar
la parte más espinosa de su visita: quería hacer algo por aquella
gente, pero temía ofenderlos; quería hacer algo, y no aparecer
ante sí mismo, sin embargo, como quien, logrero, rescata a
15   bajo precio una muerte. Pero ¿por qué quería hacer algo? y
¿qué podría hacer?

—Bueno—comenzó penosamente; sus palabras se arrastra-
ban, sordas;—bueno, voy a rogarles que me consideren como
un compañero... como el amigo de Anastasio...

20   Pero se detuvo; la cosa le sonaba a burla. "¡Qué cinismo!",
pensó; y aunque para aquellos desconocidos sus palabras no
tuvieran las resonancias cínicas que para él mismo tenían...
no podían tenerlas, ellos no sabían nada... ¿cómo no les iba
a chocar este "compañero" bien vestido que, con finos modales,
25   con palabras de profesor de Instituto, venía a contarles...?
Esto era miserable, y estaba muy lejos de las escenas generosas,
llenas de patetismo, que tantas veces se había complacido en
imaginar, con grandes variantes, sí, pero siempre en forma tan
conmovedora que, al final, se sorprendía a sí mismo, indefecti-
30   blemente, con lágrimas en los ojos. Llorar, implorar perdón,
arrodillarse ante ellos (unos "ellos" que nada se parecían a
"éstos"), quienes, por supuesto, se apresuraban a confortarlo,
sin dejarle que les besara las manos—escenas hermosas y
patéticas . . .—. Pero ¡Señor!, ahora, en lugar de eso, se veía
35   aquí, señorito bien portado delante de un viejo estúpido y de
una mujer abatida y desconfiada, que miraba con rencor; y se
disponía a ofrecerles una limosna en pago de haberles matado
a aquel muchachote cuyo retrato, cuyos papeles, exhibía aún

en su mano como credencial de amistad y gaje de piadosa camaradería.

Sin embargo, algo habría que decir; no era posible seguir callando; la mujerona había alzado ya la cabeza y lo obligaba a mirar para otro lado, hacia los pies del anciano, enormes, 5 dentro de unos zapatos rotos, al sol.

Ella, por su parte, escrutaba a Santolalla con expectativa: ¿a dónde iría a parar el sujeto éste?[18] ¿Qué significaban sus frases pulidas: rogar que lo considerasen como un amigo?

—Quiero decir—apuntó él—que para mí sería una satisfac- 10 ción muy grande poderles ayudar en algo.

Se quedó rígido, esperando una respuesta; pero la respuesta no venía. Dijérase[19] que no lo habían entendido. Tras la penosa pausa, preguntó, directa ya y embarazadamente, con una desdichada sonrisa: 15

—¿Qué es lo que más necesitan? Díganme: ¿en qué puedo ayudarles?

Las pupilas azules se iluminaron de alegría, de concupiscencia, en la cara labrada del viejo; sus manos se revolvieron como un amasijo sobre el cayado de su bastón. Pero antes de 20 que llegara a expresar su excitación en palabras, había respondido, tajante, la voz de su hija:

—Nada necesitamos, señor. Se agradece.

Sobre Santolalla estas palabras cayeron como una lluvia de tristeza; se sintió perdido, desahuciado. Después de oírlas, ya 25 no deseaba más que irse de allí; y ni siquiera por irse tenía prisa. Despacio, giró la vista por la pequeña sala, casi desmantelada, llena tan sólo del viejo que, desde su sillón, le contemplaba ahora con indiferencia, y de la mujerona que lo encaraba de frente, en pie ante él, cruzados los brazos; y, alar- 30 gándole a ésta el carnet sindical de su hijo: —Guárdelo—le ofreció—; es usted quien tiene derecho a guardarlo.

Pero ella no tendió la mano; seguía con los brazos cruzados. Se había cerrado su semblante[20]; le relampaguearon los ojos y hasta pareció tener que dominarse mucho para, con serenidad 35

---

18. **¿a dónde...éste?** *what could this fellow be getting at?*

19. **Dijérase** *One would have said*

20. **Se había...semblante** *Her face had become expressionless*

y algún tono de ironía, responderle: —¿Y qué quiere usted que
haga yo con eso? ¿Que lo guarde? ¿Para qué, señor? Tener
escondido en casa un carnet socialista, ¿verdad? ¡No! ¡Muchas
gracias!

5   Santolalla enrojeció hasta las orejas. Ya no había más que
hablar. Se metió el carnet en el bolsillo, musitó un "¡Buenos
días!" y salió andando calle abajo.

Preguntas

1. ¿En qué época de la guerra tiene lugar la primera escena?
2. ¿Cómo se sirve el autor del tiempo histórico en la narración?
   ¿Cuánto tiempo pasa entre la primera escena y la final?
3. ¿Qué escenas pudieran llamarse cinematográficas?
4. ¿Cómo pasan el tiempo los oficiales en el frente de Aragón?
5. ¿Qué tentación le lleva al teniente Santolalla a alejarse?
6. En las descripciones, ¿emplea el autor muchos o pocos detalles?
7. ¿Qué aventura memorable le pasa a Santolalla en el viñedo?
8. ¿Qué efecto producen en sus compañeros el fusil capturado y la
   cartera del miliciano?
9. Meses después, ¿cómo influye en el espíritu de Santolalla el incidente? ¿Por qué emplea el autor la palabra "memorable"?
10. ¿Qué es lo que el teniente no quería confesarse? ¿Por qué se le
    hacía insufrible la guerra a partir de la aventura del miliciano?
11. ¿Cómo se sirve Ayala del monólogo interior? Citen ejemplos.
12. Al terminar la guerra, ¿qué vida lleva el teniente?
13. Al volver a casa, ¿qué impresión le hacen sus padres?
14. ¿Qué efecto produce en su madre la historia del miliciano?
15. ¿A quién retrata mejor el autor, a la madre de Santolalla o a la
    madre del miliciano?
16. ¿Cómo es la casa del miliciano? Compárenla con la del teniente.
17. ¿Qué saca Santolalla de su conversación con el viejo?
18. ¿Con qué frases y gestos revela la madre del miliciano su descon-
    fianza y su amargura?
19. ¿Por qué no pueden entenderse la madre y el teniente? ¿Cuál es el
    punto de vista de cada uno de ellos? ¿Qué medios emplea el
    autor para representar "el tajo" que existe entre ellos?
20. ¿Es estética o ética la preocupación del autor?
21. ¿Cuál es la estructura del relato?
22. ¿Por qué es penoso el tema de este cuento?

José Antonio Muñoz Rojas
LAS VILLENA

JOSÉ ANTONIO MUÑOZ ROJAS recobra en sus poéticas narraciones, como Halcón en sus *Recuerdos de Fernando Villalón,* todo el maravilloso mundo de su infancia. El autor, al referirse a aquella realidad recordada en una de las estampas titulada "La edad", en la colección *Las musarañas,* habla de "la realidad que se toca dentro como un puñado de pétalos olorosos que lleváramos en la mano y que nos devuelve el mundo aquel por el que anduvimos, estremecido, vivísimo y verdadero". Este vivísimo mundo, que el autor evoca conmovido en verso y en prosa, es el de Antequera (Málaga) donde nace en 1909. Muñoz Rojas es conocido primero como poeta, en 1929, cuando publica a los veinte años sus *Versos de retorno.* En su poesía—*Sonetos de amor por un autor indiferente* (1942) y *Abril en el alma* (1943)—se percibe una perfección formal a la vez que un hondo sentido humano. Sus libros de narraciones, *Historias de familia* (1945) y *Las musarañas* (1957), están escritos con la misma gracia y emoción, en la prosa sugestiva que vemos en "Las Villena".

Esta es la historia de tres hermanas inseparables, solteras provincianas que crean con la imaginación y con la misma facilidad hermosos jardines o viajes entretenidos. Recuerdan a la protagonista de la comedia de García Lorca, *Doña Rosita la Soltera,* quien como ellas pasa la vida esperando cartas de un novio que no habrá de volver. Para las Villena llegan tres veces al año del misterioso Jaime—pariente o antiguo novio, no se sabe—y quizás dudáramos de su existencia si no fuera por el hecho de que ellas

le siguen mandando regalos y cantidades de dinero efectivo.
Esta aventura epistolar les permite compartir con el querido
Jaime sus esperanzas y desilusiones. Consta que el corazón de
Jaime se seguirá dando sólo mientras reciba cantidades cada vez
más fuertes de las tres hermanas. La historia está escrita desde
el punto de vista de estas buenas mujeres, ingenuas, generosas,
compasivas, pero con cierta ironía ligera y dulce que recuerda a
algunos autores ingleses. Muñoz Rojas estuvo una temporada en
Inglaterra, de Lector de Español en la Universidad de Cam-
bridge. Conoce a fondo la literatura inglesa y escribe a veces
estudios sobre sus poetas predilectos, por ejemplo, "Encuentro
con Donne", que salió en los *Papeles de Son Armadans* (1962).
Su obra narrativa tiene poco parecido con la de sus contemporáneos, pero sí tiene bastante con la de 'Azorín' en su visión de
la vida, en su suave melancolía, y en su estilo cuidado y personal.

❧Las Villena

Hace tiempo que no os veo y lo siento, Concha, Remedios y Rosario. No sabría nombraros a la una sin las otras dos: ya sabéis cuán honda siento vuestra trinidad. Desunidas, morís. Yo no sé lo que será de las otras dos el día que una falte. Lo concibo tan mal como pensar en vosotras sin cariño. ¿Cómo están las cosas todas de la casa? ¿Sigue cayéndose poco a poco y sin misericordia? ¿Sigue la gutapercha de los sillones en el salón deteriorándose, amarilleando cada vez más las panderetas de las monjas en las paredes, ennegreciéndose los cromos y pudriéndose las cabezas de los ciervos con los cuernos medio caídos? Pero, ¡qué jóvenes, qué frescas, en esto que alguien llamaría decadencia! No habría jardín mejor para vosotras. Los torreones estarán ya sin una almena y sólo el arroyo abajo sonará como siempre, tan sombrío en invierno y tan fresco en verano. Gusto daba asomarse por la mañana temprano en este tiempo y miedo cuando diciembre apretaba y se quedaba el monte vecino sin una esquila, las matas sin una flor. En vuestra soledad, ¡cómo se alargaba vuestra fantasía, y qué países, qué ciudades, qué pensiles no levantábais en ella por dónde pasearos![1] Feas no érais. Ninguna Villena fue nunca fea. Ni feas ni guapas. Ni la una ni la otra cosa tenían que

1. **no levantábais ... pasearos** *did you not create there for walking* (**Muñoz Rojas** uses written ac- cents on familiar plural forms from which they are custom- arily omitted.)

53

ser. *Villena y basta*. Este era el mote de vuestro escudo, al que
pagábais una devoción de la que no os dábais bien cuenta.²
   A mí me daba susto al principio vuestra milagrera facultad
de sacar todo de la nada. Andaba con vosotras por la huerte-
5 cilla, sin más títulos a tal que³ un triste llorón y unas dulces
violetas, desolada como estaba en la mitad del invierno, y me
sorprendía oyéndoos hablar de vuestro jardín, de lo hermoso
que estaba vuestro jardín, de que pocos jardines habría como
aquél. "Pero, ¿qué jardín?", con la pregunta casi en los labios,
10 cuando veía claramente, bellísimamente el jardín en vuestros
tres pares de ojos, el jardín que salía por vuestra boca y que
no copiaba el que pisábamos, sino el que sentíais en vuestras
almas.⁴ En esto de crear no teníais precio: creábais la lluvia
echando una al patio agua con un regador,⁵ mientras las otras
15 dos os paseábais con vuestros paraguas abiertos. Ya podía
rabiar el sol, azotar las paredes blancas, que a sus mismas
barbas y reinos, en la plenitud del estío creábais un invierno
sin par con la simple ilusión de vuestra lluvia. De rabia temblaba yo cuando oía a la gente referirlo riéndose. ¡Pobres
20 envidiosos atados al carro de las estaciones, sumisos a la trilla,
sin sabiduría ni libertad creadora!
   Rumores me habían llegado que Remedios se casaba.
Apenas lo concebía. O las tres os casábais con un hombre solo,
o las tres con tres hombres iguales, el mismo día, a la misma
25 hora, con los mismos trajes. De otra manera no lo concebía.
¿Cómo íbais a vivir? ¿Qué íbais a hacer con la cama de la otra,
con su sitio en la mesa? ¿Cómo os hubiérais podido referir la
una a la otra en singular sin más, ni más?⁶ El era carpintero
y se llamaba José, y éste era su principal título a vuestros ojos,
30 aunque las gentes anduvieran diciendo que cómo una Villena
iba a casarse con un carpintero. A tiro teníais la respuesta e

2. **al que ... cuenta** *to which you were more faithful than you knew*
3. **sin más ... que** *which could only be called so because of*
4. **que no copiaba ... almas** *which did not resemble the one beneath our feet, but the one you felt in your hearts*
5. **creábais ... regador** *you made it rain by having one of you turn a hose on the patio*
6. **¿Cómo ... ni más?** *How, all of a sudden, could one of you have referred to the other in the singular?*

idéntica salió de vuestras bocas: ¿No era San José carpintero?
El pobre volvió a sus garlopas y sus bancos, porque vosotras
no podíais separaros aunque él fuera carpintero y se llamara
José. Pasada esta pequeña crisis, todo fue bien. Misa por la
mañana, jubileo por la tarde, puchero todos los días, con 5
principio los domingos y postre y dulce las fiestas, visitas a la
familia en sus santos, sin faltar a un entierro por supuesto, y
tal cual boda o bautizo desperdigados: turrón y avellanas las
Ferias, mantecados por Navidad y flores las Pascuas. ¿Qué más
necesitábais? 10
   Siempre recuerdo la relación de vuestro viaje, viajeras
eternas e inamovibles vosotras mismas, el día que salísteis para
Granada sin abandonar las cuatro paredes de vuestro cuarto,
sentadas en vuestras camas, haciendo una de tren, la otra de
viaje y la otra de espectadora. Salísteis por la mañana.—Ea, 15
ya estamos en la estación. Don Juan, el jefe y sus hijas. La
mayor tiene novio. Morena, pero vale poco. Eso sí, buenas sí
son. Se va el tren. E imitábais su ruido y movimiento con el
compás de los colchones y los silbidos de la máquina. Re-
flejábais el paisaje, olivos, almendros e hilos del telégrafo a 20
lo largo de la vía y los viajeros que os miraban curiosos y
vosotras que les referíais que íbais a Granada, que la Alhambra[7] era hermosa, pero que preferíais el Generalife[8]—y la
próxima estación—, ya se va el tren—y la otra y la sierra y la
gloria de la sierra—, ya hemos llegado—a la Alhambra dere- 25
chas,—¡qué frescura!, ¡qué patios!, ¡qué aguas!—y luego el
regreso, al mismo compás, con las mismas verdades, todo tan
cierto, tan exacto, como que aquélla era vuestra casa y vosotras
las tres hermanas, Concha, Remedios y Rosario.
   Alguna más melancolía tiene el recuerdo de vuestra corres- 30
pondencia. Quién era Jaime, el eterno corresponsal, nadie
lo supo nunca. Maliciosamente os lo achacaban, quién de
hermano, quién de amante. ¿Amante de quién? Mal os conocían. Puntualmente tres veces al año, una por Navidad, otra
por Pascua, otra por Feria, llegaban las cartas de Jaime, una 35
para Concha, otra para Remedios, otra para Rosario. Y

7. **Alhambra** Moorish palace in   8. **Generalife** summer palace of the
   Granada   Moorish Kings in Granada

Granada. The Alhambra. Interior view looking into the
Court of Lions. Courtesy of the Spanish Embassy.

puntual y alternativamente contestábais las tres. Entre carta
y carta, era una angustia continua:

—Pero, ¿no ha llegado el cartero?—decía Concha.

—¡Ya es hora de que llegue el cartero!—Remedios.

—¡Y ese cartero que no acaba de llegar! [9]—Rosario.   5

Y puntualmente, unos días antes de Navidad, la carta para
Concha. Se agrupaban las hermanas, y Concha sobreleía con
el alma en la boca:

—"Que dice que está bien... Ha engordado dos kilos...
Espera hacer un buen negocio, caso que lo del Juzgado falle...   10
Que el frío ha comenzado..." Se disparaba Concha a con-
testarle:

"Querido Jaime: Nosotras seguimos muy bien. Nos alegramos que tú lo estés. Remedios se ha resfriado porque se
empeña en regar las macetas en invierno por si luego falta   15
agua en el verano. Dice que nada se pierde, que las plantas
sabrán. Ya ha sido la novena de la Purísima y pronto te mandaremos los mantecados."

Algo antes de Pascua llegaba la segunda carta anual, la de
Remedios. Nueva congregación de las hermanas.   20

—¡Ya está aquí la carta de Jaime! ¡Ya está aquí la carta de
Jaime!

Y leía Remedios:

—"Ha estado en cama, pero ya está bien. Juega al tresillo
con el boticario y un labrador. Se aburre. El boticario no le   25
gusta. El río se ha helado. El otro día se encontró cuatro
pajarillos muertos junto a su ventana. El negocio no salió,
pero el secretario del Juzgado está muy mal, muriéndose...
Si entre tanto pudiéramos... Tres mil reales bastarían...
Y que para el otoño..."   30

Suspirábais las tres, y contestaba Remedios:

"Querido Jaime: Sentimos lo del negocio y nos alegramos
con lo del tresillo. ¡Pobrecillos los pájaros! ¿Por qué no los
recogiste antes que murieran? Por giro te mandamos los tres
mil reales. Todavía nos han sobrado mil y dos brillantes del   35
alfiler. No te preocupes, el otoño, cuando vengas, nos pagas.

9. **que...llegar** *who should be*
here by now

Como se acerca la Pascua, te enviamos miel sobre hojuelas,
que tanto te gustó el año pasado y que éste nos ha salido muy
buena."
Los meses que separaban la Pascua de la Feria los pasaban
5 en vilo.
Al acercarse agosto, las tres pensaban a un tiempo y a un
tiempo decían:
—Ya no tardará.
Y a los pocos días la carta para Rosario:
10 —"Que el dinero llegó justo . . . Pero que tenía un amigo
muriéndose y todo fue para el entierro, la viuda y los siete
hijos . . . Nueve años la mayor, que se llama Cecilia . . . El
murió tísico . . . Teme, como es natural, por los hijos . . . Que
no se atreve, pero que si pudiéramos, por la sagrada amistad
15 del amigo muerto . . . Un último esfuerzo . . . Que el secretario del Juzgado no resistirá otro invierno . . . Ocho mil reales
y gajes . . . Que el otoño se acerca . . . ¡Ah!, y que la miel
sobre hojuelas estaba riquísima . . . Casi toda se la han comido
los niños de su amiga, la viuda . . ."
20 Contestaba Rosario:
"¡Qué desgracia, qué horrible desgracia, la tuya, nuestro
querido Jaime! Dios te protegerá y pagará tus buenas acciones. No dejes de la mano a esa pobre mujer ni a sus hijos.
Ahí van los reales que quedan, y haga Dios que no se te ponga
25 otra buena acción delante,[10] porque te quedarás sin ellos.
Sabemos que tu corazón no aguarda. Te enviamos el turrón
de la Feria, que este año no es tan bueno, y en alguna mayor
cantidad para que alcance a esa familia. Ya falta poco para el
otoño . . ." [11]
30 Aquel otoño no llegó nunca,[12] ni el secretario del Juzgado
se acabó de morir. ("No he visto hombre de más larga agonía"
—decían las hermanas), y sí en cambio seguían lloviendo ca-
lamidades al por mayor sobre el pobre Jaime.

10. **haga   Dios . . . delante**   *please*
    God you don't have to do an-
    other good deed
11. **Ya . . . otoño**   *Autumn will soon*
    be here

12. **Aquel . . . nunca**   *That autumn*
    [which was to see the end of
    Jaime's financial troubles] never
    came

Granada. View of the Gardens of the Generalife. Courtesy of
the Spanish Embassy.

—¡A ese hombre lo pierde el corazón! [13]

El corazón de Jaime fue dándose, poco a poco, con el peculio de las hermanas. Ninguna Navidad, Pascua o Feria fallaron las cartas de Jaime, ni, a su par, el corazón de las hermanas.
5 Pero bien valía el pobre peculio aquella riqueza de la ilusión viva del cartero.[14]

—¿No ha llegado ya tu carta de Jaime?

—Todavía no, pero ya queda poco.

13. **¡A ese ... corazón!** *That man is too kind-hearted for his own good!*
14. **Pero ... cartero.** *But the wealth of living illusion that the postman brought was well worth their poor savings.*

Preguntas

1. ¿Quién es el narrador de este cuento?

2. ¿En qué consiste "la ironía ligera y dulce" con que está contado?

3. ¿Tienen mucha importancia el ambiente y la época? ¿Qué ambiente y qué época evoca el relato?

4. ¿Dónde viven las tres hermanas? ¿Cuáles son los detalles que revelan el estado de las cosas que están en su casa?

5. Den ejemplos del "estilo personal" de Muñoz Rojas. ¿En qué se ve que es poeta?

6. ¿Cómo sacaban las hermanas todo de la nada? ¿Son patéticas?

7. ¿Por qué no se había casado por fin Remedios?

8. ¿Cómo pasaban el tiempo las hermanas? ¿Qué viajes hacían?

9. ¿Qué efecto producían en las hermanas las cartas de Jaime? ¿Qué cosas les contaba éste?

10. El autor no nos presenta nunca a Jaime. ¿Por qué?

11. ¿Qué cuentan las hermanas en sus cartas a Jaime?

12. ¿Cuál es la actitud del narrador hacia las Villena y la vida que llevaban?

13. ¿Qué cosas indican que tenemos en este cuento no una obra de la imaginación sino "la realidad recordada"?

14. ¿En qué se parecen este cuento y el de Halcón?

Camilo José Cela

LA ROMERIA

CAMILO JOSÉ CELA nació el 11 de mayo de 1916 en Iria Flavia (Padrón), Galicia. La familia de su padre es gallega, de cierta antigüedad; la línea materna es de origen italiano e inglés. Del abuelo inglés tiene Cela el segundo apellido, Trulock. Cuando el autor tiene nueve años su familia se establece en Madrid, donde termina sus estudios, nada brillantes, de bachillerato. En la universidad estudia un año Medicina, pero como siente más afición a la literatura, asiste con frecuencia a clases en la Facultad de Filosofía y Letras, sobre todo a las de Pedro Salinas.[1] Afirma Cela que estas clases del profesor Salinas, que le escucha y anima, habían de decidir su vocación de escritor.

Con su primera novela, *La familia de Pascual Duarte* (1942), gana Cela un éxito inmediato y definitivo. Es la violenta historia de la vida y crímenes del protagonista, quien los cuenta en confesiones autobiográficas escritas en la cárcel. Los críticos descubren en esta obra un excelente escritor de fuerte personalidad propia, el primero de aquellos años después de la guerra civil capaz de renovar la narrativa española. Las sucesivas novelas de Cela siguen diversos rumbos. En las *Nuevas andanzas de Lazarillo de Tormes* (1944) vuelve a la gran tradición picaresca que le ha de servir para toda su obra. Como los grandes escritores del '98, siente la necesidad de recorrer y conocer a España y luego narrar sus viajes en libros que se cuentan entre sus mejores, tales

---

1. **Pedro Salinas** (1892-1951) poet, critic, and inspiring teacher of literature

61

como el *Viaje a la Alcarria* (1948) y *Judíos, moros y cristianos* (1956).

Entretanto inventa mundos en novelas y narraciones. En 1951 se publica en Buenos Aires la novela que es hasta hoy su obra maestra, *La colmena,* en la cual aparecen, según se ha dicho, unos trescientos cincuenta personajes, todos ellos relacionados de alguna manera entre sí. Con esta obra Cela logra incorporar la novela española dentro de la corriente de la gran novela norteamericana y europea de su tiempo. Pero lo notable es que consigue crear una novela contemporánea a fuerza de estudiar a fondo la antigua novela picaresca, no sólo el *Lazarillo,*[2] sino el *Guzmán de Alfarache* de Mateo Alemán y *Rinconete y Cortadillo* de Cervantes.[3] Estas son, por otra parte, las fuentes castizas del género original y característico que crea Cela, y al cual da el nombre de "apunte carpetovetónico". De este género tenemos un excelente ejemplo en "La romería", que fue incluido ya en la primera edición de la colección titulada *El gallego y su cuadrilla, apuntes carpetovetónicos,* publicada en Madrid en 1951. Cela explica esta nueva forma en el prólogo a la segunda edición (1955) de esta obra: "El apunte carpetovetónico pudiera ser algo así como un agridulce bosquejo, entre caricatura y aguafuerte, narrado, dibujado o pintado, de un tipo o trozo de vida peculiares de un determinado mundo: lo que los geógrafos llaman, casi poéticamente, la España árida." Después de manifestar que artistas como Goya,[4] Solana[5] y Zuloaga[6] han retratado a los españoles "mojando los pinceles en la más pura tinta carpetovetónica", constata que como género literario dicho apunte es tan viejo como la literatura española misma. Cela insiste que el apunte carpetovetónico es un trozo de vida, y no cabe duda de

2. **Lazarillo de Tormes** first and best of the Spanish picaresque novels, published anonymously in 1554
3. **Miguel de Cervantes** (1547-1616) greatest of Spanish writers, author of *Don Quijote*
4. **Francisco de Goya y Lucientes** (1746-1828) one of the greatest of the Spanish painters, celebrated also for his satirical, fantastic prints in series entitled "Caprichos", "Desastres de la guerra", "Disparates"
5. **José Gutiérrez Solana** (1886-1945) Spanish painter and writer with a dramatic and tragic view of life
6. **Ignacio Zuloaga** (1870-1945) Spanish Basque painter who excelled in realistic depiction of Spanish types

Camilo José Cela. Photo:
Alfredo.

que deja esta impresión en el lector. Pero es un trozo de vida
transfigurado por la visión y la emoción del artista o escritor que
lo vuelve a presentar por medio de su arte.

En "La romería" se trata de la familia de un empleado de
oficina que va a la romería tradicional del pueblo un domingo
por la tarde. El empleado de oficina no tiene más nombre que
el del papel que hace en la vida, o sea, empleado de oficina todos
los días de la semana, y luego el sábado y domingo, cabeza de
familia. La narración consiste en cuatro partes, tres de las cuales
se dedican a preparativos para la excursión, la subida de la familia en desfile hacia la romería, y la vuelta de la misma ya de
noche, los cinco niños cansadísimos, los mayores—marido, mujer
y la madre de ésta—desencantados y de mal humor. Sólo en la
tercera parte se trata de la romería, lo que es para esta familia,
que al llegar se sienta cerca de la carretera y mira a otras familias,
a soldados medio borrachos, al mendigo mutilado que pide limosna a gritos, a la gitana que echa buenaventuras, en fin a toda
la fauna picaresca de las ferias, después de lo cual emprende la
vuelta. En casa, acostados los niños, se toma la cena en silencio

para evitar la pelea verbal que se presiente. Y el cabeza de
familia, para no seguir pensando en la dichosa romería, se distrae
pensando en el trabajo del lunes en la oficina.

No faltan en este relato los detalles naturalistas, a veces horri-
pilantes, que dan a Cela la fama de escritor "tremendista": los
niños que naturalmente quieren "hacer una cosa", el cojo "que
enseñaba a la caridad de las gentes un muñón bastante asqueroso"; los pintorescos detalles al principio cuando hablan en
el tren de la famosa romería y recuerdan cuando Paquito "le
saltó el ojo a la doña Pura" y "tenía que venir el señor juez a
levantar el ojo." Pero como el autor mismo dice, esta actitud
ante la realidad no la inventó él. La insistencia en ciertos aspectos sombríos o feos de la realidad, y su deformación grotesca,
tienen antiguos y honrados antecedentes en el arte como en la
literatura de España, sobre todo en determinadas épocas. Ortega
y Gasset emplea el término "tremendas" para referirse a las novelas picarescas como *Guzmán de Alfarache* y las ve como una expresión artística del descontento y desengaño de aquella época.
El mismo estado de ánimo dicta y da forma a obras parecidas en
nuestros días, los apuntes carpetovetónicos de Cela, por ejemplo,
que van incluidos en sus colecciones de cuentos y artículos, como
Baraja de invenciones (1953) y *Ensueños y figuraciones* (1954). A
veces son episodios recogidos, como en su novela reciente, *To-
bogán de hambrientos* (1961), después de haber salido antes en la
revista literaria, *Papeles de Son Armadans,* que el autor dirige y
publica en Mallorca desde abril de 1956. Elegido a la Real Academia Española en 1957, Cela leyó en la recepción pública de
mayo su discurso sobre "La obra literaria del pintor Solana",
presentándole como inventor genial de apuntes carpetovetónicos
en la literatura como en la pintura.

🌿 La romería

La romería era muy tradicional; la gente se hacía lenguas de
lo bien que se pasaba[7] en la romería, adonde llegaban todos
los años visitantes de muchas leguas a la redonda. Unos venían
a caballo y otros en unos autobuses adornados con ramas; pero
lo realmente típico era ir en carro de bueyes; a los bueyes les 5
pintaban los cuernos con albayalde o blanco de España y les
adornaban la testuz con margaritas y amapolas . . .

El cabeza de familia vino todo el tiempo pensando[8] en la
romería; en el tren, la gente no hablaba de otra cosa.

—¿Te acuerdas cuando Paquito, el de la de Telégrafos, le 10
saltó el ojo a la doña Pura? [9]

—Sí que me acuerdo; aquella sí que fue sonada. Un guardia
civil decía que tenía que venir el señor juez a levantar el ojo.

—¿Y te acuerdas de cuando aquel señorito se cayó, con
pantalón blanco y todo, en la sartén del churrero? 15

—También me acuerdo. ¡Qué voces pegaba el condenado!
¡En seguida se echaba de ver que eso de estar frito debe dar
mucha rabia!

El cabeza de familia iba los sábados al pueblo, a ver a los
suyos, y regresaba a la capital el lunes muy de mañana para 20
que le diese tiempo de llegar a buena hora a la oficina. Los

---

7. **la gente ... pasaba** *people raved
   about what a good time they
   had*
8. **vino ... pensando** *kept thinking*

9. **¿Te acuerdas ... Pura?** *Do you
   remember when Paquito, the
   boy of that woman in the tele-
   graph office, poked out doña
   Pura's eye?*

suyos, como él decía, eran siete: su señora, cinco niños y la
mamá de su señora. Su señora se llamaba doña Encarnación y
era gorda y desconsiderada; los niños eran todos largos y delga-
ditos, y se llamaban: Luis (diez años), Encarnita (ocho años),
5 José María (seis años), Laurentino (cuatro años) y Adelita (dos
años). Por los veranos se les pegaba un poco el sol [10] y tomaban
un color algo bueno, pero al mes de estar de vuelta en la capital, estaban otra vez pálidos y ojerosos como agonizantes. La
mamá de su señora se llamaba doña Adela y, además de gorda
10 y desconsiderada, era coqueta y exigente. ¡A la vejez, viruelas!
La tal doña Adela era un vejestorio repipio que tenía alma de
gusano comemuertos.

El cabeza de familia estaba encantado de ver lo bien que
había caído su proyecto de ir todos juntos a merendar a la
15 romería. Lo dijo a la hora de la cena y todos se acostaron
pronto para estar bien frescos y descansados al día siguiente.

El cabeza de familia, después de cenar, se sentó en el jardín
en mangas de camisa, como hacía todos los sábados por la
noche, a fumarse un cigarrillo y pensar en la fiesta. A veces,
20 sin embargo, se distraía y pensaba en otra cosa: en la oficina,
por ejemplo, o en el plan Marshall, o en el Campeonato de
Copa.

Y llegó el día siguiente. Doña Adela dispuso que, para no
andarse con apuros de última hora, lo mejor era ir a misa de
25 siete en vez de a misa de diez. Levantaron a los niños media
hora antes, les dieron el desayuno y los prepararon de domingo; hubo sus prisas y sus carreras,[11] porque media hora es
tiempo que pronto pasa, pero al final se llegó a tiempo.

Al cabeza de familia lo despertó su señora.
30 —¡Arriba, Carlitos; vamos a misa!
—Pero, ¿qué hora es?
—Son las siete menos veinte.
El cabeza de familia adoptó un aire suplicante.
—Pero, mujer, Encarna, déjame dormir, que estoy muy
35 cansado; ya iré a misa más tarde.

10. **se les pegaba ... sol** *they got a
    little sunburned*
11. **los prepararon ... carreras** *they*
    dressed them in their Sunday
    best; there was a lot of hurrying
    and racing around

—Nada. ¡Haberte acostado antes![12] Lo que tú quieres es ir a misa de doce.

—Pues, sí. ¿Qué ves de malo?[13]

—¡Claro! ¡Para que después te quedes a tomar un vermut con los amigos! ¡Estás tú muy visto![14] 5

A la vuelta de misa, a eso de las ocho menos cuarto, el cabeza de familia y los cinco niños se encontraron con que no sabían lo que hacer. Los niños se sentaron en la escalerita del jardín, pero doña Encarna les dijo que iban a coger frío, así, sin hacer nada. Al padre se le ocurrió que diesen todos juntos, 10 con él a la cabeza, un paseíto por unos desmontes que había detrás de la casa, pero la madre dijo que eso no se le hubiera ocurrido ni al que asó la manteca, y que los niños lo que necesitaban era estar descansados para por la tarde. El cabeza de familia, en vista de su poco éxito, subió hasta la alcoba, a 15 ver si podía echarse un rato, un poco a traición, pero se encontró con que a la cama ya le habían quitado las ropas. Los niños anduvieron vagando como almas en pena hasta eso de las diez, en[15] que los niños del jardín de al lado se levantaron y el día empezó a tomar, poco más o menos, el aire de 20 todos los días.

A las diez también, o quizá un poco más tarde, el cabeza de familia compró el periódico de la tarde anterior y una revista taurina, con lo que, administrándola bien, tuvo lectura casi hasta el mediodía. Los niños, que no se hacían cargo de las 25 cosas, se portaron muy mal y se pusieron perdidos de tierra;[16] de todos ellos, la única que se portó un poco bien fue Encarnita—que llevaba un trajecito azulina y un gran lazo malva en el pelo—, pero la pobre tuvo mala suerte, porque le picó una avispa en un carrillo, y doña Adela, su abuelita, que la 30 oyó gritar, salió hecha un basilisco, la llamó mañosa y antojadiza y le dio media docena de tortas, dos de ellas bastante fuertes. Después, cuando doña Adela se dio cuenta de que a la nieta lo que le pasaba era que le había picado una avispa,

12. **Nada...antes!** *Nothing doing.*
You should have gone to bed
earlier!

13. **¿Qué...malo?** *What's wrong*
with that?

14. **¡Estás...visto!** *I can see right*
through you!

15. Supply **hora** before **en.**

16. **se pusieron...tierra** *got all*
dirty

le empezó a hacer arrumacos y a compadecerla, y se pasó el
resto de la mañana apretándole una perra gorda contra la
picadura.

—Esto es lo mejor. Ya verás como esta moneda pronto te
5 alivia.

La niña decía que sí, no muy convencida, porque sabía que
a la abuelita lo mejor era no contradecirla y decirle a todo
amén.

Mientras tanto, la madre, doña Encarna, daba órdenes a las
10 criadas como un general en plena batalla. El cabeza de familia
leía, por aquellos momentos, la reseña de una faena de Paquito
Muñoz.[17] Según el revistero, el chico había estado muy
bien . . .

Y el tiempo, que es lento, pero seguro, fue pasando, hasta
15 que llegó la hora de comer. La comida tardó algo más que de
costumbre, porque con eso de haber madrugado tanto, ya se
sabe: la gente se confía y, al final, los unos por los otros, la
casa sin barrer.[18]

A eso de las tres o tres y cuarto, el cabeza de familia y los
20 suyos se sentaron a la mesa. Tomaron de primer plato fabada
asturiana; al cabeza de familia, en verano, le gustaban mucho
las ensaladas y los gazpachos y, en general, los platos en crudo.
Después tomaron filetes y de postre, un plátano. A la niña de
la avispa le dieron, además, un caramelo de menta; el angelito
25 tenía el carrillo como un volcán. Su padre, para consolarla,
le explicó que peor había quedado la avispa, insecto que se
caracteriza, entre otras cosas, porque, para herir, sacrifica su
vida. La niña decía "¿Sí?", pero no tenía un gran aire de estar
oyendo eso que se llama una verdad como una casa, ni deno-
30 taba, tampoco, un interés excesivo, digámoslo así.[19]

Después de comer, los niños recibieron la orden de ir a
dormir la siesta, porque como los días eran tan largos, lo mejor
sería salir hacia eso de las seis. A Encarnita la dejaron que no
se echase, porque para eso le había picado una avispa.

17. **Paquito Muñoz** famous bullfighter
18. **la gente ... barrer** *people think
they have lots of time, they get*
*in each other's way, and in the
end nothing gets done*
19. **digámoslo así** *shall we say*

Doña Adela y doña Encarnación se metieron en la cocina a dar los últimos toques a la cesta con la tortilla de patatas, los filetes empanados y la botella de Vichy Catalán para la vieja, que andaba nada más que regular de las vías digestivas;[20] los niños se acostaron, por eso de que a la fuerza ahorcan,[21] y el 5 cabeza de familia y la Encarnita se fueron a dar un paseíto para hacer la digestión y contemplar un poco la naturaleza, que es tan varia.

El reloj marcaba las cuatro. Cuando el minutero diese dos vueltas completas, a las seis, la familia se pondría en marcha, 10 carretera adelante, camino de la romería.

Todos los años había una romería ...

Contra lo que en un principio se había pensado, doña Encarnación y doña Adela levantaron a los niños de la siesta a las cuatro y media. Acabada de preparar la cesta con las 15 vituallas de la merienda,[22] nada justificaba ya esperar una hora larga sin hacer nada, mano sobre mano como unos tontos.

Además el día era bueno y hermoso, incluso demasiado bueno y hermoso, y convenía aprovechar un poco el sol y el aire. 20

Dicho y hecho; no más dadas las cinco,[23] la familia se puso en marcha camino de la romería. Delante iban el cabeza de familia y los dos hijos mayores: Luis, que estaba ya hecho un pollo, y Encarnita, la niña a quien le había picado la avispa; les seguían doña Adela con José María y Laurentino, uno de 25 cada mano, y cerraba la comitiva doña Encarnación, con Adelita en brazos. Entre la cabeza y la cola de la comitiva, al principio no había más que unos pasos; pero a medida que fueron andando, la distancia fue haciéndose mayor, y, al final, estaban separados casi por un kilómetro; ésta es una de las 30 cosas que más preocupan a los sargentos cuando tienen que llevar tropa por el monte: que los soldados se les van sembrando por el camino.

---

20. **que andaba ... digestivas** *whose digestion was no better than it should be*
21. **por ... ahorcan** *just as you can hang people if you use force*
22. **Acabada ... merienda** *Once the lunch basket was ready*
23. **no ... cinco** *on the stroke of five*

La cesta de la merienda, que pesaba bastante, la llevaba Luis en la sillita de ruedas de su hermana pequeña. A las criadas, la Nico y la Estrella, les habían dado suelta, porque, en realidad, no hacían más que molestar, todo el día por el
5 medio, metiéndose donde no las llamaban.

Durante el trayecto pasaron las cosas de siempre, poco más o menos: un niño tuvo sed y le dieron un capón porque no había agua por ningún lado; otro niño quiso hacer una cosa y le dijeron a gritos que eso se pedía antes de salir de casa;
10 otro niño se cansaba y le preguntaron, con un tono de desprecio profundo, que de qué le servía respirar el aire de la Sierra. Novedades gordas, ésa es la verdad, no hubo ninguna digna de mención.

Por el camino, al principio, no había nadie—algún pastor-
15 cito, quizá, sentado sobre una piedra y con las ovejas muy lejos—, pero al irse acercando a la romería fueron apareciendo mendigos aparatosos, romeros muy repeinados que llegaban por otros atajos, algún buhonero tuerto o barbudo con la bandeja de baratijas colgada del cuello, guardias civiles de
20 servicio, parejas de enamorados que estaban esperando a que se pusiese el sol, chicos de la colonia ya mayorcitos—de catorce a quince años—que decían que estaban cazando ardillas, y soldados, muchos soldados, que formaban grupos y cantaban asturianadas, jotas y el mariachi con un acento muy en su
25 punto.[24]

A la vista ya de la romería—así como a unos quinientos metros de la romería—, el cabeza de familia y Luis y Encarnita, que estaba ya mejor de la picadura, se sentaron a esperar al resto de la familia. El pinar ya había empezado y,
30 bajo la copa de los pinos, el calor era aún más sofocante que a pleno sol. El cabeza de familia, nada más salir de casa,[25] había echado la americana en la silla de Adelita y se había remangado la camisa y ahora los brazos los tenía todos colorados y le escocían bastante; Luis le explicaba que eso le sucedía
35 por falta de costumbre, y que don Saturnino, el padre de un amigo suyo, lo pasó muy mal hasta que mudó la piel. En-

24. **con ... punto** *with just the right accent*

25. **nada ... casa** *the moment he left the house*

carnita decía que sí, que claro; sentada en una piedra un poco
alta, con su trajecito azulina y su gran lazo, la niña estaba
muy mona, ésa es la verdad; parecía uno de esos angelitos que
van en las procesiones.

Cuando llegaron la abuela y los dos nietos y, al cabo de un 5
rato, la madre con la niña pequeña en brazos, se sentaron
también a reponer fuerzas, y dijeron que el paisaje era muy
hermoso y que era una bendición de Dios poder tomarse un
descanso todos los años para coger fuerzas para el invierno.

—Es muy tonificador—decía doña Adela echando un trago 10
de la botella de Vichy Catalán—, lo que se dice muy tonificador.

Los demás tenían bastante sed, pero se la tuvieron que
aguantar porque la botella de la vieja era tabú—igual que
una vaca sagrada—y fuente no había ninguna en dos leguas 15
a la redonda. En realidad, habían sido poco precavidos,
porque cada cual podía haberse traído su botella; pero, claro
está, a lo hecho, pecho: aquello ya no tenía remedio y, además,
a burro muerto, cebada al rabo.[26]

La familia, sentada a la sombra del pinar, con la boca seca, 20
los pies algo cansados y toda la ropa llena de polvo, hacía
verdaderos esfuerzos por sentirse feliz. La abuela, que era la
que había bebido, era la única que hablaba:

—¡Ay, en mis tiempos! ¡Aquéllas sí que eran romerías!

El cabeza de familia, su señora y los niños, ni la escuchaban; 25
el tema era ya muy conocido, y además la vieja no admitía
interrupciones. Una vez en que, a eso de[27] "¡Ay, en mis tiempos!", el yerno le contestó, en un rapto de valor: "¿Se refiere
usted a cuando don Amadeo[28]?", se armó un cisco tremendo,
que más vale no recordar. Desde entonces el cabeza de familia, 30
cuando contaba el incidente a su primo y compañero de
oficina Jaime Collado, que era así como su confidente y su
paño de lágrimas, decía siempre "el pronunciamiento".

Al cabo de un rato de estar todos descansando y casi en
silencio, el niño mayor se levantó de golpe y dijo: 35

26. **a burro...rabo** *no use feed-*
    ing a dead donkey
27. **Una vez...de** *Once when, in*
    answer to that line about

28. **Fernando María Amadeo,**
    duque de Aosta Italian prince,
    king of Spain from 1871 to 1873

—¡Ay!

El hubiera querido decir:[29]

—¡Mirad por dónde viene un vendedor de gaseosas!

Pero lo cierto fue que sólo le escapó un quejido. La piedra
5 donde se había sentado estaba llena de resina y el chiquillo,
al levantarse, se había cogido un pellizco.[30] Los demás, menos
doña Adela, se fueron también levantando; todos estaban perdidos de resina.

Doña Encarnación se encaró con su marido:

10 —¡Pues sí que has elegido un buen sitio! Esto me pasa a
mí por dejaros ir delante, ¡nada más que por eso!

El cabeza de familia procuraba templar gaitas:

—Bueno, mujer, no te pongas así; ya mandaremos la ropa
al tinte.

15 —¡Qué tinte ni qué niño muerto![31] ¡Esto no hay tinte que
lo arregle!

Doña Adela, sentada todavía, decía que su hija tenía razón,
que eso no lo arreglaba ningún tinte y que el sitio no podía
estar peor elegido.

20 —Debajo de un pino—decía—, ¿qué va a haber? ¡Pues
resina!

Mientras tanto, el vendedor de gaseosas se había acercado a
la familia.

—¡Hay gaseosas, tengo gaseosas! Señora—le dijo a doña
25 Adela—, ahí se va a poner usted buena de resina.[32]

El cabeza de familia, para recuperar el favor perdido, le
preguntó al hombre:

—¿Están frescas?

—¡Psché! Más bien del tiempo.[33]

30 —Bueno, déme cuatro.

Las gaseosas estaban calientes como caldo y sabían a pasta
de los dientes. Menos mal que la romería ya estaba, como
quien dice, al alcance de la mano.

29. **El ... decir** *He had meant to
    say*
30. **se había ... pellizco** *had felt
    himself caught*
31. **¡Qué ... muerto!** *Don't talk to
    me about the cleaners!*

32. **ahí ... resina** *there, you'll get
    pitch all over you*
33. **Más ... tiempo.** *More like the
    weather.*

La familia llegó a la romería con la boca dulce; entre la gaseosa y el polvo se suele formar en el paladar un sabor muy dulce, un sabor que casi se puede masticar como la mantequilla.

La romería estaba llena de soldados; llevaban un mes haciendo prácticas por aquellos terrenos, y los jefes, el día de la romería, les habían dado suelta.

—Hoy, después de la teórica—había dicho cada sargento—, tienen ustedes permiso hasta la puesta del sol. Se prohibe la embriaguez y el armar bronca con los paisanos. La vigilancia tiene órdenes muy severas sobre el mantenimiento de la compostura. Orden del coronel. Rompan filas, ¡arm...!

Los soldados, efectivamente, eran muchos; pero por lo que se veía, se portaban bastante bien. Unos bailaban con las criadas, otros daban conversación a alguna familia con buena merienda y otros cantaban, aunque fuese con acento andaluz,[34] una canción que era así:

> Adiós, Pamplona,
> Pamplona de mi querer,
> mi querer.
> Adiós, Pamplona,
> cuándo te volveré a ver.

Eran las viejas canciones de la guerra, que ellos no hicieran porque cuando lo de la guerra tenían once o doce años, que se habían ido transmitiendo, de quinta en quinta, como los apellidos de padres a hijos. La segunda parte decía:

> No me marcho por las chicas,
> que las chicas guapas son,
> guapas son.
> Me marcho porque me llaman
> a defender la Nación.

34. **aunque...andaluz** It seems odd to express devotion to Pam- plona, a northern town, with an Andalusian accent.

Los soldados no estaban borrachos, y a lo más que llegaban, algunos que otros, era a dar algún traspiés, como si lo estuvieran.[35]

La familia se sentó a pocos metros de la carretera, detrás
5   de unos puestos de churros y rodeada de otras familias que cantaban a gritos y se reían a carcajadas. Los niños jugaban todos juntos revolcándose sobre la tierra, y de vez en cuando alguno se levantaba llorando, con un rasponazo en la rodilla o una pequeña descalabradura en la cabeza.
10 Los niños de doña Encarnación miraban a los otros niños con envidia. Verdaderamente, los niños del montón, los niños a quienes sus familias les dejaban revolcarse por el suelo, eran unos niños felices, triscadores como cabras, libres como los pájaros del cielo, que hacían lo que les daba la gana y a nadie
15 le parecía mal.

Luisito, después de mucho pensarlo, se acercó a su madre, zalamero como un perro cuando menea la cola:

—Mamá, ¿me dejas jugar con esos niños?

La madre miró para el grupo y frunció el ceño:
20 —¿Con esos bárbaros? ¡Ni hablar! Son todos una partida de cafres.

Después, doña Encarnación infló el papo y continuó:

—Y además, no sé cómo te atreves ni a abrir la boca después de cómo te has puesto el pantalón de resina.[36] ¡Vergüenza
25 debiera darte!

El niño, entre la alegría de los demás, se azaró de estar triste y se puso colorado hasta las orejas. En aquellos momentos sentía hacia su madre un odio infinito.

La madre volvió a la carga:
30 —Ya te compró tu padre una gaseosa. ¡Eres insaciable!

El niño empezó a llorar por dentro con una amargura infinita. Los ojos le escocían como si los tuviese quemados, la boca se le quedó seca y nada faltó para que empezase a llorar, también por fuera,[37] lleno de rabia y de desconsuelo.

35. **Los soldados... estuvieran.** *The soldiers weren't drunk; at most, one or another of them would stumble as if he were.*

36. **después... resina** *after getting pitch all over your trousers*

37. **nada... fuera** *he was on the point of beginning to cry, outwardly as well*

Algunas familias precavidas habían ido a la romería con la mesa de comedor y seis sillas a cuestas. Sudaron mucho para traer todos los bártulos y no perder a los niños por el camino, pero ahora tenían su compensación y estaban cómodamente sentados en torno a la mesa, merendando o jugando a la brisca 5 como en su propia casa.

Luisito se distrajo mirando para una de aquellas familias y, al final, todo se le fue pasando.[38] El chico tenía buen fondo y no era vengativo ni rencoroso.

Un cojo, que enseñaba a la caridad de las gentes un muñón 10 bastante asqueroso, pedía limosna a gritos al lado de un tenderete de rosquillas; de vez en vez caía alguna perra y entonces el cojo se la tiraba a la rosquillera.

—¡Eh!—le gritaba—. ¡De las blancas!

Y la rosquillera, que era una tía gorda, picada de viruela, 15 con los ojos pitañosos y las carnes blandengues y mal sujetas, le echaba por los aires una rosquilla blanca como la nieve vieja, sabrosa como el buen pan del hambre[39] y dura como el pedernal. Los dos tenían bastante buen tino.

Un ciego salmodiaba preces a Santa Lucía[40] en un rincón 20 del toldo del tiro al blanco, y una gitana joven, bella y descalza, con un niño de días al pecho y otro, barrigoncete, colgado de la violenta saya de lunares, ofrecía la buenaventura por los corros.

Un niño de seis o siete años cantaba flamenco acompañán- 25 dose con sus propias palmas, y un vendedor de pitos atronaba la romería tocando el no me mates con tomate, mátame con bacalao.[41]

—Oiga, señor, ¿también se puede tocar una copita de ojén?

Doña Encarnación se volvió hacia el hijo hecha un basilisco: 30

—¡Cállate, bobo! ¡Que pareces tonto! Naturalmente que se puede tocar; ese señor puede tocar todo lo que le dé la real gana.

El hombre de los pitos sonrió, hizo una reverencia y siguió

---

38. **todo ... pasando** *he began to get over the whole thing*
39. **sabrosa ... hambre** *as delicious as bread to the hungry*
40. **Santa Lucía** *saint invoked against blindness*
41. **no me mates ... bacalao** *lines from a popular song*

paseando, parsimoniosamente, para arriba y para abajo, tocando ahora lo de la copita de ojén para tomar con café.

El cabeza de familia y su suegra, doña Adela, decidieron que un día era un día[42] y que lo mejor sería comprar unos churros a las criaturas.

—¿Cómo se les va a pedir que tengan sentido a estas criaturitas?—decía doña Adela en un rapto de ternura y de comprensión.

—Claro, claro . . .

Luisito se puso contento por lo de los churros, aunque cada vez entendía menos todo lo que pasaba. Los demás niños también se pusieron muy alegres.

Unos soldados pasaron cantando:

> Y si no se le quitan bailando
> los dolores a la tabernera,
> y si no se le quitan bailando,
> dejáila, dejáila que se muera.[43]

Unos borrachos andaban a patadas con una bota vacía, y un corro de flacos veraneantes de ambos sexos cantaba a coro la siguiente canción:

> Si soy como soy y no como tú quieres
> qué culpa tengo yo de ser así.

Daba pena ver con qué seriedad se aplicaban a su gilipollez. Cuando la familia se puso en marcha, en el camino de vuelta al pueblo, el astro rey se complacía en teñir de color de sangre unas nubecitas alargadas que había allá lejos, en el horizonte.

La familia, en el fondo más hondo de su conciencia, se daba cuenta de que en la romería no lo había pasado demasiado bien. Por la carretera abajo, con la romería ya a la espalda, la familia iba desinflada y triste como un viejo acordeón mojado. Se había levantado un gris fresquito, un airecillo

42. **decidieron . . . día** *decided to make the most of the day*

43. **dejáila que se muera** *let her die*

serrano que se colaba por la piel, y la familia, que formaba
ahora una piña compacta, caminaba en silencio, con los pies
cansados, la memoria vacía, el pelo y las ropas llenos de polvo,
la ilusión defraudada, la garganta seca y las carnes llenas de
un frío inexplicable.   5

A los pocos centenares de pasos se cerró la noche sobre el
camino: una noche oscura, sin luna, una noche solitaria y
medrosa como una mujer loca y vestida de luto que vagase por
los montes. Un buho silbaba, pesadamente, desde el bosque-
cillo de pinos, y los murciélagos volaban, como atontados, a   10
dos palmos de las cabezas de los caminantes. Alguna bicicleta
o algún caballo adelantaban, de trecho en trecho, a la familia,
y al sordo y difuso rumor de la romería había sucedido un
silencio tendido, tan sólo roto, a veces, por unas voces lejanas
de bronca o de jolgorio.   15

Luisito, el niño mayor, se armó de valentía y habló:

—Mamá.

—¿Qué?

—Me canso.

—¡Aguántate! ¡También nos cansamos los demás y nos   20
aguantamos! ¡Pues estaría bueno!⁴⁴

El niño, que iba de la mano del padre, se calló como se
calló su padre. Los niños, en esa edad en que toda la fuerza
se les va en crecer, son susceptibles y románticos; quieren,
confusamente, un mundo bueno, y no entienden nada de todo   25
lo que pasa a su alrededor.

El padre le apretó la mano.

—Oye, Encarna, que me parece que este niño quiere hacer
sus cosas.

El niño sintió en aquellos momentos un inmenso cariño   30
hacia su padre.

—Que se espere a que lleguemos a casa; éste no es sitio. No
le pasará nada por aguantarse un poco; ya verás cómo no
revienta. ¡No sé quién me habrá metido a mí a venir a esta
romería, a cansarnos y a ponernos perdidos!   35

44. ¡**Pues . . . bueno!** *That would
be a fine thing! (if you were the
only one who couldn't hold out)

El silencio volvió de nuevo a envolver al grupo. Luisito, aprovechándose de la oscuridad, dejó que dos gruesos y amargos lagrimones le rodasen por las mejillas. Iba triste, muy triste y se tenía por uno de los niños más desgraciados
5 del mundo y por el más infeliz y desdichado, sin duda alguna, de toda la colonia.

Sus hermanos, arrastrando cansinamente los pies por la polvorienta carretera, notaban una vaga e imprecisa sensación de bienestar, mezcla de crueldad y de compasión, de alegría y
10 de dolor.

La familia, aunque iba despacio, adelantó a una pareja de enamorados, que iba aún más despacio todavía.

Doña Adela se puso a rezongar en voz baja diciendo que aquello[45] no era más que frescura, desvergüenza y falta de
15 principios. Para la señora era recusable todo lo que no fuera el nirvana o la murmuración, sus dos ocupaciones favoritas.

Un perro aullaba, desde muy lejos, prolongadamente, mientras los grillos cantaban, sin demasiado entusiasmo, entre los sembrados.

20 A fuerza de andar y andar, la familia, al tomar una curva que se llamaba el Recodo del Cura, se encontró cerca ya de las primeras luces del pueblo. Un suspiro de alivio sonó, muy bajo, dentro de cada espíritu. Todos, hasta el cabeza de familia, que al día siguiente, muy temprano, tendría que
25 coger el tren camino de la capital y de la oficina, notaron una alegría inconfesable al encontrarse ya tan cerca de casa; después de todo, la excursión podía darse por bien empleada sólo por sentir ahora que ya no faltaban sino minutos para terminarla.[46] El cabeza de familia se acordó de un chiste que
30 sabía y se sonrió. El chiste lo había leído en el periódico, en una sección titulada, con mucho ingenio, "El humor de los demás": un señor estaba de pie en una habitación pegándose martillazos en la cabeza y otro señor que estaba sentado le preguntaba: "Pero, hombre, Peters, ¿por qué se pega usted

---

45. **aquello** the behavior of the lovers
46. **podía ... terminarla** *could be*   *considered worthwhile just for the feeling that in minutes it would be over*

esos martillazos?", y Peters, con un gesto beatífico, le respondía: "¡Ah, si viese usted lo a gusto que quedo cuando paro!"

En la casa, cuando la familia llegó, estaban ya las dos criadas, la Nico y la Estrella, preparando la cena y trajinando 5 de un lado para otro.

—¡Hola, señorita! ¿Lo han pasado bien?

Doña Encarnación hizo un esfuerzo.

—Sí, hija; muy bien. Los niños la han gozado mucho. ¡A ver, niños!—cambió—, ¡quitaos los pantalones, que así vais a 10 ponerlo todo perdido de resina!

La Estrella, que era la niñera—una chica peripuesta y pizpireta, con los labios y las uñas pintados y todo el aire de una señorita de conjunto sin contrato[47] que quiso veranear y reponerse un poco—, se encargó de que los niños obedecieran. 15

Los niños, en pijama y bata, cenaron y se acostaron. Como estaban rendidos se durmieron en seguida. A la niña de la avispa, a la Encarnita, ya le había pasado el dolor; ya casi ni tenía hinchada la picadura.

El cabeza de familia, su mujer y su suegra cenaron a 20 renglón seguido de acostarse los niños. Al principio de la cena hubo cierto embarazoso silencio; nadie se atrevía a ser quien primero hablase: la excursión a la romería estaba demasiado fija en la memoria de los tres. El cabeza de familia, para distraerse, pensaba en la oficina; tenía entre manos un expediente 25 para instalación de nueva industria, muy entretenido: era un caso bonito, incluso de cierta dificultad, en torno al que giraban intereses muy considerables. Su señora servía platos y fruncía el ceño para que todos se diesen cuenta de su mal humor. La suegra suspiraba profundamente entre sorbo y 30 sorbo de Vichy.

—¿Quieres más?

—No, muchas gracias; estoy muy satisfecho.

—¡Qué fino te has vuelto!

47. una   señorita . . . contrato   a
young   lady   temporarily   employed

—No, mujer; como siempre . . .

Tras otro silencio prolongado, la suegra echó su cuarto a espadas:

—Yo no quiero meterme en nada, allá vosotros; pero yo
5 siempre os dije que me parecía una barbaridad grandísima meter a los niños semejante caminata en el cuerpo.[48]

La hija levantó la cabeza y la miró; no pensaba en nada. El yerno bajó la cabeza y miró para el plato, para la rueda de pescadilla frita; empezó a pensar, procurando fijar bien la
10 atención, en aquel interesante expediente de instalación de nueva industria.

Sobre las tres cabezas se mecía un vago presentimiento de tormenta . . .

48. **meter . . . cuerpo** *to make the*
   children take such a hike

Preguntas

1. ¿Qué nombre da Cela al género al que pertenece este relato? ¿Cómo define y explica el género?

2. ¿En qué consiste el trozo de vida que Cela nos presenta aquí?

3. Si éste es un "bosquejo agridulce", ¿en qué consiste lo agrio? ¿en qué consiste lo dulce?

4. ¿Se presenta la historia desde un punto de vista? ¿desde el de varias personas?

5. ¿Tiene protagonista esta historia? Si hay protagonista, ¿quién es?

6. ¿Por qué no tiene nombre el cabeza de familia?

7. ¿Quiénes componen la familia? ¿De qué clase social es? ¿Cómo se puede comparar esta familia con una de la misma clase en este país?

8. ¿Cuáles son los preparativos que se hacen para ir a la romería? ¿Parecen algunos excesivos, hasta absurdos? ¿Cuáles?

9. ¿Qué hacían los niños mientras que se hacían los preparativos?

10. ¿A qué hora se sentó la familia por fin a comer? ¿Por qué tan tarde?

11. ¿Qué se llevaron, sin embargo, en la cesta de la merienda?

12. ¿Cómo trata doña Encarnación a su marido? ¿Cómo trata éste a su suegra?

13. ¿Son caricaturas algunos de los retratos que nos pinta Cela de los personajes principales?

14. ¿Cómo iba la familia caminando a la romería? ¿En qué se nota la actitud del autor en este pasaje?

15. ¿Quiénes aparecían por el camino cuando se iban acercando a la romería?

16. ¿Qué hacían los soldados allí?

17. ¿Dónde se instaló por fin la familia al llegar?

18. ¿Por qué miraban con envidia los hijos de doña Encarnación a los demás niños?

19. ¿Cómo retrata Cela a los tipos convencionales, al cojo, por ejemplo, o a la rosquillera?

20. ¿De qué se daba cuenta la familia volviendo de la romería? ¿Cómo era el camino de vuelta?

21. ¿En qué pensaba el cabeza de familia mientras que cenaban?

22. ¿Cuál era el estado de ánimo de la esposa y de su madre?

23. ¿Cómo hace sentir al lector Cela el ritmo lento de la marcha hacia la romería?

24. ¿En qué aspectos de la realidad insiste Cela en este cuento?

25. ¿Qué tradición narrativa española ha estudiado e imitado el autor?

26. ¿Qué importancia tiene para la novela contemporánea española *La familia de Pascual Duarte*?

27. ¿Se perciben elementos violentos en "La romería"? ¿Elementos grotescos? Den ejemplos.

28. ¿En qué partes de la historia hay humor? ¿Qué tipo de humor es? Citen palabras y pasajes como ejemplos.

29. ¿Cuáles son los pasajes o frases que muestran que Cela moja la pluma en "la más pura tinta carpetovetónica"?

30. ¿Recuerda Cela a ciertos escritores norteamericanos por el elemento de caricatura que llega a veces a deformación grotesca?

Luis Romero

MUNDO ADOLESCENTE
EL FORASTERO

Luis Romero nació en Barcelona en 1916. Viajante de una Compañía de Seguros, reside en Buenos Aires en 1951 y desde allí manda su primera novela, *La noria*, con la cual gana el Premio Nadal. Más que una novela construida es una sucesión de viñetas que presentan momentos en la vida de cada uno de treinta y tantos personajes que no vuelven a aparecer; pero las "instantáneas", que componen la obra, se encadenan en virtud de una relación cualquiera entre los personajes que intervienen en escenas sucesivas. Es la técnica de James Joyce y la de Cela en *La colmena* llevada al extremo, y produce en el lector el efecto de presenciar directamente trozos de la vida real de cada personaje. Así en el cuadro que incluimos, "Mundo adolescente", el lector tiene la sensación de vivir toda la tensión y la angustia del examen oral que sufre el muchacho y siente toda su alegría cuando avisa por teléfono a su padre que ha salido muy bien. Se reproduce el ambiente del Instituto, el método de enseñar y de aprender, hasta la voz cansada del catedrático que examina al grupo. El autor vuelve a emplear esta misma técnica calidoscópica en otras novelas suyas, por ejemplo en *La corriente* (1962), que presenta de nuevo una visión dinámica de la vida de las diversas clases sociales en Barcelona, aunque en esta obra los personajes reaparecen y sus acciones se entrecruzan. En *Los otros* (1956) quedan los personajes mucho más ligados por medio de una trama, un proyectado atraco que fracasa; pero aquí también aparecen rápidamente numerosos personajes, todos los que

Luis Romero. Photo:
Verdugo.

crean el ambiente de una socieded en la cual se realizan tales
crímenes.

En otra vena está escrita la colección de cuentos, *Esas sombras
de trasmundo* (1957), que desde el título sugiere distintos elementos componentes, a saber, lo oscuro, lo misterioso, lo desconocido; de esta colección incluimos "El forastero". En "Mundo
adolescente", el muchacho se nos revela mediante el monólogo
interior en paréntesis. En "El forastero", el autor nos revela por
medio del análisis penetrante, del uso de detalles sugestivos y de
la emoción evocadora, el estado de ánimo del protagonista cada
vez qué se encuentra con el forastero y cuando, al fin, se va con
él, a dar su último inaplazable paseo.

✻ Mundo adolescente

—Por favor, el siguiente—ha exclamado el catedrático con
voz cansada, tal vez distraída. El profesor auxiliar ha voceado
tras un ligero carraspear:

—Arturo Méndez Arecha . . . (aquí una pequeña vacilación
y risas contenidas en el último banco). Arechava . . . leta. 5
Las dos últimas sílabas con entonación rotunda y la mirada
desafiante tras las gafas sin montura. Un muchacho del
primer banco sube a la tarima.

Terminado su examen, Paquito Gallardo se ha sentado y
finge escuchar atentamente, pero en realidad no escucha nada. 10
Está satisfecho; ha hecho un buen examen y el catedrático se
ha dado cuenta.

(—Bien, contento. Juan Alfonso de Baena.[1] ¡Ay, mi madre!
¿Juan Antonio? No, Juan Alfonso; seguro. "¿Ha leído
usted el *Lazarillo de Tormes?*" "Sí, señor profesor." ¡He 15
estado fenómeno! "Sí, señor profesor, lo he leído; leo todo
lo que puedo. Voy a la Biblioteca del Salón de San Juan.[2]
He leído mucho y me gusta la buena literatura. Yo estudio
en serio. Puede preguntar más cosas . . ." "En mí yo no
vivo ya—y sin Dios vivir no puedo—pues sin él y sin mí 20
quedo—este vivir ¿qué será?—Mil muertes se me hará[3]—

1. **Juan Alfonso de Baena** author
of a fifteenth-century anthology
of court poets

2. **Salón de San Juan** a wide promenade in Barcelona

3. **Mil . . . hará** *I will die a thousand deaths.*

pues mi misma vida espero—... muriendo porque no muero." [4] De carretilla; así, por las buenas. Seguro que me da sobresaliente. ¿Y si me diera matrícula? ¡Oh! Mañana latín ... ¡Huum! Saldremos, saldremos también ... Si me
5   preguntaran ...)

Ahora se levanta y con cuidado de no meter ruido sale del aula. Le sonríen la cara, las manos, los andares.[5] En secretaría no le permiten telefonear. Sale a la calle; el sol luce hermoso, huele bien, un olor antiguo y optimista.

10   (—Me gasto los sesenta céntimos y luego voy a pie. ¡Se va a alegrar tanto! El tiene confianza.[6] Mañana latín y *c'est fini;*[7] el mes que viene al campamento. ¡Estupendo! Todo irá bien. ¡Qué calor hace!)

—Por favor, una chapa para telefonear.
15   Cuenta las monedas, que se le adhieren a los dedos sudados; junto al teléfono consulta la Guía.
      (—Talleres Ta ... Tab ... Tro ... atrás; Talleres.)
      Marca las cifras cuidadosamente.
      —¿Me hace el favor? La sección de laminado ... Retiene la
20   respiración un instante.
      —Con el señor Gallardo, es un recado urgente.
      (—¡Qué contento, papá! Este año, si salvo latín, todo sobresalientes. Tres matrículas. ¡Lástima el francés!)
      —Papá, soy yo; soy yo. Acabo de examinarme; bien, muy
25   bien.
      —¿ ...?
      —Sí, bastante suerte. Díselo a mamá; llegaré algo tarde porque esperaré el final.
      —...
30   —Adiós, papá, me alegro, me alegro muchísimo.

---

4. **"En mí...muero."** These lines are from a poem by San Juan de la Cruz (1542-1591).

5. **Le sonríen...andares.** *His face, his hands, his steps are full of joy.*

6. **¡Se va...confianza.** *He'll be so glad! He has such faith in me.* Paquito is about to telephone his father the good news.

7. *c'est fini* *I'll be all through* (French)

Cruza a la acera de la sombra por donde corre un vientecillo agradable. Pasan unas muchachas con libros camino del Instituto. Un caballo ha resbalado sobre el empedrado y hay varios hombres ayudándole a levantar; algunos prestan solamente ayuda moral por medio de gritos de coraje; otros lo 5 hacen más prácticamente. Se han detenido algunos mirones y él se para sólo un momento, pues desea volver al aula y escuchar los exámenes de los demás.

Viste modestamente; un traje comprado en la calle Hospital hace año y medio. Las mangas se le han quedado cortas y le 10 avergüenzan bastante; los pantalones también, pero lo disimula dejando la cintura algo caída.[8] El sabe que otros chicos van mejor vestidos porque sus familias son ricas. A algunos les llevan en automóvil y todo; su madre dice que deben ser hijos de estraperlistas. Paquito quiere mucho a su padre, que está 15 de capataz en unos talleres. Trabaja muchas horas al día; siempre tres o cuatro extraordinarias y aún así no se vive muy bien en su casa. Tienen dos realquilados que aunque dan bastante quehacer, pagan bien. A veces la madre va a Tortosa, donde tiene una hermana (como el abuelo es ferroviario 20 no paga en el ferrocarril) y viene con grandes paquetes de arroz y unos pellejos de aceite. Entonces tiene que ir a la estación a buscarla para ayudar a llevar los paquetes que pesan mucho. A él le da vergüenza y teme que le vea algún compañero. El padre habla poco. Llega a casa fatigado; algunos. 25 días da una mirada al periódico. Cena silenciosamente y se marcha a dormir. Tiene que madrugar mucho. Los domingos suelen salir juntos el padre y él; van a Montjuich[9] o al Tibidabo[10] o hacia unos pinares que hay detrás de Horta.[11] Al volver toman una cerveza y en invierno café. Hablan poco, 30 pero se comprenden perfectamente. Quiere que estudie para abogado. "Hay que defender a los pobres de las injusticias." Lo dijo hace años, pero no se le olvidará nunca.

En el kiosco de la esquina se ha detenido un momento. Es

8. **lo disimula ... caída** *he hides it by dropping his belt a little*
9. **Montjuich** park on a height southeast of Barcelona
10. **Tibidabo** high hill northwest

of Barcelona, famous for the spectacular view of the city
11. **Horta** a picturesque suburb of Barcelona

un viejo armatoste pintado de verde; desteñido por el tiempo.
Cuelgan periódicos, revistas y novelas. Cuando estudiaba
primer año, él compraba *El Coyote;* le gustaba mucho entonces
y aun pensó irse a California en busca de aventuras. Ahora ya
5 sabe que son tonterías y siente cierta conmiseración protectora
hacia los compañeros que todavía se apasionan por el personaje. Echa un vistazo a la *Hoja Oficial del Lunes.* "Discurso del Ministro de Obras Públicas en la inauguración
de ..."

10   (—Una gran autopista:[12] Barcelona, Valencia, Gibraltar.
Túneles ... El progreso. "Venga mañana, señor ingeniero."
Decreto. "Sí, señor, concedido." Yo, ministro. Decreto cons-
truyendo el Gran Canal del Guadiana.[13] Fertilizar yer-
mos—guerra al hambre, a la miseria—. Casas para obreros
15 —luz, aire, calefacción—. Inauguración del Gran Pantano
del sistema Pirenaico-Carpetovetónico—¡parará, papá! [14] ...
"¿Quién lo hizo?" —"El ministro señor Gallardo." El pan
y la justicia. Impulsar la navegación. Queda abolida la
esclavitud. Bibliotecas y escuelas en las aldeas ... Mala
20 suerte para el "Barca"; ese tonto de Gómez estará ale-
grándose. Basora marcó. ¡Claro, es el amo! ¡Venga, pasa,
chut, a gol ... dale!)

Un tapón de corcho que había en la acera ha salido des-
pedido de un puntapié.
25 Entra en el Instituto, llega hasta el aula y se sienta en los
primeros bancos. El catedrático le ha mirado un momento
con evidente simpatía; sabe que el padre hace grandes sacrificios para que llegue a tener una carrera, y sabe que el hijo
es bueno y aprovecha. Además ¡caray! distingue la calidad de

12. **Una gran autopista:** A headline
    seen in the *Hoja Oficial del
    Lunes,* a weekly newspaper, sets
    Paquito to imagining that he
    is Minister of Public Works.
13. **Guadiana** a river that flows
through central and western
Spain

14. **¡parará, papá!** *will you stop,
papa!* An imaginary child wants
to look at the dam Paquito has
built.

Valladolid. Patio of the Colegio de Santa Cruz. Courtesy of the
Spanish Ministry of Information.

un Fray Luis de León[15] de la de un Meléndez Valdés[16] o
cualquier fantasmón por el estilo.

(—Me mira. Seguro que se ha fijado en mi examen. A lo
mejor, matrícula, cula, cula, cula. No, mejor no ilusionarse.
5   He de ir a revisión médica para el campamento. Descanso
ganado. Mar ¡viva!, ¡olé!, tururú, tú, tú . . .)

El compañero de banco le dice bajo:
—Has estado bien; estupendo. Tienes sobresaliente; seguro.
10 Yo he fallado en lo de Berceo[17]; he dicho que era un poeta
cortesano. Soy idiota, lo sabía, pero me he aturullado. ¡Ha
puesto una mala cara! ¿Tú sabías quién era Ramón Vidal
de Besalú[18]?
—Calla, que nos va a decir algo. Ya nos ha mirado mal.

15 (—¿Ramón Vidal de Besalú? Sí que lo sé; un trovador, y
Arnaldo Daniel[19] otro. Otro, ¡otro toro! ¡Otro toro! . . .)

Sin darse cuenta ha tamborileado con los dedos sobre el banco. Mira asustado al profesor, pero seguramente no lo ha oído.
Recuerda tiernamente a su padre. Hace años, tal vez cinco,
20 llegó de Francia un viejo camarada que había estado con él en
la guerra. Hablaron mucho y durmió dos noches en casa. A
los pocos días, al volver del colegio, la madre estaba llorando.
"Han detenido a tu padre; no le veremos más." Fueron unos
días horribles, los peores que recuerda en toda su vida. Acom-
25 pañó a su madre a la Comisaría, a la Jefatura de Policía; fue
con ellos al párroco, don Vicente. Visitaron a un militar en
cuya casa había servido la madre cuando joven; les dio una

---

15. **Fray Luis de León** (1527?-1591)
a humanist and writer of mystic
poetry and prose
16. **Juan Meléndez Valdés** (1754-
1817) a lyric poet
17. **Gonzalo de Berceo** (1198?-?)
a priest famous for his religious
poetry

18. **Ramón Vidal de Besalú** a
twelfth-century Catalan troubadour
19. **Arnaldo Daniel** the French Pro-
vençal poet; his first name is
Arnaut in French.

tarjeta. Estuvieron con el ingeniero de los talleres y también les acompañó; había sido oficial en la guerra y era muy bueno. La mujer iba y venía como una loca, cada vez más desalentada. Los vecinos se apartaban disimuladamente de ellos; tenían mucho miedo. Acusaban a su padre de cosas horribles; de 5 bombas, y descarrilamientos y atracos, y muertes. Aquel amigo que vino de Francia tenía la culpa, según decía la madre. Era un "saboteador" (nunca más se le olvidó la terrible palabra). Su padre era inocente y no había hecho nada. A los pocos días regresó. Venía horriblemente demacrado y envejecido; 10 estaba delgado y cansado. Se abrazó muy fuerte a ellos y sólo dijo con voz desfallecida: "No hay derecho, no hay derecho." Tuvo que quedarse descansando en casa, tres o cuatro días. No se volvió a hablar ni una palabra de lo sucedido y en la fábrica le admitieron de nuevo. Vino a verles don Vicente y 15 les trajo un poco de dinero. Al marcharse le puso a su padre una mano sobre el hombro y le dijo que había que resignarse o algo así.

Desde entonces su padre se volvió aún más taciturno. Al amigo aquel que vino de Francia no volvió a mencionársele 20 jamás. Cuando recuerda aquellos días, a Paquito le sube una congoja por la garganta.[20]

Ante el profesor está ahora Toni Altarriba, un chico rico, pero muy simpático y amigo de todos. Un día llevó a varios compañeros a merendar al campo en el auto de su padre, con 25 chofer uniformado y todo. A él también le llevó.

(—Me alegraré que salga bien. Buen chico. Bonita americana. Agua de colonia. No, no, ¡tonto![21] "...halló nuevos valores en el romance tradicional, modernizándolo..." Va, Toni...sí, eso está bien... "La casa de Bernarda Alba"[22] 30 ...Sí, ¡bravo!... Me dijo que me nombraría abogado suyo. "No, no fumo; gracias. Gracias de todas maneras..." Lloret

20. **le sube...garganta** *he gets a lump in his throat*
21. **No, no, ¡tonto!** Toni is giving the wrong answer.
22. **halló...Bernarda Alba** The

professor is asking about Federico García Lorca (1899-1936), well known for his *Romancero gitano* and the tragedy *La casa de Bernarda Alba*.

de Mar[23]; debe ser hermoso. Hay que defender a los pobres
de las injusticias. A los ricos también; la injusticia es injusticia para todos.)

Si Toni aprueba todas las asignaturas, le van a comprar una
⁵ bicicleta. A él no es fácil que le compren nada, ni lo desea.
Bastante cuenta se da de los sacrificios que han de hacer para
que estudie, pero su madre se ha ido a ver no sabe quién, y
le ha apuntado para un campamento de esos del Frente de
Juventudes[24]; así es que pasará el verano estupendamente.
¹⁰ Estará en una playa y por otros chicos sabe que se divierten
mucho; además, les dan de comer hasta hartarse, y dormir en
tiendas de campaña siempre resulta emocionante.
Las moscas están impertinentes; por las ventanas abiertas
entran a veces ráfagas de aire que hinchan los cortinones de
¹⁵ dril como si fueran las velas de un extraño navío; entonces se
respira mejor y el alumno percibe las ideas con mayor claridad.
Una voz ligeramente vacilante sigue recitando:
—*El coloquio de los perros, La ilustre fregona, El licenciado
Vidriera, Rinconete y Cortadillo* . . .[25]

23. **Lloret de Mar** a resort on the
east coast of Spain, probably
where Paquito is going to camp
24. **Frente de Juventudes** *Youth
Movement*

25. *El coloquio . . . y **Cortadillo**
four of the *Novelas ejemplares,*
written by Miguel de Cervantes
and published in 1613

Preguntas

1. ¿Qué técnica emplea Romero en este cuento?
2. ¿Tiene trama el cuento? ¿Tiene protagonista?
3. ¿Qué es el tema del relato?
4. ¿Para qué sirven los pasajes en paréntesis? ¿Los demás pasajes?
   ¿Cuáles tienen más importancia?
5. ¿Qué había pasado ya al empezar el cuento? ¿Cómo lo sabemos?
6. ¿Desde qué punto de vista se cuenta la historia? ¿Cómo se presenta
   a los personajes? ¿Parecen reales?
7. ¿Cómo crea el autor la impresión de la realidad vivida en cuanto
   al examen oral de Paquito?

8. ¿Sobre qué materia es el examen? ¿De qué depende el salir bien?
9. ¿Qué contribuye la conversación telefónica?
10. ¿Qué suceso inspira cada uno de los monólogos interiores? ¿Es fácil o difícil seguirlos? ¿Por qué?
11. ¿Qué viñetas podrían llamarse "instantáneas"?
12. ¿De qué trata la larga digresión sobre el papá de Paquito? ¿Con qué propósito la incluye el autor?
13. Estudien el ritmo de una serie de frases en paréntesis. ¿Qué es lo que el ritmo trata de reproducir?
14. ¿Cómo crea el autor el ambiente de la sala de exámenes orales? ¿Cómo es? ¿Qué impresión dejan los profesores?
15. ¿Es bueno el título del cuento? ¿Por qué?

🦋 El forastero

Hacía muchos años que no se sentía tan feliz como se estaba
sintiendo ahora. El médico le había prescrito descanso y tranquilidad, y aquí realmente los hallaba. Alquilaron este solitario chalet, junto al mar, y su salud era más salud que nunca.
La esposa estaba con él. Tras muchos años de convivencia 5
superficial se habían encontrado nuevamente en las veladas
largas, en los paseos por la orilla del mar, en las siestas felices
bajo los pinos. Ni consejos de administración, ni partidas de
poker con los amigos, ni tertulia por la tarde en el lujoso club
de los hombres ricos. Y ella tampoco echaba de menos el té de 10
las señoras presumidas, ni aquellos flirteos, más o menos ino-
centes, tras las conferencias de los caballeros calvos, ni el chismorrear mientras le probaba la modista. Se habían encontrado,
sencillamente, en esta reedición primaveral de su luna de miel,
disfrutando de los pequeños dones de Dios: aire, pinos, acanti- 15
lados, olas, césped, rosas, cigarras, pan, campanas . . . , cosas
todas ellas que hacía años habían olvidado o complicado de
tal manera, que ni ellos mismos podían reconocerlas. Todo
porque el médico había dicho: "Necesita usted unos meses de
reposo." Y él, por primera vez en muchos años, había decidido 20
escucharle. La recompensa fue tangible, inmediata, generosa.
Aquí estaban los dos, amorosos, entusiastas, tiernos y agrade-
cidos a Dios, que había creado tantas maravillas y se las mostraba amablemente. Cada palabra tomaba un nuevo significado, y las cosas sabían, olían, deleitaban. Después de muchos 25

años habían vuelto a recordar cuán sencilla es la vida y cómo
la felicidad está en disfrutar de todo lo que espontáneamente
se nos ofrece.

Les gustaba tanto ver anochecer desde las rocas, que casi
5 todos los atardeceres iban paseando hasta allí, y era como si
tuvieran reservadas butacas en aquel cotidiano espectáculo.
(Butacas enteramente gratis, por cierto.)

Hasta que vieron venir a aquel hombre no se habían dado
cuenta de que existía otro sendero un poco más arriba de
10 donde acostumbraban a sentarse. No les gustó la intromisión
de un forastero; les parecía como si, al participar del espectáculo, les privara de alguna parte de él. Pero el forastero pasó
de largo y ni siquiera los miró. Era un hombre alto, flaco,
descuidado en su afeitado y en su atuendo. Aquella tarde, la
15 puesta de sol fue tan maravillosamente perfecta como los
demás días; pero el paso del forastero desaliñado y hosco les
disminuyó la sensación de paz absoluta con que cada tarde se
veían recompensados.

Por la mañana se trasladó al pueblo a comprar el periódico,
20 pues había decidido no romper la vieja costumbre de leer su
diario aunque tuviera que andar dos quilómetros para con-
seguirlo. Al mismo tiempo, este paseo matutino era un saludable ejercicio, y se sentía joven y ágil como no recordaba haberlo estado nunca, y eso sería porque los tiempos de su ju-
25 ventud quedaban lejos, más quizá por lo atareado de su vivir
que por el número de años transcurridos. "Necesita usted una
temporada de descanso." ¡Hay que ver lo bien que le conocía
su médico y cómo había acertado en la terapéutica recomen-
dada! No padecía ninguna enfermedad; cansancio, simple-
30 mente cansancio. Y en veinte días ya era un hombre nuevo.
Veinte días sin firmar una carta, sin una junta, sin una conferencia telefónica. Veinte días sin emplear el coche más que
para dar algún paseo por la carretera o ir a tomar un refresco
a la ciudad vecina. Veinte días sin acordarse de sus negocios
35 (¡allá que sus hijos se las compusieran! [1]), sin enterarse de las
cotizaciones más que por simple curiosidad; veinte días sin

1. **allá ... compusieran** *let his sons
look out for themselves*

recibir otras cartas que las familiares; veinte días sin los ruidos
del trabajo durante el día y sin los ruidos irritantes de la noche
en la ciudad, en los clubs nocturnos o en los elegantes teatros.
¡Qué absurda aquella vida suya de siempre! Ahora todo tenía
significado y ritmo auténtico.   5

En una calleja apartada volvió a tropezarse con el hombre
flaco y desagradable. Le disgustó el encuentro y la forma en
que le miraba el forastero. Aquel hombre no era del pueblo;
se notaba claramente en su forma de vestir y en esas inexplica-
bles características que nunca inducen a error. Intentó leer el   10
periódico mientras andaba, pero no conseguía fijar la atención.
Aunque le contrariaba, retrocedió y fue a afeitarse a la barbería, cosa que no había pensado hacer aquella mañana. Fue
llevando la conversación al terreno propicio y acabó preguntando por el forastero. No le conocían ni el barbero, ni el   15
mancebo, ni dos clientes que esperaban turno leyendo unas revistas atrasadas.

No dijo nada a su mujer y disimuló cuanto pudo. Comieron,
sestearon en las hamacas, bajo los pinos, y él fingió que dormía
para no tener que charlar. Con gran esfuerzo se mostró cari-   20
ñoso y ocurrente durante el largo pasco de la tarde, y otra
vez en las rocas se deleitaron con los rojos encendidos, los
azules vagos, los verdes malva y los blancos grisáceos con que
el Criador les obsequiaba por haber regresado a su inocencia.
Por la noche notó cómo su esposa se dormía feliz, agradecida,   25
confiada; sin modistas, sin tacones altos, sin vanos coqueteos,
sin faja, sin hablar mal de nadie.

El se sentía incómodo y desvelado. Notaba un pinchazo
terco en las sienes, un pinchazo que había resistido, sin disminuir, las dos aspirinas que clandestinamente se había to-   30
mado. De su cuerpo se desprendía una humedad siniestra que
no era sudor, sino algo viscoso, irremediable. A cada instante
colocaba la yema del pulgar sobre la muñeca y contaba las
pulsaciones: una, dos, tres, cincuenta ..., cien ... A veces le
parecía que el ritmo era aceleradísimo; otras, que la lentitud   35
amenazaba con paralizar el curso de la sangre. Y todo esto,
quieto, silencioso, con un enorme y sostenido esfuerzo para que
su mujer, allí junto a él, no se enterara de lo que le estaba

sucediendo. En un momento determinado sintió la necesidad
de asomarse a la ventana; comprendió que era inútil disimular, ignorar, engañarse; había que dar la cara, averiguar, ver.
La luna se había ocultado tras unas nubes, pero su claridad
5 iluminaba el paisaje. Junto a la verja del jardín pasaba el
camino entre los árboles. Más allá, la playa; y al fondo, muy
confusos, pero ciertos, empezaban los acantilados.

Antes que ver, oyó. Oyó unos pasos acompasados, no fuertes,
pero sí seguros, que se iban aproximando. A pesar de la os-
10 curidad, le distinguió perfectamente. Era el forastero, desgarbado, triste, ausente, que venía por el camino. Aterrorizado,
estuvo a punto de gritar, de llamar a su esposa, de correr a
buscar a los guardias, a un médico, a un exorcista, a alguien
que le ayudara en aquella cuita, en aquel peligro, en aquella
15 angustia. No hizo más que contemplarle tristemente y contener la respiración. El forastero pasó de largo y solamente
miró de reojo; luego, su silueta y el ruido de sus pasos se per-
dieron en dirección a los acantilados.

Se volvió a la cama—¿qué otra cosa podía hacer?—y con-
20 sultó el reloj. Eran las cinco de la mañana. Una luminosidad
vaga empezaba a clarear en las nubes.

Fue a buscar el periódico como el día anterior, como todos
los días; saludó al lechero, que estaba a la puerta de su establecimiento, compró cerillas, y luego, lentamente, paseando,
25 regresó a su casa. Fue con su mujer a la playa y hablaron,
como siempre, de mil cosas tiernamente triviales. Hicieron
proyectos de comprar el chalet que habían alquilado o construir otro en el mismo paraje; hablaron de los hijos y de la
novia de uno de ellos; recordaron cosas del pasado que habían
30 estado enmohecidas muchos años en cualquier rincón de la
indiferencia. Comieron con buen apetito y comentaron lo
sabroso de los alimentos, lo dulce de las frutas, lo exquisito del
café. El se sentó, de sobremesa, en el sillón de mimbre, a
fumar el cigarro que constituía su cupo cotidiano de tabaco.
35 La mujer, aquella tarde, debía de ir al pueblo para que el
peluquero la renovase el hermoso rubio del cabello. Al despedirse le besó en la frente, y él la contempló, mientras se
dirigía hacia el camino, esbelta, ágil, joven, como si no tu-

viera hijos de más de veinticinco años. Y vio, mientras una
extraña ternura le acongojaba, que estaba hermosa con el color
sano que el sol la regalaba. Por un momento deseó correr
hacia ella, abrazarla y besarla, y decirle muchas cosas que
hacía años y años no le decía; y decirle algo más, algo que ya 5
no podría decirle nunca. Pero no se movió del sillón y siguió
adormeciéndose voluptuosamente con el humo del habano.

Pensó que debía escribir, que convenía tomar medidas,
dictar órdenes, arreglar asuntos, prever situaciones. No hizo
nada, y al terminar el cigarro entró en el vestíbulo y se sentó 10
a esperar.

Vio cómo el forastero cruzaba el jardín y se detenía en el
umbral; entonces se levantó y se acercó a él. Era inútil huir
ni disimular. La voz del forastero era desagradable y ácida, y
su amabilidad sonaba a falso: —¿Es usted Don Fulano...? 15
—Se saludaron cortésmente. Debajo de un cobertizo estaba el
coche; él se puso una chaqueta de verano y la corbata. Por
última vez tuvo la tentación de dejar unas letras, por lo menos
a su esposa, como recompensa por los veintiún días felices
con que le había obsequiado. Estaba algo deprimido, aunque 20
conseguía disimularlo. —¿Por qué no conduce usted mismo?—
le dijo al forastero. Pero el hombre se negó. Hasta el final
todo tenía que aparecer correcto, normal. Arrancó el coche,
y él contempló por última vez el chalet donde quedaba su
efímera felicidad. Tras una corta vacilación, tomó el ramal 25
de carretera que bordeaba los acantilados por su nivel más
alto. El hombre iba sentado a su lado; había encendido un
cigarrillo y ahora le ofrecía otro. —No, gracias; lo tengo prohibido por el médico. Hoy ya he fumado mi ración. —El forastero sacó del bolsillo un antiguo reloj. Eran las cinco menos 30
cinco minutos. Con su falsa voz amable, le dijo insinuante:
—Tenemos un poco de prisa, caballero; faltan cinco minutos
solamente. —Apretó el acelerador y contempló el mar, tan
brillante, tan azul, tan dilatado.

Preguntas

1. ¿Qué manera de vivir está resumida en el primer párrafo? ¿De qué clase social es? ¿Tendría esta clase las mismas costumbres en otros países?
2. ¿Quién cuenta la historia? ¿Qué técnica narrativa se emplea?
3. ¿Quién es el protagonista? ¿Por qué había dejado su vida acostumbrada?
4. ¿Qué recobran los esposos en el solitario chalet? ¿Qué vuelven a descubrir después de muchos años?
5. ¿Quién aparece de pronto en medio de la felicidad de la pareja? ¿Cómo es? ¿Qué papel hace?
6. Desde este momento, ¿siente el lector cierta tensión o sabe cuál va a ser el desenlace?
7. ¿Cuánto tiempo hace que la pareja está en el campo? ¿Qué vieja costumbre suya conserva él?
8. El goza de no tener que hacer ciertas cosas. ¿Cuáles son? ¿Qué le parece ahora su vida de antes?
9. ¿Qué impresión le deja el encuentro con el forastero en una calleja apartada? ¿Era conocido el forastero?
10. ¿De qué goza la mujer?
11. ¿Por qué se siente él incómodo y desvelado por la noche? ¿Qué pasos oye y qué efecto producen en él?
12. ¿De qué habla con su mujer el día siguiente?
13. ¿Adónde se iba ella? ¿Qué tenía él ganas de hacer?
14. ¿Dónde le viene a buscar el forastero? ¿Qué le manda hacer?
15. ¿Por qué parte el protagonista en su propio coche? ¿Por qué se niega el forastero a conducir?
16. ¿Cuál es el tema de este cuento?
17. En este cuento no hay diálogo. ¿Por qué?
18. ¿Para qué sirven los pasajes descriptivos? Den ejemplos.
19. ¿Qué otros personajes intervienen en el cuento?
20. Comparen la técnica narrativa que emplea Romero en los dos cuentos.

Jorge Campos
EL CUENTO DE LA LECHERA

JORGE CAMPOS nace en Madrid en 1916 y desde el año 1940 empieza a publicar cuentos, *Seis mentiras en novela*—de los cuales tres son de él y tres de Manuel de Heredia. Publica al mismo tiempo obras de crítica e historia literaria: la selección y el prólogo para una edición de las poesías de Boscán,[1] y el año siguiente, una antología, *Poesía lírica castellana*. Investigador infatigable escribe nutridas introducciones para ediciones de la Biblioteca de Autores Españoles, de las obras de Espronceda[2] y de Enrique Gil,[3] de Estébanez Calderón[4] y de Alcalá Galiano.[5] Además escribe para *Insula* numerosos estudios de hispanoamericanos contemporáneos. Parece mentira que en ratos perdidos haya podido escribir también novelas cortas y cuentos, que están recogidos en varias colecciones. Con una de éstas, titulada *Tiempo pasado*, gana el Premio Nacional de Literatura en 1955; los cuentos de esta colección recuerdan episodios reales transcurridos en Valencia poco después de la guerra civil. En otra colección anterior inventa la realidad y nos la presenta viva, como en "El cuento de la lechera" que incluimos aquí.

En este cuento el autor, recordando la conocida fábula de La

1. **Juan de Boscán** (1495?-1542) the poet who introduced Italian verse forms into Spain
2. **José de Espronceda** (1808-1842) a romantic poet
3. **Enrique Gil** (1815-1846) author

of an outstanding Spanish historical novel
4. **Serafín Estébanez Calderón** (1799-1867) author of sketches depicting Andalusian life
5. **Antonio Alcalá Galiano** (1789-1865) orator and politician

Fontaine, relata lo que le pasó en análogas circunstancias a su amigo Juan. Este, mientras contempla los arabescos que forma el humo del pitillo, sueña con el primer premio que ha de ganar con una de sus fotografías y con lo que hará luego con la fuerte suma que irá al extranjero a recibir. Pero en un instante se disipan sus maravillosas fantasías con el humo azulado del clisé que se le ha quemado. El cuento de Campos sugiere mucho más de lo que relata: Juan vive dedicado a su vocación de fotógrafo; trabaja mucho, hasta una tarde de domingo. Si hasta el presente gana poco, siempre es posible que se lleve un premio internacional con un clisé original que le traerá fama y fortuna. De esta ilusión vive y seguirá viviendo porque la realidad no le ofrece posibilidades más efectivas. ¡Que no le vuelva a pasar lo de la lechera! Está contada la historia con una suave ironía, en un estilo natural y a la vez poético que recuerda ciertos cuentos de 'Azorín'. Una de las obras más exquisitas y acertadas de Jorge Campos es, en efecto, la serie de diálogos publicados en 1964 bajo el título de *Conversaciones con 'Azorín'*.

🍃 El cuento de la lechera

Sí que parecen mentira las cosas que suceden en el mundo, sí.
Si se escribieran todas las que se ven por ahí... Por ejemplo,
lo que le pasó a mi amigo Juan. Algunos no lo creerán, estoy
seguro. Por lo tanto, no importa que le demos un poco forma
de cuento: 5

Juan está alegre, tendido en la cama, en su revuelto cuarto
de joven soltero y trabajador. Si no estuviésemos en estos
tiempos, alguien le calificaría de bohemio. No lo es. Vive envuelto en su trabajo y en sus aficiones sin desperdiciar tiempo
ni cualidades. En las paredes tiene prendidas reproducciones   10
de paisajes y escenas de películas. En la mesa se amontonan
clisés y los característicos sobrecitos de entrega de pruebas
fotográficas. En un cuartito de al lado suena el glogloteo de
un grifo mal cerrado. Allí es donde pasa las horas atareado
con el revelado de fotos, que es su vocación y su modo de   15
vivir.
Hasta el presente se desenvuelve con escasez. Podría ganar
mucho más, pero está siempre encerrado con sus utensilios de
laboratorio. Y hoy, una tarde de domingo en que el sol debe
lucir radiante en el exterior, está contento. Se ha tendido en   20
la cama, sobre la que pende una bombilla, y examina cuidadosamente un clisé cogido por los bordes.
Es, en gran plano, vista desde un audaz ángulo, una son-

risa de muchacha. Entorna los ojos y sueña. Aquella fotografía es para un concurso anunciado por una importante
empresa del extranjero, al que pueden concurrir *amateurs*
de todos los países. Juan está seguro de obtener el primer
5 premio. ¿Es posible lograr, en un trozo de rostro, recoger mejor
esa sensación agradable de brote, de vitalidad, que él ha con-
seguido? *Primavera,* piensa titularla, y recuerda que un amigo
suyo, delgaducho y un tanto poeta, al contemplarla ha dejado
caer una admiración:[6]
10   —¡Esta chica huele a manzanas!

Siguiendo una vieja costumbre, y por no moverse del lecho,
deposita en el suelo, sobre unos libros, el estimado clisé. Sin
duda, el primer premio ha de ser para él. Enciende un pitillo
y, tumbado, va fumando. El humo pasa por delante de la
15 bombilla y se descompone en volutas y arabescos. Con él se
van desenvolviendo sus ideas y proyectos. A la mañana siguiente saldrá el clisé bien empaquetado. Los señores del
jurado no podrán reprimir sus gritos de admiración al desen-
volverle. La fotografía se colocará en el centro de la pared
20 frontera, donde están expuestas las mejores. La prensa hablará
de ella, su nombre se destacará en los diarios y revistas ilustra-
das de todo el mundo, y es posible que se le obligue a presen-
tarse en la hermosa capital americana donde tendrá lugar el
certamen.

25   Pero esto no es lo que interesa; si hace el viaje no es por
oír aplausos y estrechar manos, sino por recoger las treinta
mil moneditas de plata, que le permitirán comprarse un tomavistas. ¿Y quién impide que se traiga ya hecho un documental
en la maleta?

30   Un documental es un negocio seguro. Todos los cines tienen
la obligación de presentar películas de corto metraje. La producción nacional no basta para suministrar los necesarios, y
una de esas películas, recorriendo todos los rincones, es lo suficiente para llenar los bolsillos de un buen realizador. Y a Juan,

6. **ha ... admiración** *has dropped
an exclamation point,* i.e., ex-
pressed admiration

pensando esto, le parece que el humo del cigarro es el fondo movible sobre el que, con letras claras, se destaca: *Juan, presenta* ...

Ahí, ahí está la idea. Un documental sobre el tabaco. Visiones de América. Los indios. Las civilizaciones mile- 5 narias. Los conquistadores. Planos rápidos de rostros. ¡Qué sorpresa, hombres que echan fuego por la boca! La traída a Europa del producto. Hoy todos fuman. Imágenes diversas de fumadores: un mendigo, un aristócrata, un moro ... Luego, la nicotina. Sus productos: la industria, la medicina. Aspectos 10 insospechados al principio se asoman al cerebro de Juan.

El cigarro se le va acabando. Ya llega el aro ígneo a la marca comercial débilmente impresa. ¿Y por qué no utilizar el documental para la propaganda de una marca determinada? Puede hacerse con tal discreción, que el público no proteste. 15 Es portentoso el dinero que se ganaría de ese modo. Podría ofrecerse el film a diferentes países. Muchos hablan la lengua hispana y no se necesitaría doblaje. Y con el dinero así ganado simultanear la actividad publicitaria con la producción de buenas películas. Llevar a la pantalla estupendos argumentos, 20 pagar bien a los guionistas, ser el director más celebrado de ese grupo elegido de magos modernos. Además, el juego de exportación e importación es ilimitado. Juan fuma enfebre- cido, se ve constituyendo un *trust,* apoderándose de salones, derrotando a los competidores, muchas veces millonario, sa- 25 liendo a los mercados extranjeros que se le van rindiendo ...

El cigarro le quema los dedos. Lo deja caer. Instantá- neamente, un olor que conoce muy bien le hace levantarse de un brinco. Pero su presteza llega tarde. El clisé es sólo un fragmento arrugado que se ha desvanecido en una llamarada 30 única.

Adiós premio, documentales, nicotina, películas y *trust.* Adiós fantasías que han durado lo que un cigarro[7] y se han disipado con el último humo azulado. Juan puede consolarse pensando que lo sucedido a él ya le ocurrió a una lechera hace 35

---

7. **han ... cigarro** *have lasted as long as a cigarette*

años, y en siglos más lejanos a un religioso que ahorraba la miel y la manteca que le daban de limosna.[8]

Eso es lo que ocurrió y lo que quería contarles. Perdonen por haberlo alargado un poquito, pero si nos conociésemos, y 5 fuesen también amigos de Juan, todo habría sido más sencillo:

—¿No saben? ¡Se le quemó el clisé a Juan a última hora! [9]

8. **un religioso ... limosna:** This variant of an Oriental fable appears during the thirteenth century in *Calila y Dimna,* where **un religioso** (*a monk*) dreams of the riches he will acquire and the family he will found by selling the pitcher of honey and butter that he has hanging over his bed. Seizing a stick to show how he will discipline his son, he breaks the pitcher, and the honey and butter fall on his head. Another version of the story appears a century later in *El conde Lucanor,* where doña Truhana, walking to market with a crock of honey on her head, laughs so heartily over her bright future that the crock falls to the ground. In the eighteenth century Samaniego, following La Fontaine, turns doña Truhana into a milkmaid.

9. **¡Se ... hora!** *At the last minute Juan's negative went up in smoke!*

Preguntas

1. ¿Cómo inventa Jorge Campos la realidad en este cuento?

2. ¿Por qué se sirve de fábulas antiguas para contar una historia moderna? ¿Cuáles son estas fábulas?

3. ¿Cuáles son los detalles que indican o sugieren las aficiones de Juan?

4. ¿Cómo pasa esta tarde de domingo? ¿Por qué?

5. ¿Qué es lo que ha logrado recoger en el clisé que está mirando?

6. ¿Por qué quiere Juan escaparse de la realidad de su vida?

7. ¿Qué importancia tiene el humo del cigarro en el relato?

8. ¿Hasta dónde le llevan a Juan sus sueños?

9. ¿Cuál es la actitud del autor-narrador ante las ilusiones y esperanzas de su amigo Juan? ¿Cómo la expresa?

10. ¿Qué ha pasado al clisé mientras Juan soñaba despierto?

11. Ahora, ¿cómo se podría consolar? ¿Cómo acepta Juan lo sucedido?

12. Estudien el uso constante del tiempo presente del verbo. ¿Qué efecto produce? Expliquen una serie de ejemplos citados del texto.

13. ¿Cuáles son algunos ejemplos del tono irónico del autor?
14. ¿Cómo se presenta la idea de la posible documental?
15. ¿Cuánto duran las fantasías de Juan? ¿Qué quiere decir el autor con esto?

José María Gironella

TRES PLATOS EN LA MESA
(EL DESEO SE HACE CARNE)

JOSÉ MARÍA GIRONELLA nace en 1917 en Gerona, escena de su obra más conocida, *Los cipreses creen en Dios* (1953), el primer volumen de una trilogía sobre la guerra civil española. Este primer tomo abarca los años desde abril de 1931, cuando se declara la República a raíz de las elecciones del día 12, hasta julio de 1936, cuando estalla la guerra civil, al levantarse contra el gobierno legal algunos oficiales del ejército nacional. La historia documentada se cuenta en la novela desde el punto de vista de la familia Alvear, tradicionalista, como el autor, en sus actitudes, opiniones y creencias. El volumen segundo, *Un millón de muertos* (1961), continúa la historia de la guerra hasta su conclusión, el triunfo de los nacionalistas, el primero de abril de 1939. En la continuación decae bastante el ímpetu narrativo de la novela, que se convierte en el reportaje de numerosos hechos, y comentarios del autor sobre los sucesos y personajes históricos que hace intervenir en la acción. Lo que sí trasluce en toda la novela es la profunda preocupación ético-religiosa del autor, para quien la obra sirve de examen y confirmación de sus propias convicciones.

El gran éxito de las dos novelas, en el extranjero como en España, se debe en parte a valores extra-literarios, es decir, al tema de la guerra civil, que sigue apasionando a todo el mundo. Pero el caso es que Gironella, desde su primera novela, titulada *Un hombre* (1947), con la cual gana el Premio Nadal, tiene numerosos lectores, los lectores que quieren que la novela cuente algo que pasa a personajes reales dentro de un mundo real.

Gironella recuerda a los grandes realistas del siglo diez y nueve, a Benito Pérez Galdós (1843-1920), por ejemplo, en su reconstitución de la realidad por medio de minuciosas observaciones directas. Esto se percibe claramente en el relato "Tres platos en la mesa", de la colección titulada *Todos somos fugitivos* (1961), y en las obras recogidas en el tomo que lleva el sugestivo título de *Fantasmas de mi cerebro* (1958). Entre éstas incluye sus "Experiencias psíquicas" o sea la detallada historia de la larga y grave depresión nerviosa que sufrió a poco de publicar *Los cipreses creen en Dios*. Con idéntica meticulosidad describe a los tres personajes de "Tres platos en la mesa" con todas las cosas que los rodean y, además, con sus más íntimos sentimientos, dando una nueva dimensión a la fantasía, que es la realidad.

🌿 Tres platos en la mesa

(EL DESEO SE HACE CARNE)

I

Siempre delante de la pizarra, con la tiza en la mano. No se
sabía lo que quería demostrar. Y era inútil esperar que en un
momento dado intercalase entre los números o signos alguna
caricatura o una casa ingenua con chimenea, ventanas simé- 5
tricas, ovejas en torno y en algún lugar la primavera.[1] Mientras trabajaba—y lo hacía horas y horas—no cedía jamás a
esta clase de arrebatos. Era un hombre de ciencia modesto,
doméstico, para sí, pero lo tomaba con gran seriedad. Distraerse frente al álgebra o frente a la más simple operación 10
aritmética hubiera sido transgredir una hermosa ley.
 El tubo de su estufa perforaba uno de los cristales superiores
del gran ventanal. Cuando de este tubo salía humo, los vecinos
pensaban: "Está trabajando." Los chiquillos traviesos decían
que fumaba. Que se estaba fumando su humor, la posibilidad 15
de ver puentes y ríos y viajar en ferrocarril, que se estaba
fumando su vida. Y es que no sabían que al modesto hombre
de ciencia le bastaba con aquellas cuatro paredes, con su hogar.
En el interior de éste había todo cuanto pudiera apetecer.
Allí estaban su cerebro, su pizarra; en cada rincón, pedazos de 20
memoria; en la buhardilla, los sueños de la niñez; en el cubo
de la basura, sus pecados. En los armarios guardaba las

1. **en algún...primavera** *somewhere a suggestion of spring*

viejas bufandas, los tiznados batines de intelectual, alguna
fotografía. Ningún ferrocarril, ningún barco o avión podía
conducirle a un lugar como aquél.

Por si fuera poco,[2] entre aquellas paredes—y muy a menudo
5 en su propio cuarto de trabajo—estaba su hija. Una niña de
diez años, ligeramente bizca, pero con trenzas rubias y una
sonrisa más rubia aún. Una niña que entraba en el cuarto cautelosamente, pese a todas las prohibiciones, y que, acercándo-
sele por la espalda, le gritaba, asustándolo: "Papá, ¿quieres
10 un caramelo?..." Una niña con una capacidad de ternura
comparable a la del otoño. Siempre descalza sobre el piso de
madera. Con un aparatito metálico en los dientes delanteros,
rebeldes a alinearse. Con muñecas y todo lo que hay que
tener. Henchida de preguntas y de extraños pensamientos.
15 Saltando de su cama como un pequeño violín que saliera del
estuche. Compadeciendo al hielo de la nevera porque se iba
derritiendo. Mirando a la calle desde el ventanal para con-
vencerse de que no todo terminaba ahí, de que en el mundo
había otras niñas rubias y propaganda electoral pegada a los
20 muros y niños con carpetas escolares abucheando al viejo taxi
del pueblo, y una tranquila fuente en una esquina del parque
señorial que tenían enfrente, que fue lo primero del exterior
que ella vio.

Sí, el modesto hombre de ciencia tenía esta hija de diez
25 años y muchas veces se preguntaba si de no existir ella seguiría él trazando signos en la pizarra. Su hija era su estremecimiento, su milagro cotidiano. Cuando la tomaba por las
axilas y la izaba en el aire—ahora ya no podía, cada día pesaba
más—, sentía que aquella carne era como un miembro suyo
30 desprendido, que, por tanto, le debía a él obediencia y tenía
la obligación de hacerle feliz. Y cuando la sentaba en las
rodillas, sentía tan próximo el rostro de la niña que podía
contarle uno por uno los poros, las pestañas, los dientes con
el aparato metálico y hasta el rosa de las mejillas. Había mo-
35 mentos en que el hombre se concentraba de tal modo en esta
labor que estaba seguro de que, a través de la garganta, podría

2. **Por...poco** *As if that weren't
enough*

John Taylor Arms, *Gerona* (etching). Courtesy of the Hispanic Society of America, New York.

verle el alma. Por fortuna, la niña, de pronto, le arrancaba
un pelo de las cejas o inesperadamente soltaba una carcajada
y todo volvía a quedar en su lugar.[3] ¡Oh, sí, era una suerte
para él que la niña se riese tanto, que su ignorancia de las
5 cosas de la vida y su avidez de crecer se resolviesen en eso, en
alegría! De no ser así, ¿quién conseguiría que él riese a su
vez? ¿Y quién convertiría tan a menudo los objetos del cuarto
en campanillas?

El hombre no era tan burdo como para ignorar que la niña
10 lo había vuelto escandalosamente egoísta. Si alguien le hi-
ciera algún daño, se la quitara . . . Su mirada era ya asesinato.
Y confiaba en que nunca le faltaría el dinero necesario—a ser
preciso, vendería poco a poco los muebles—para seguir ali-
mentando aquel cuerpecito. Eso es. Todo convertirlo en ali-
15 mento, en ropa, en lo necesario para su educación. Sobre todo
soñaba con poderle adquirir esos juguetes cuyo mecanismo
interno les permite ponerse a danzar. Porque se daba cuenta
de que él llevaba una vida excesivamente retirada y solemne,
y que su ejemplo podía dañar a la criatura. Era evidente que
20 una niña no podía vivir de abstracciones. En una casa llena
de fórmulas y equis y cálculos astronómicos era indispensable
que hubiese pequeños simios que tocasen los platillos, así como
payasos y cocinas-miniatura que funcionaran como las de verdad, eléctricamente.

25   Tal vez el exagerado amor por su hija fuera el fruto de su
infancia afortunada. Sus padres fueron de complexión robusta
y lo rodearon de una atmósfera sana para el cuerpo y para el
espíritu. Cien veces le dijeron: "Prolonga nuestra estirpe, que
no ha obtenido condecoraciones de ninguna clase, pero que
30 siembra la paz." He aquí que aquella niña respondía en un
todo a esta conveniencia.[4] Porque era de suyo buena y sencilla,
con sólo las rarezas propias de la edad. En el colegio salía
siempre airosa, y no sólo el último trimestre, y todos los vecinos
de la calle al verla pasar le dedicaban frases cariñosas. En
35 cuanto a su presencia en la casa, ya se ha dicho sobre ello lo

3. **todo . . . lugar**   *everything*   *behold, that child conformed*
   would be as before   *in every way to this ideal.*
4. **He . . . conveniencia.** *Lo   and*

necesario. Cada día la muchacha descubría algo nuevo o le gastaba una nueva broma a su padre, como, por ejemplo, decirle que no le quería, que no le quería en absoluto, o que se había arrancado del dedo el anillo del cigarro habano que él le había colocado la víspera, a modo de compromiso. 5

Bueno, en realidad esta niña de diez años, con todo lo que significaba, era la gran mentira de aquel hombre silencioso y trabajador, matemático y gris. Las rubias trenzas de la muchacha, lo mismo que el placer que él experimentaba precisándole el valor de las palabras o dándoles cuerda a los 10 juguetes, eran la personalización de un gran deseo que no se había realizado jamás. La niña no existía y la verdad estricta era ésta: en el cuarto de trabajo del hombre no había sino una pizarra, una mesa, un diván, una papelera y la estufa. Jamás pies descalzos ni "Papá, ¿quieres un caramelo?" y mucho 15 menos campanillas. Los dientes de la niña, sus axilas y el estuche de violín no eran más que deseos, santos y puros deseos, que morían como el tabaco o como las voces de los niños reales que salían de la escuela a media tarde. Era la niña "que había podido ser".[5] Y si el hombre la imaginó bizca fue para con- 20 cederle algún defecto y para, a través de la compasión, amarla un poco más.

II

El único consuelo verdadero del modesto sabio, su única efectiva compañía, era su esposa. Y la invención de la hija había sido de hecho idea común. Los dos hubieran querido 25 tenerla y se pasaron años esperando el acontecimiento. Las demás mujeres del pueblo paseaban su embarazo con un doble sentimiento de rubor y de insolencia. Nacían miles de cosas grandes y minúsculas en el pueblo—nacían soles y lunas, y ranas y moscas—, y la hija no nacía. Había momentos en que 30 con sólo abrir la ventana se oía por todos lados como el crepitar de la inmensa fecundación. Botones en las flores, hojas como manos en los árboles, gatos en las azoteas y hombres,

5. **Era ... ser".** *She was the little girl "who might have been."*

hombres vigorosos y poderosos, en los dormitorios. Hasta el
viejo taxi del pueblo llevó un día a la farmacia una mujer que
allí mismo dio a luz. En cambio, en aquella casa nada se
renovaba fundamentalmente. La maldición de la esterilidad.
5 Mucho amor, mucho interrogarse, largos silencios, la cocina, la
pizarra . . .

A veces al hombre le parecía que se resignaba. Porque
amaba a su esposa y también en la mutua proximidad, en la
mutua soledad sin más latía un consuelo e incluso un motivo
10 de vida. Su esposa era una mujer que no se reía nunca, pero
que tampoco se desesperaba nunca. Sentada ocupaba mucho
espacio, como un gran bulto, pero cuando se levantaba se veía
lo pequeña que era. ¡No había cambiado nada desde que se
casaron, el 12 de agosto de 1918! Sólo el pelo. El pelo se le
15 había entristecido[6] y la raya que lo partía era ya un camino
menos seguro en mitad de la cabeza. Pero el resto, todo
intacto. El mismo mirar claro, los mismos hoyuelos en las
mejillas. Siempre parecía llevar la misma blusa y la misma
falda, excepto los domingos, en que se ponía un lacito aquí y
20 otro allá. Siempre parecía andar con sandalias, incluso cuando
regresaba de la calle con los zapatos llenos de barro. Y al
abrir cualquier cajón se hubiera dicho que buscaba un guante.
Además, el hombre estaba convencido de que su esposa tenía
una hermosa voz, de que hubiera podido cantar como los
25 ángeles, pero que ni quiso intentarlo porque prefería no
modificar las cosas, no alborotar. La gran pasión de la mujer
era, en efecto, pasar inadvertida. Tenía el presentimiento de
que su esposo realizaba una labor meritoria, y ello le bastaba.
Al plancharle los pantalones se decía: "Le estoy ayudando".
30 Por otra parte, era muy escéptica e inmunizada contra la
ostentación. En el colegio se dio cuenta de que también los
más grandes emperadores acaban muriendo y conformó su
espíritu a esta idea.

El hombre la quería de una manera honda y espontánea, sin
35 jamás preguntarse el porqué ni suponer que podía ser de otro
modo. A lo largo del día tenía para con ella mil pequeñas aten-

6. **El   pelo . . . entristecido**   *Her
hair had lost its color*

ciones, como acercarse al tabique de la cocina y golpearlo tres
veces con los nudillos, o dejar escrito en la pizarra con gruesos
caracteres: "Te quiero". Aunque sus especialidades eran
tentarle un pie por debajo de la mesa e introducirle en la taza
del café, cada día después de almorzar, los dos consabidos 5
terrones de azúcar. Hacía como que se los regateaba y por fin,
cuando los dejaba deslizar en el líquido, se echaba para atrás
con aire de haber consumado un acto premeditado y difícil.
No podía evocar la imagen de su mujer sin experimentar intensa ternura, y en ello radicaba el secreto de tanta solicitud. 10
Olvidaba sus defectos como se olvida un bostezo dado a escondidas. Apenas la oía estornudar se detenía en seco y por
un momento odiaba el viento, las corrientes de aire y todo
cuanto fuese frío y húmedo, y se imaginaba a sí mismo armado
con escudos, con fumigadores y con antibióticos defendiendo 15
los pulmones de su mujer. Le perdonaba incluso que no le
hubiera dado la niña, es decir, la maldición de la esterilidad.
¡Imposible llegar a más!

Por su parte, se sabía también amado con fuerza. De hecho,
cuando conoció a su mujer, ésta no había despertado aún del 20
extraño letargo infantil. Vivía ella en la última casa del
pueblo, o sea en la primera. Sus horizontes habían sido el
trigo y un tramo de carretera por el que entre semana paseaba
el cura y los domingos las parejas. Para acicalarse colgaba el
espejo en la ventana, de modo que en lugar de ver la calle se 25
veía a sí misma. Sus hermanos le hacían poco caso, y el único
flirt de su vida había sido un gato negro con manchas blancas,
o blanco con manchas negras. Sabía leer y multiplicar, nada
más. Entonces irrumpió él en sus ojos, en su cerebro, se
adueñó de unos y de otro como de un problema fácil, y la 30
sangre de la muchacha empezó a circular. Circuló de tal modo,
que su cuerpo se desarrolló, aunque no mucho. Comprendió
que era una mujer, una persona completa y equilibrada, ca-
pacitada para aceptar o rechazar. Comprendió que en un
cierto sentido su existencia era necesaria y que indiscutible- 35
mente sin ella el pueblo hubiera sido más pequeño, y que sin
ella acaso les faltara algo incluso a las estrellas.

El hombre sabía que todo esto creó en ella el amor y que,

al cabo de treinta años, éste seguía inundándola como una
gota de agua inunda el mar. Y en este amor, ¿por qué no?, se
refugiaba y se consolaba de su paternidad frustrada. Por otra
parte, era hermoso, hermoso a todas luces verlos caminar por la
5 acera debajo del mismo paraguas y detenerse de pronto ante
cualquier escaparate inasequible. Formaban una pareja con
aureola, eso es. Se parecían a dos nubes lentas, a dos ríos
paralelos, a la primera pareja que existió, a la que sobrevivirá
después del gran cataclismo. El, con la tiza en la mano; ella,
10 estornudando, humilde, sin querer cantar, planchando los
pantalones, eran un ejemplo, y a buen seguro que la niña de
diez años que habían inventado hubiera sido feliz a su lado,
entre los dos, aunque ellos a fuerza de amarla, en un momento
dado imaginaran que podían verle incluso el alma.

15   Bueno, el caso es que esta esposa humilde, nacida cerca del
trigo, era la segunda gran mentira de aquel hombre un poco
canoso y sentimental. Esta esposa tampoco existía y era también la personalización del otro gran deseo suyo, del deseo de
tener compañía. En realidad, en aquella casa—en la cocina,
20 en los pasillos, en el dormitorio—no habitaba sino él, él
escuetamente, con algunos muebles, la pizarra y el ventanal.
Los terrones de azúcar se disolvían sin gloria en su propio café
y jamás existió la posibilidad de que a su lado brotase una voz
cálida. No existía siquiera el pelo triste, ni el 12 de agosto de
25 1918, ni siquiera el gato negro con manchas blancas o lo con-
trario. Simplemente, había deseado tanto una esposa como
aquélla, para quien él hubiera supuesto despertar y júbilo, la
vida de cada día y eterna,⁷ que cuando el viento murmuraba
fuera—amenazando los pulmones—o cuando llovía con manse-
30 dumbre, no era raro que por unos pocos segundos llegase a
creer efectivamente que estaba casado, que en el cuarto contiguo al suyo una mujer, que era suya, cosía o planchaba para
él. Y muchas veces, al amanecer, abría sin expresión los ojos
en la oscuridad, sentía una extrema oquedad en todo lo que

---

7. **para ... eterna** *for whom he
would have imagined awaken-* *ing and joy, daily and eternal
life*

podía abarcar su pensamiento y se preguntaba si su respiración
y los signos de la pizarra tenían objeto.

III

Solo en su soledad. Con cincuenta y cinco años a la espalda.
Conocía todos los ruidos de su casa y los de su propio cuerpo, 5
desde la tos al crujido de los huesos. Nada podía hacer que le
sorprendiese. Incluso sus improvisados ademanes le parecían
naturales, y su sombra en la pared, enana o gigante, era i-
rremediablemente la suya, la que debía ser, sin que sirviera
para nada encasquetarse algo raro o adoptar posturas estra- 10
falarias.[8]
Cincuenta y cinco años consigo mismo, buscando no sabía
qué, sin esposa, sin hija. Nacido allí mismo, cerca del cementerio, cuyos árboles crecían a medida que nuevos huéspedes
llegaban al recinto. ¡Oh, sí!; era curioso mantenerse enhiesto 15
mientras tantas cosas morían alrededor. A veces bastaba con
abrir un momento la ventana para auscultar la inmensa crepitación de la muerte en el pueblo, la muerte de las voces de
los niños al salir de la escuela a media tarde, la lenta muerte
del motor del viejo taxi, la muerte de los carteles de propa- 20
ganda electoral. Cincuenta y cinco años soportándose, viendo
morir,[9] leyendo su propio nombre en la invencible placa de la
puerta.
El hombre se sentía agotado, aunque lo atribuía a una pasajera quiebra del organismo. Le dio por fumar. Su habitación 25
se convirtió en cenicero. Los chicos traviesos acertaban, por
supuesto, imaginando que se fumaba su humor y la posibilidad
de ver otros pueblos y viajar en ferrocarril, que se estaba
fumando su vida. En efecto, sin advertirlo el hombre liaba los
pitillos como si cada uno fuese el último. Y mojaba el papel 30
como si ya no le quedase dentro más saliva. Jamás se llamó a
sí mismo colilla[10]; sin embargo, a veces se acercaba al espejo,

8. **sin ... estrafalarias** *so it made
no difference if he clapped
something odd on his head or
assumed outlandish postures*
9. **viendo morir** *seeing things die*

10. **Jamás ... colilla** *He never
thought of himself as a stub,
i.e., all but used up, near his
end*

ansioso de comprobar que chupando fuerte todavía le resplan-
decían los ojos.[11]

También le dio por beber leche. No tenía licores caros, ni
vino tinto, ni cerveza. Bebía leche, mucha leche. Hundía los
5 labios en la espuma y su color blanco le recordaba vagamente
algún estado o sueño feliz. Se emborrachaba con leche hasta
eructar como un bebé y entornar viciosamente los ojos. ¡De
pronto sus codos se doblaban y se quedaba dormido!; y entonces parecía de verdad un viejo.

10   Los vecinos no se explicaban el cambio que se había operado
en él. Todo aquello era demasiado repentino. Se rumoreaba
que con la leche y el tabaco hacía experimentos. ¡Al diablo
con las habladurías! ¿Mataba ratas...? ¿Descubría la fór-
mula de regar sin agua? Era simplemente un hombre abatido
15 por la soledad. Simplemente acaso le hubiera llegado el
turno[12] y los árboles del cementerio lo solicitasen agitando sus
ramas. Por otra parte, ¿qué de particular que el matemático
se encorvase?[13] Después de tanto garrapatear y tanto cálculo
astronómico... Más le hubiera valido casarse, trabajar al aire
20 libre como los demás hombres del pueblo y tener hijos.

El hombre se daba cuenta de la compasión general que inspiraba. No obstante, cuando el estanquero dudaba entre
suministrarle o no más tabaco, él lo conminaba llevándose el
índice a los labios. No quería contrariedades. Quería que
25 todo se desarrollase en silencio, emborracharse en paz con todo
el mundo, que todo llegase cuando tuviese que llegar, no antes,
hasta saborear como otro cualquiera el último vaso de leche
espumeante y purísima.

Poco a poco, el caserón fue tomando aspecto de reducto, de
30 castillo antiguo y hosco. De prolongarse aquella situación, los
colegiales más jóvenes tejerían en torno a él sugestivas leyendas.
Y entretanto, en el interior de sus habitaciones, el hombre
vivía como si de verdad existiesen su esposa y su hija. Ahora

---

11. **ansioso ... ojos** *anxious to
prove that when he drew hard
on a cigarette, his eyes lit up
(like a cigarette until it is
smoked down to the stub)*
12. **Simplemente ... turno** *Perhaps*

*it was just that his turn had
come*
13. **¿qué ... encorvase?** *why was it
so strange that the mathematician should become stooped?*

ya no se trataba de imaginar risas cantarinas o que la esposa
planchara en la habitación contigua. Ahora se trataba de
poner *tres* platos en la mesa, tres vasos y tres servilletas. Ahora
se trataba de preguntarle al cartero: "¿Es para mí o para mi
mujer?" Y de preguntarse por qué los libros de texto del 5
próximo curso serían mucho más caros y por qué avanzaba por
el este del país una epidemia de sarampión.
A todo ello se produjo un inesperado momento de claridad
mental frente a la pizarra. Al igual que en la contracción que
precede al alud, operaciones que sólo había atisbado durante 10
años, ahora, atacada la recta final, las resolvía de carrerilla,
como si copiara. El hombre estaba asombrado. Llamaba a
sus dos posibles compañeras, a las dos columnas de su ser y les
explicaba con entusiasmo lo que significaba aquella X y aquel
2:4. Su esposa y su hija abrían la boca admiradas y se restrega- 15
ban en su larga bata conformada a su cuerpo, como si fueran
dos pájaros ateridos de frío.
En resumen, envejecía y estaba agotado, pero se sentía feliz
como nunca. La compasión del pueblo era ridículamente
inútil. Y también era inútil que amigos suyos, entre ellos el 20
alguacil, se diesen periódicas vueltas por la calle y husmeasen
dentro a través del ventanal, temerosos de descubrir su cuerpo
caído de bruces o colgando de una cuerda. En realidad, él era
fuerte, era un roble, gracias a sus padres y porque siempre
había llevado una vida correcta. Durante mucho tiempo, pues, 25
vería su nombre en la placa de la puerta y quién sabe si, para
universal perplejidad, antes de que acudiese a la llamada de
los árboles del cementerio daría en efecto con la clave para ex-
terminar todas las ratas y para regar sin agua los inmensos eria-
les del mundo. ¡Oh, sí, duraría aún mucho, porque además 30
la leche alimentaba horrores! [14]

Bueno, es preciso confesar que tampoco este hombre existía
en el pueblo. Su humildad, sus canas, su silueta frente a la
pizarra y sus impetuosos estremecimientos interiores[15] no eran
sino la personalización de un gran deseo de los vecinos de 35

---

14. **la leche alimentaba horrores**   15. **sus...interiores** *his   sudden*
    milk was awfully nourishing   *fits of inner trembling*

aquella calle solitaria, cansados de ver un solar vacío y maloliente frente a la fuente del parque señorial. Sí, muchas veces, cuando fuera runruneaba el viento o cuando llovía con mansedumbre, algunos de ellos habían pensado en aquel solar—en
5 el que crecían irregulares las hierbas y al que los transeúntes arrojaban cuanto les estorbaba—y habían deseado que se levantase allí un modesto edificio, con un tubo humeante que perforase el cristal superior de la ventana. Los viejos y los niños—sobre todo un niño bizco que tenía una espléndida
10 dentadura—habían llegado a más: en sueños se habían representado más de una vez cómo serían los habitantes de tal edificio. Y entre las innumerables posibilidades que habían cruzado como ráfagas sus cerebros se había repetido milagrosamente la imagen de aquel intelectual doméstico, canoso y
15 sentimental, que salía con su mujer debajo del mismo paraguas y que izaba en el aire a su hija asiéndola de las axilas.

Preguntas

1. En el primer párrafo del cuento, ¿cómo produce Gironella el sentido de la real existencia del modesto hombre de ciencia?

2. En el siguiente, ¿aparecen ya algunos elementos de fantasía?

3. ¿Cómo era la niña? ¿Qué detalles concretos hacen que el lector la vea como un ser particular y vivo?

4. ¿Qué cosas quería adquirir el hombre de ciencia para su hija?

5. ¿Qué había, de verdad, en el cuarto de trabajo del hombre? ¿Por qué, al inventar a su hija, la había imaginado bizca?

6. ¿Con quién vivía en mutua soledad? ¿Cómo era ella? ¿Qué datos precisos establecen su existencia?

7. ¿Cuáles eran sus horizontes cuando él la conoció?

8. ¿Qué representaba para el hombre de ciencia la esposa inventada?

9. ¿Qué cambios se habían producido de pronto en el matemático?

10. ¿Qué sentimiento inspiraba en el pueblo? ¿Por qué?

11. ¿Quién había inventado al hombre de ciencia y a su mujer y a su hija? ¿Con qué motivo?

12. ¿Explica el subtítulo toda la historia? ¿Cómo?

13. ¿Le sorprende al lector la conclusión del cuento?

14. ¿Cómo hace creer al lector Gironella que el solar frente a la fuente del parque señorial existe en efecto? ¿Que los vecinos existen?

15. ¿Qué muestra este cuento en cuanto a la autonomía de la fantasía del cuentista?

Francisco Alemán Sainz

AUTOBUS PARA CUALQUIER PARTE

FRANCISCO ALEMÁN SAINZ, nacido en 1919 en Murcia, escribe numerosos cuentos y artículos. Entre los narradores que más le interesan se encuentran Pío Baroja y Marcel Aymé,[1] O. Henry y Jean Giono.[2] Ha escrito sobre muchos temas relacionados con la novela, desde Sherlock Holmes hasta su propia *Teoría de la novela del Oeste* (1953). Prefiere tratar en sus relatos aquello que no es estudiado generalmente, lo que él llama "las afueras de la novela". Así, en nuestro cuento "Autobús para cualquier parte", de la colección titulada *Patio de luces y otros relatos* (Murcia, 1957) relata un encuentro casual de dos jóvenes en la cola del autobús que esperan los dos para volver a su trabajo después de haber almorzado en casa. Este suceso trivial les pasa a dos personas a quienes no les suele pasar nada en la vida, y el incidente prosaico se va transfigurando, mediante una retórica bastante artificial, en una aventura romántica. El autor opina que todo es subjetivo en el relato, que todo debe ser exagerado, y en efecto él exagera el lenguaje del joven, tan poco natural que parece sacado de algún manual que enseñe a hacer declaraciones de amor. El estilo que al principio choca a la joven acaba por gustarle y hasta por contagiarla. El contraste entre el lenguaje y la situación produce un efecto ligeramente cómico apropiado en esta pequeña escena de la comedia humana.

1. **Marcel Aymé** (1902–) French novelist and short-story writer
2. **Jean Giono** (1893–) French novelist of revolt against the machine age

❧ Autobús para cualquier parte

Ovando aguardaba el autobús de la tarde para ir a la oficina. "Tres y seis y cero y dos y una son, ¿cuánto?". Las columnas de números esperaban que creciese abajo, junto al suma y sigue, la cantidad.[3] "Llevo, ¿cuánto llevo?". Había que dar la suma al céntimo. Un céntimo perdido significa volver sobre 5 lo mismo, repasar activamente la gran rejilla[4] hasta conseguir el total acuerdo.[5] Basta un céntimo para destruirlo todo; la pequeña diferencia de un céntimo bastaba para que se desplomase lo hecho a costa de tantas horas anteriores. "¿Dónde se esconderá ese céntimo, ese maldito céntimo, inservible para 10 adquirir nada,[6] inexistente en el mundo real, simple sombra que, para llegar a ser algo, habría de pasar sucesivamente de un hueco a otro, hasta resultar irreconocible?".[7]

La realidad acababa de llegar hasta su lado en un momento. Poco antes, el vacío; poco después, la señal. Veintisiete años, 15 rubia, cabellos cortos, las orejas bonitas, finas. Las cejas justificando la delicadeza de la curva; los ojos con un poco de dulzura, pero sin exagerar. Llevaba un traje rojo niágara, sin

---

3. **Las columnas ... cantidad.** *The columns of figures were waiting for the sum to appear at the foot, next to the "add and carry over."*
4. **la gran rejilla** the intersecting lines of the ledger
5. **hasta conseguir el total acuerdo**
6. **inservible para adquirir nada** since a centimo is only the tiniest fraction of a cent
7. **habría de pasar ... irreconocible** *would have to pass from space to space* (of the **rejilla**) *until it became unrecognizable*

127

un pliegue, sin el menor plisado, tabla, volante, etc. Era, precisamente, el vestido escueto.

La chica le miró un instante, como en una pequeña exploración, como la patrulla adelantada del primer momento.

5 Ovando recibió la mirada como quien recibe una carta, con sobre perfumado, sin apercibirse del remite. "Yo la conozco" —pensaba Ovando, dejando atrás las sumas de poco antes, aquel céntimo siniestro e impenitente. La chica le miraba, aguardando una pregunta cualquiera.

10 —Yo la conozco a usted—habló él, sin dar a la frase la fragilidad de la pregunta.[8]

—Creo que sí, que nos conocemos, pero ¿de dónde?

—En este momento no lo sé. Puede usted creerme. Y, sin embargo, me parece que la he visto innumerables veces.

15 —¿Sin hablarnos?

—Creo que sí, que sin hablarnos.

—Entonces, lo siento.

—¿Por qué?

—No podemos hablarnos ahora.

20 —Alguna vez habrá de ser la primera. Todas las cosas tienen su principio y su final, hasta las novelas radiofónicas.

—Esto es otra cosa, no hay novela.

—Cosa que me alegra. No puedo con las novelas—dijo Ovando—, son siempre tan reales que ni siquiera la vida tiene 25 que ver con ellas.

—¡Ah! ¿Es usted inteligente? No puedo con la gente inteligente; no dice tonterías, pero las hace.

—Esto es la cola de un autobús. ¿Se da cuenta?

—Sí, me parece que sí. Y eso no es inteligente, puede que 30 llegue a sentir alguna simpatía hacia usted.[9]

—Verá. La cola del autobús no compromete a nada. Estamos esperando turno, y sólo eso. Es como hablar en sala de espera de un dentista, pero más doloroso.

—¿Por qué?

---

8. **la fragilidad de la pregunta**
   the vulnerability of the question
   (a statement expresses more conviction than a question)

9. **puede ... usted** *I may get to like you a little*

—Es una caricatura del viaje. Si yo la encontrase en un tren, o en un barco, la cosa sería distinta. Tendríamos breves mañanas y largas tardes, o al revés, para reconocernos. Aquí es imposible nada de eso. Llegará el autobús, y dentro de unos minutos iremos cada uno hacia su lado.

—Me gusta el autobús, precisamente por eso. Se habla un instante de cosas superficiales, sin dar tiempo a más—dijo ella—. Todo lo más un trozo de confidencia. No me gustan las confidencias, siempre se traicionan.

—¿Por qué?

—Hay ocasiones en que una traición tiene la belleza de una ciudad que se abandona. Tira de nuestro corazón, pero vencemos.

—Ahora quiere usted llegar a la inteligencia, y eso es grave en una mujer. La inteligencia se inicia en la segunda dioptría.[10] ¿Sabe una cosa?

—Dígala—insinuó ella.

—Me gustan sus ojos. Miran a la cara. No puedo hablar con las personas que no miran los ojos de quién les habla.

—Eso puede ser cuestión de ojos.

Llegó un autobús que no era, por lo visto, el que aguardaban. Pasaron delante de ellos algunos rezagados y subieron a él.

—Me gustaría invitarla al bar del autobús, si hubiese bar. Pero si se tratara de un trasatlántico jugaríamos al tenis, y yo perdería siempre. Me gusta perder en los juegos, y no creo que haya una satisfacción más justa. Usted me ganaría siempre y se mostraría cariñosa para consolarme.

—¿No será usted escritor?

—¡Qué vulgaridad! Todo lo más sería escribiente. ¿Por qué dice eso?

—Trata usted de ser brillante.

—¿Lo ve? Otra vez equivocada. Un escritor no gastará nunca la más ligera provisión de brillo fuera de sus escritos.

10. **La   inteligencia . . . dioptría.**
Intelligence comes with experi-
ence.

No hay nada tan aburrido como un escritor. Todavía un escritor malo es soportable, pero a un escritor genial no hay quien lo aguante.

De pronto le asaltó la otra historia. "Tres y seis y cero y
5 cuatro y nueve son ¿cuánto?". La sombra refrescaba y la chica tenía una sonrisa suculenta, los blancos dientes asomaban entre los labios con una predisposición publicitaria.[11] El traje rojo niágara debía de darle calor. Tenía el busto delicado y firme, y una piel mate, rosada. La cintura se mostraba resumida y
10 justa, desparramándose luego en la cadera. Un vientecillo cálido se paseaba por la acera sin ímpetu, pero con arrogancia.

—Si no me dice cómo se llama, me echo al paso de un taxi— y al mirarle, la chica observó su decisión.

—No—y a sus ojos asomaba el miedo.

15 —Pero lo haré, sin que nadie pueda impedírmelo.

La muchacha había vuelto a entrar en la tranquilidad.

—A un taxi, no. Hágalo con un modelo de lujo.

—Lo haré con el más viejo taxi, y esto lo llevará en su conciencia.

20 —No sea tonto.

—Perdón. He querido decir sobre su coquetería.

—Bueno. Pues se lo prohibo.

—No puedo esperar.

—Me llamo Elisa.

25 —Es un nombre importante, ¡vaya si lo es!

—¿Por qué dice eso?

—Es un nombre que le sienta como un guante.

—Se da cuenta. Los guantes siempre me sentaron muy mal. Y usted, ¿cómo se llama?

30 —Lo siento. Me llamo Heriberto Ovando. Es una barbaridad, porque nadie tiene derecho a llamarse así. Llámeme Herib. Todas las mujeres que me han querido me llamaron Herib.

—¡Qué estupidez!

---

11. **con … publicitaria**   *with   a hint of advertising* (She is smiling like a girl in an ad.)

—Sí, es una estupidez, porque nunca me quiso ninguna.

—Lo siento.

—Me alegro de que lo sienta. Pero llámeme Herib. Nadie me llamó Herib. ¿Se da cuenta de mi dolor?

—Oiga, Herib...   5

—Así, así me gusta.

—No creo que sea usted un seductor.

—¡Qué va! He sido siempre un seducido.

—¡Qué tontería!

—Esto va bien. Ha dicho usted ¡qué estupidez!, ¡qué 10 tontería! ¿Sabe usted lo que una mujer escribió en una carta de amor, o casi de amor?

—No leo las cartas de amor de las demás.

—Yo sí. Hay veces que aburren, pero en esta ocasión, no.

—¿Qué decía?   15

—Esto: "a veces hago tonterías para que no se me hiele el corazón".

—Es bonito, ¿no?

—Yo creo que sí.

El autobús no llegaba. La cola fue creciendo con nueva 20 gente. Los altos edificios ocultaban, con sus últimos pisos, el sol de la siesta.

—Ahora llegará el autobús—dijo Heriberto.

—Sí, Herib, hasta el autobús llega alguna vez.

—Pero no es eso. A mí me gustaría esperarlo un mes, aquí 25 mismo.

—Un mes es mucho.

—Sí. Puede que sea demasiado. ¿Qué haríamos los domingos? Pero no es eso. Subiremos a él, y poco después nos separaremos. ¿Volveremos a encontrarnos aquí?   30

—¿Por qué no?

—Quizás estemos tomando durante años este mismo autobús, a la misma hora, sin coincidir. ¿Se da cuenta de que podemos tardar años en volver a encontrarnos? Usted no será feliz; y yo, tampoco.   35

—No diga eso.

—Bastará con que usted haya llegado algo tarde, y yo haya

llegado algo pronto, o al revés.[12] Nada separa tanto como una cola, ni el mar logra tanto desconsuelo. Podemos llevar la misma dirección a diario, sin volver a encontrarnos. Es terrible.

5 —Eso parece.

—Quizá dentro de veinte años volvamos a encontrarnos aquí, y todo lo más podremos contarnos nuestras desventuras. Usted irá a su trabajo y yo al mío. Pero ¿qué haremos hasta que pasen veinte años? Son siete mil trescientos días—con-
10 tinuó después de multiplicar de cabeza.

—Sin contar los bisiestos.

—Eso. Yo la recordaré, y por mucho que me lo proponga no lograré encontrarla de nuevo. Es duro, y es también la magia del viaje.

15 Ahora, el autobús llegaba despacio, casi majestuosamente, con esa lentitud de los grandes animales. Subieron. Estaban apretados, de pie.

—¿Volveré a verla, Elisa?

—Cualquiera sabe: yo por lo menos no lo sé ahora mismo.

20 —Estaba pensando en eso mismo.

Heriberto Ovando pidió dos billetes.

—Permítame. Será como si le enviase flores. Quiero conservarlos con la numeración seguida. Usted es el 6 y yo el 7. Aprenderé su numeración de memoria.

25 Estuvo a punto de decir que le faltaba un céntimo, que era el mendigo de un céntimo perdido. Cruzaban las calles rápidamente, porque el conductor trataba de ganar el tiempo perdido.

—Me quedo en la próxima parada—dijo Elisa.

30 —También yo.

—Es mejor que no insista.

—Creo que no insisto. Lo doy todo por perdido.

Ella olía muy bien. Era una colonia de baño nada más, pero muy medida.[13] Bajaron los dos del autobús. La acera

---

12. **Bastará ... revés.** *You will only need to have arrived a little late and I a little early, or the other way around.*

13. **pero muy medida** *but just the right amount*

del desembarco tenía un sol del bueno.

—Le ruego que no me acompañe.

—¿Por qué?

—No está bien.

—Yo le pido que se marche hacia otro lado, y crea que lo 5
siento. Estoy enamorado de usted, y nada más.

"Tres y seis y cero y dos y una son ¿cuánto?". Las columnas
de números le aguardaban muy cerca, esperando que creciese
abajo, en un suma y sigue cualquiera, el céntimo perdido.

—Entonces, déjeme sola. 10

—Ya la he dejado, y bien que lo siento. Voy a mi trabajo.

Indecisos, ambos se pararon ante la misma puerta.

—Hasta otro día—dijo Elisa, alargando la mano para la
despedida.

—No. Yo trabajo aquí. 15

—Eso es distinto.

Subieron la escalera. Elisa se detuvo en el primer piso, y
volvió a alargar su mano al muchacho.

—Te esperaré luego en la puerta.

—Haz lo que quieras—respondió la chica. 20

Elisa entró en su oficina, y Herib, saltando de dos en dos
los escalones, entró en la suya del segundo. Estaba decidido
a cazar el céntimo perdido y rebelde. Luego de que el horario
terminó, bajó la escalera y aguardó en la puerta de la calle.
Elisa no tardó en aparecer. Se le notaba un poco de cansancio 25
en los ojos.

—¿Qué hay?—saludó Herib.

—Hola—respondió ella—. Poca cosa.

Fueron hasta la parada próxima del autobús, sin decir nada
más, entre otras cosas porque tampoco hacía falta. Había una 30
gran cola.

—¿Nos vamos andando?—respondió Herib.

—No—fue la respuesta—. Nos vamos en el autobús.

—Como quieras.

—Hay que irse en el autobús. 35

Cuando subieron a él, ni siquiera se fijaron en el destino
que podía señalar. Pero era lo mismo. Pronto se dieron
cuenta de que el autobús no les aproximaba a sus casas, y

aquello les gustó. Era, sin duda, el autobús para cualquier parte. Elisa había dejado una de sus manos en una de las manos de Heriberto Ovando.

—Oye, Herib.

5 —Te oigo.

—Mañana nos encontraremos, por la mañana, en la cola del autobús.

—Eso está bien. Pero hay que poner los relojes en punto.[14] Lo hicieron, tras la primera parada, sobre la acera descono-
10 cida. Ya era de noche. Las luces de los escaparates estaban encendidas. Formaron en la cola de una parada de autobús que les llevara a su casa. Se miraban aguardando el regreso, y la mañana siguiente, y la tarde. Esperaban el futuro mientras llegaba el autobús.

14. **hay que . . . punto** *we must synchronize our watches*

Preguntas

1. ¿Cuál es el asunto de esta historia? ¿Es un asunto tratado con frecuencia en narraciones? ¿En películas?
2. ¿Tiene trama el cuento? ¿Tiene tema?
3. ¿Es un trozo de vida? ¿De quiénes? ¿Dónde tiene lugar la escena?
4. ¿Qué autobús esperaba el joven? ¿Qué le preocupaba?
5. Al llegar la joven, ¿cómo empieza a hablar con ella?
6. ¿Cómo le contesta ella? ¿Tiene interés en seguir hablando con él? ¿Por qué cree que él debe ser un escritor?
7. ¿Es original él en su manera de hablar? ¿Por qué habla así?
8. ¿Dónde desembarcan? ¿La sigue acompañando el joven? ¿Hasta dónde?
9. ¿Cambia de actitud ahora la muchacha? ¿Por qué?
10. ¿Volverán a verse?
11. Comparen la segunda escena en la cola del autobús con la primera. ¿Qué ha cambiado?
12. ¿A qué se refiere el título?
13. ¿Hay descripciones de los personajes? ¿Cómo sabemos cómo son?
14. ¿Cómo se sirve el autor del diálogo?
15. ¿Es realista este cuento? Expliquen con ejemplos la contestación.

Miguel Delibes
LA CUCAÑA

MIGUEL DELIBES nace en 1920 en Valladolid, donde se dedica
ahora a su cátedra en la Escuela de Comercio y también al perio-
dismo. Su primera novela, *La sombra del ciprés es alargada*
(1947), que recibe el Premio Nadal, es una obra realista que
se parece a las del siglo XIX—de José María de Pereda (1833-
1906), por ejemplo—en sus densas descripciones de ambientes que
producen determinados tipos y costumbres. Las claras dotes de
Delibes de buen narrador y escritor se confirman en su segunda
novela, *Aún es de día* (1949), y sobre todo en la siguiente, *El
camino* (1950), de la cual reproducimos el capítulo de "La cu-

Miguel Delibes.
Photo: Gacho.

caña". En esta novela el protagonista es un niño, Daniel, el Mochuelo, que en la víspera de su partida para el colegio, recuerda toda su vida hasta aquel momento. Evoca a sus dos compañeros inseparables y a todos los personajes que constituyen su mundo en una apacible aldea castellana. Los niños están vistos con una gran penetración psicológica y sus problemas y aventuras contadas con un humor tierno y comprensivo. La técnica novelística de *El camino* y de otra novela más reciente, *Diario de un cazador* (1955)—con la cual gana el autor el Premio Nacional de Literatura—es libre y abierta, y el lenguaje sencillo y natural. En *Mi idolatrado hijo Sisí* (1953) el autor emplea el procedimiento moderno de captar el instante en que pasa algo a uno de los personajes; sin embargo, la representación de estos seres fracasados de la mezquina clase media es menos viva que la de los niños y los tipos sencillos de pueblo en *El camino,* o de las gentes elementales del más bajo nivel económico-social en *Las ratas* (1962). Esta última novela es la historia de Nini, que vive con su padre en una cueva en las afueras de un pueblo de Extremadura, donde algunas familias subsisten de la caza de ratas que comen o venden en la feria. La vida de estos pobres y del niño sabio Nini, que todo lo ha aprendido en la naturaleza, está contada con una gran simpatía humana, en un estilo simple y expresivo que recuerda las mejores películas neo-realistas de Italia. La observación directa de la naturaleza, de parte de los que viven en permanente contacto con ella, niños y cazadores— entre éstos el autor—inspira las mejores páginas de Delibes, las más luminosas y a la vez sugestivas de *El camino,* del *Diario de un cazador,* y de *Las ratas.*

❧ La cucaña

Daniel, el Mochuelo,[1] lo perdonaba todo a la Guindilla[2] menos el asunto del coro; la despiadada forma en que le puso en evidencia ante los ojos del pueblo entero y el convencimiento de ella de su falta de definición sexual.[3]

Esto no podría perdonárselo por mil años que viviera.[4] El asunto del coro era un baldón; el mayor oprobio que puede soportar un hombre. La infamia exigía contramedidas con las que demostrar su indiscutible virilidad.

En la iglesia ya les esperaban todos los chicos y chicas de las escuelas, y Trino, el sacristán, que arrancaba agrias y gemebundas notas del armonio cuando llegaron. Y la asquerosa Guindilla también estaba allí, con una varita en la mano, erigida, espontáneamente, en directora.

Al entrar ellos, les ordenó a todos por estatura; después levantó la varita por encima de la cabeza y dijo:

—Veamos. Quiero ensayar con vosotros el "Pastora Divina" para cantarlo el día de la Virgen. Veamos—repitió.

Hizo una señal a Trino y luego bajó la varita y los niños y niñas cantaron cada uno por su lado:

1. **Daniel, el Mochuelo** so called because, being intensely curious about things, he has an owl-like way of staring at them
2. **la Guindilla** the name given to doña Lola, the old-maid shopkeeper and here the choir director. She is also called **la Guindilla mayor** to distinguish her from her younger sister.
3. **el convencimiento... sexual** *her own conviction about his lack of sexual status*
4. **por... viviera** *if he lived a thousand years*

137

Paaas-to-ra Di-vi-naaa
Seee-guir-te yo quie-rooo . . .

Cuando ya empezaban a sintonizar las cuarenta y dos voces,
la Guindilla mayor puso un cómico gesto de desolación y
5 dijo:

—¡Basta, basta! No es eso. No es "Pas", es "Paaas". Así:
"Paaas-to-ra Di-vi-naaa; Seee-guir-te yo quie-rooo; Pooor va-
lles y o-te-rooos; Tuuus hue-llas en pooos." Veamos—repitió.
Dio con la varita en la cubierta del armonio y de nuevo se
10 atrajo la atención de todos. Los muros del templo se estre-
mecieron bajo los agudos acentos infantiles. Al poco rato, la
Guindilla puso un acusado gesto de asco. Luego señaló al
Moñigo con la varita.

—Tú puedes marcharte, Roque; no te necesito. ¿Cuándo
15 cambiaste la voz? [5]

Roque, el Moñigo,[6] humilló la mirada:

—¡Qué sé yo! Dice mi padre que ya de recién nacido be-
rreaba con voz de hombre.

Aunque cabizbajo, el Moñigo decía aquello con orgullo,
20 persuadido de que un hombre bien hombre debe definirse
desde el nacimiento. Los primeros de la escuela acusaron su
manifestación con unas risitas de superioridad. En cambio las
niñas miraron al Moñigo con encendida admiración.

Al concluir otra prueba, doña Lola prescindió de otros dos
25 chicos porque desafinaban. Una hora después, Germán, el
Tiñoso,[7] fue excluído también del coro porque tenía una voz
en transición,[8] y la Guindilla "quería formar un coro sólo de
tiples". Daniel, el Mochuelo, pensó que ya no pintaba allí
nada y deseó ardientemente ser excluído. No le gustaba, ade-
30 más, tener voz de tiple. Pero el ensayo del primer día terminó
sin que la Guindilla estimara necesario prescindir de él.

Volvieron al día siguiente y la Guindilla siguió sin ex-

5. **¿Cuándo . . . voz?** *When did your voice change?*
6. **Roque, el Moñigo** the stronger, rougher, and more grown-up of Daniel's two close friends
7. **Germán, el Tiñoso** Daniel's friend, the third of the inseparable trio. He is called el **Tiñoso** because he has some bald spots.
8. **tenía . . . transición** *his voice was changing*

cluirle.[9] Aquello se ponía feo. Permanecer en el coro suponía, a estas alturas, una deshonra. Era casi como dudar de la hombría de uno, y Daniel, el Mochuelo, estimaba demasiado la hombría para desentenderse de aquella selección. Mas a pesar de sus deseos y a pesar de no restar ya más que seis 5 varones en el coro,[10] Daniel, el Mochuelo, continuó formando parte de él. Aquello era el desastre. Al cuarto día la Guindilla mayor, muy satisfecha, declaró:

—He terminado la selección. Quedáis sólo las voces puras.

—Eran quince niñas y seis niños. —Espero—se dirigía ahora 10 a los seis niños—que a ninguno de vosotros se le vaya a ocurrir cambiar la voz de aquí al día de la Virgen.

Sonrieron los niños y las niñas, tomando a orgullo aquello de tener "las voces puras". Sólo se desesperó, por lo bajo, inútilmente, Daniel, el Mochuelo. Pero ya la Guindilla estaba 15 golpeando la cubierta del armonio para llamar la atención de Trino, el sacristán, y las veintiuna voces puras difundían por el ámbito del templo las plegarias a la Virgen:

> Paaas-to-ra Di-vi-naaa
> Seee-guir-te yo quie-rooo   20
> Pooor va-lles y o-te-rooos
> Tuuus hue-llas en pooos.

Daniel, el Mochuelo, intuía lo que aquella tarde ocurrió a la salida. Los chicos descartados, capitaneados por el Moñigo, les esperaban en el atrio y al verles salir, formaron corro al- 25 rededor de los seis "voces puras" y comenzaron a chillar de un modo reiterativo y enojoso:

—¡Niñas, maricas! ¡Niñas, maricas! ¡Niñas, maricas!

De nada valió la intercesión de la Guindilla ni los débiles esfuerzos de Trino, el sacristán, que era ya viejo y estaba como 30 envarado. Tampoco valieron de nada las miradas suplicantes que Daniel, el Mochuelo, dirigía a su amigo Roque. En este trance, el Moñigo olvidaba hasta las más elementales normas

9. **siguió sin excluirle** *still didn't eliminate him*
10. **a pesar ... coro** *in spite of the*

fact that only six boys were now left in the choir

de la buena amistad. En el fondo del grupo agresor borboteaba un despecho irreprimible por haber sido excluídos del coro que cantaría el día de la Virgen. Pero esto no importaba nada ahora. Lo importante era que la virilidad de Daniel, el 5 Mochuelo, estaba en entredicho y que había que sacarla con bien de aquel embrollo.

Aquella noche al acostarse tuvo una idea. ¿Por qué no ahuecaba la voz al cantar el "Pastora Divina"? De esta manera la Guindilla le excluiría como a Roque, el Moñigo, y como a 10 Germán, el Tiñoso. Bien pensado era la exclusión de éste lo que más le molestaba. Después de todo, Roque, el Moñigo, siempre había estado por encima de él. Pero lo de Germán era distinto. ¿Cómo iba a conservar, en adelante, su rango y su jerarquía ante un chico que tenía la voz más fuerte que él? 15 Decididamente había que ahuecar la voz y ser excluído del coro antes del día de la Virgen.

Al día siguiente, al comenzar el ensayo, Daniel, el Mochuelo, carraspeó, buscando un efecto falso a su voz.[11] La Guindilla tocó el armonio con la punta de la varita y el cántico se 20 inició:

> Paaas-to-ra Di-vi-naaa
> Seee-guir-te yo quie-rooo...

La Guindilla se detuvo en seco. Arrugaba la nariz, larguísima, como si la molestase un mal olor. Luego frunció el 25 ceño igual que si algo no respondiera a lo que ella esperaba y se sintiera incapaz de localizar la razón de la deficiencia. Pero al segundo intento apuntó con la varita al Mochuelo, y dijo, molesta:

—Daniel, ¡caramba!, deja de engolar la voz o te doy un 30 sopapo.

Había sido descubierto. Se puso encarnado al solo pensamiento de que los demás pudieran creer que pretendía ser hombre mediante un artificio. El, para ser hombre, no necesi-

---

11. **buscando...voz** *trying to falsify his voice*

taba de fingimientos. Lo demostraría en la primera oportunidad.

A la salida, Roque, el Moñigo, capitaneando el grupo de
"voces impuras", les rodeó de nuevo con su maldito estribillo:
—¡Niñas, maricas! ¡Niñas, maricas! ¡Niñas, maricas!   5
Daniel, el Mochuelo, experimentaba deseos de llorar. Se
contuvo, sin embargo, porque sabía que su vacilante virilidad
acabaría derrumbándose con el llanto ante el grupo de ener-
gúmenos, de "las voces impuras".

Así llegó el día de la Virgen. Al despertarse aquel día,   10
Daniel, el Mochuelo, pensó que no era tan descorazonador
tener la voz aguda a los diez años y que tiempo sobrado tendría de cambiarla. No había razón por la que sentirse triste
y humillado. El sol entraba por la ventana de su cuarto y a
lo lejos el Pico Rando parecía más alto y majestuoso que de   15
ordinario. A sus oídos llegaba el estampido ininterrumpido de
los cohetes y las notas desafinadas de la charanga bajando la
varga. A lo lejos, a intervalos, se percibía el tañido de la campana, donada por don Antonino, el marqués,[12] convocando a
misa mayor. A los pies de la cama tenía su traje nuevo, recién 20
planchado, y una camisa blanca, escrupulosamente lavada,
que todavía olía a añil y a jabón. No. La vida no era triste.
Ahora, acodado en la ventana, podía comprobarlo. No era
triste, aunque media hora después tuviera que cantar el "Pastora Divina" desde el coro de las "voces puras". No lo era,   25
por más que a la salida "las voces impuras" les llamasen niñas
y maricas.

Un polvillo dorado, de plenitud vegetal, envolvía el valle,
sus dilatadas y vastas formas. Olía al frescor de los prados,
aunque se adivinaba en el reposo absoluto del aire un día   30
caluroso. Debajo de la ventana, en el manzano más próximo
del huerto, un mirlo hacía gorgoritos y saltaba de rama en
rama. Ahora pasaba la charanga por la carretera, hacia El
Chorro y la casa de Quina, el Manco,[13] y un grupo de chi-

---

12. **don Antonino, el marqués** the   13. **Quina, el Manco** the one-armed
    aristocrat who has a palace in   man who keeps the village
    the village   tavern

quillos la seguía profiriendo gritos y dando volteretas. Daniel, el Mochuelo, se escondió disimuladamente, porque casi todos los chiquillos que acompañaban a la charanga pertenecían al grupo de "voces impuras".

5 En seguida se avió y marchó a misa. Los cirios chisporroteaban en el altar y las mujeres lucían detonantes vestidos. Daniel, el Mochuelo, subió al coro y desde allí miró fijamente a los ojos de la Virgen. Decía don José[14] que, a veces, la imagen miraba a los niños que eran buenos. Podría ser debido 10 a las llamas tembloteantes de las velas, pero a Daniel, el Mochuelo, le pareció que la Virgen aquella mañana volvía los ojos a él y le miraba. Y su boca sonreía. Sintió un escalofrío y entonces le dijo, sin mover los labios, que le ofrecía el "Pastora Divina" para que los "voces impuras" no se rieran 15 de él ni le motejaran.

Después del Evangelio, don José, el cura, que era un gran santo, subió al púlpito y empezó el sermón. Se oyó un carraspeo prolongado en los bancos de los hombres e instintivamente Daniel, el Mochuelo, comenzó a contar las veces que 20 don José, el cura, decía "en realidad". Aunque él no jugaba a pares o nones. Pero don José decía aquella mañana cosas tan bonitas, que el Mochuelo perdió la cuenta.

—Hijos, en realidad, todos tenemos un camino marcado en la vida. Debemos seguir siempre nuestro camino, sin renegar 25 de él—decía don José—. Algunos pensaréis que eso es bien fácil, pero, en realidad, no es así. A veces el camino que nos señala el Señor es áspero y duro. En realidad eso no quiere decir que ése no sea nuestro camino. Dios dijo: "Tomad la cruz y seguidme."

30 "Una cosa os puedo asegurar—continuó—. El camino del Señor no está en esconderse en la espesura al anochecer los jóvenes y las jóvenes. En realidad, tampoco está en la taberna, donde otros van a buscarlo los sábados y los domingos; ni siquiera está en cavar las patatas o afeitar los maizales durante 35 los días festivos. Dios mismo, en realidad, creó el mundo en

14. **don José** the parish priest, beloved by the whole village

seis días y al séptimo descansó. Y era Dios. Y como Dios que era, en realidad, no estaba cansado. Y sin embargo, descansó. Descansó para enseñarnos a los hombres que el domingo había que descansar."

Don José, el cura, hablaba aquel día, sin duda, inspirado por la Virgen, y hablaba suavemente, sin estridencias. Prosiguió diciendo cosas del camino de cada uno, y luego pasó a considerar la infelicidad que en ocasiones traía el apartarse del camino marcado por el Señor por ambición o sensualidad. Dijo cosas inextricables y confusas para Daniel. Algo así como que un mendigo podía ser más feliz sin saber cada día si tendría algo que llevarse a la boca, que un rico en un suntuoso palacio lleno de mármoles y criados. "Algunos—dijo—por ambición, pierden la parte de felicidad que Dios les tenía asignada en un camino más sencillo. La felicidad—concluyó —no está, en realidad, en lo más alto, en lo más grande, en lo más apetitoso, en lo más excelso; está en acomodar nuestros pasos al camino que el Señor nos ha señalado en la Tierra. Aunque sea humilde."

Acabó don José y Daniel, el Mochuelo, persiguió con los ojos su menuda silueta hasta el altar. Quería llenarse los ojos de él, de su presencia carnal, pues estaba seguro que un día no lejano ocuparía una hornacina en la parroquia. Pero no sería él mismo, entonces, sino una talla en madera o una figura en escayola detestablemente pintada.

Casi le sorprendió el ruido del armonio, activado por Trino, el sacristán. La Guindilla estaba ante ellos, con la varita en la mano. Los "voces puras" carraspearon un momento. La Guindilla golpeó el armonio con la varita y Trino acometió los compases preliminares del "Pastora Divina". Luego sonaron las voces puras, acompasadas, meticulosamente controladas por la varita de la Guindilla:

Paaas to ra Di vi naaa
Seee-guir-te yo quie-rooo
Pooor va-lles y o-te-rooos
Tuuus hue-llas en pooos.

Tuuu grey des-va-li-da
Gi-mien-do te im-plo-ra
Es-cu-cha, Se-ño-ra,
Su ar-dien-te cla-mor.

5   Paaas-to-ra Di-vi-naaa
Seee-guir-te yo quie-rooo
Pooor va-lles y o-te-rooos
Tuuus hue-llas en pooos.

Cuando terminó la misa, la Guindilla les felicitó y les obse-
10 quió con un chupete a cada uno. Daniel, el Mochuelo, lo
guardó en el bolsillo subrepticiamente, como una vergüenza.
Ya en el atrio, dos envidiosos le dijeron al pasar "niña,
marica", pero Daniel, el Mochuelo, no les hizo ningún caso.
Ciertamente, sin el Moñigo guardándole las espaldas, se sentía
15 blando y como indefenso. A la puerta de la iglesia la gente
hablaba del sermón de don José. Un poco apartada, a la izquierda, Daniel, el Mochuelo, divisó a la Mica.[15] Le sonrió
ella.
—Habéis cantado muy bien, muy bien—dijo, y le besó en
20 la frente.
Los diez años del Mochuelo se pusieron ansiosamente de
puntillas. Pero fue en vano. Ella ya le había besado. Ahora
la Mica volvía a sonreír, pero no era a él. Se acercaba a ella
un hombre joven, delgado y vestido de luto. Ambos se co-
25 gieron de las manos y se miraron de un modo que no le gustó
al Mochuelo.
—¿Qué te ha parecido?—dijo ella.
—Encantador; todo encantador—dijo él.
Y entonces, Daniel, el Mochuelo, acongojado por no sabía
30 qué extraño presentimiento, se apartó de ellos y vio que toda la
gente se daba codazos y golpecitos y miraban de un lado a otro
de reojo y se decían con voz queda: "Mira, es el novio de la

15. **la Mica** the lovely young daugh-   and then. Although la Mica is
ter of Gerardo, el Indiano, who   ten years older then Daniel, he
made a fortune in America and   has a crush on her.
returns to his native village now

Francisco de Goya, *La cucaña* (early version). Courtesy, The Royal Academy of Arts, London; from the collection of the Duke of Montellano, Madrid.

Mica." "Mira, es el novio de la Mica." "¡Caramba! Ha venido
el novio de la Mica." "Es guapo el novio de la Mica." "No
está mal el novio de la Mica." Y ninguno quitaba el ojo del
hombre joven delgado y vestido de luto, que tenía entre las
5 suyas las manos de la Mica.

Comprendió entonces, Daniel, el Mochuelo, que sí, había
motivos suficientes para sentirse atribulado aquel día, aunque
el sol brillase en un cielo esplendente y cantasen los pájaros
en la maleza, y agujereasen la atmósfera con sus melancólicas
10 campanadas los cencerros de las vacas y la Virgen le hubiera
mirado y sonreído. Había motivos para estar triste y para
desesperarse y para desear morir y algo notaba él que se desga-
jaba amenazadoramente en su interior.

Por la tarde, bajó a la romería. Roque, el Moñigo y Ger-
15 mán, el Tiñoso, le acompañaban. Daniel, el Mochuelo, seguía
triste y deprimido; sentía la necesidad de un desahogo. En el
prado olía a churros y a aglomeración humana; a alegría con-
gestiva y vital. En el centro estaba la cucaña, diez metros más
alta que otros años. Se detuvieron ante ella y contemplaron
20 los intentos fallidos de dos mozos que no pasaron de los primeros metros. Un hombre borracho señalaba con un dedo la
punta de la cucaña y decía:

—Hay allí cinco duros. El que suba y los baje que me con-
vide.

25 Y se reía con un cloqueo contagioso. Daniel, el Mochuelo,
miró a Roque, el Moñigo.

—Voy a subir yo—dijo.

Roque le acució:

—No eres hombre.

30 Germán, el Tiñoso, se mostraba extrañamente precavido:

—No lo hagas. Te puedes matar.

Le empujó su desesperación, un vago afán de emular al
joven enlutado, a los niños del grupo de "los voces impuras".
Saltó sobre el palo y ascendió, sin esfuerzo, los primeros
35 metros. Daniel, el Mochuelo, tenía como un fuego muy vivo
en la cabeza, una mezcla rara de orgullo herido, vanidad
despierta y desesperación. "Adelante—se decía—. Nadie será
capaz de hacer lo que tú hagas." "Nadie será capaz de hacer

lo que tú hagas." Y seguía ascendiendo, aunque los muslos le
escocían ya. "Subo porque no me importa caerme." "Subo
porque no me importa caerme," se repetía, y al llegar a la
mitad miró hacia abajo y vio que toda la gente del prado
pendía de sus movimientos y experimentó vértigo y se agarró 5
afanosamente al palo. No obstante, siguió trepando. Los
músculos comenzaban a resentirse del esfuerzo, pero él con-
tinuaba subiendo. Era ya como una cucarachita a los ojos de
los de abajo. El palo empezó a oscilar como un árbol mecido
por el viento. Pero no sentía miedo. Le gustaba estar más 10
cerca del cielo, poder tratar de tú al Pico Rando. Se le enerva-
ban los brazos y las piernas. Oyó un grito a sus pies y volvió
a mirar abajo.

—¡Daniel, hijo!

Era su madre, implorándole. A un lado estaba la Mica, 15
angustiada. Y Roque, el Moñigo, disminuido, y Germán, el
Tiñoso, sobre quien acababa de recobrar la jerarquía, y el
grupo de "los voces puras" y el grupo de "los voces impuras",
y la Guindilla mayor y don José, el cura, y Paco, el herrero, y
don Antonino, el marqués, y también estaba el pueblo, cuyos 20
tejados de pizarra ofrecían su mate superficie al sol. Se sentía
como embriagado; acuciado por una ambición insaciable de
dominio y potestad. Siguió trepando sordo a las reconven-
ciones de abajo. La cucaña era allí más delgada y se tam-
baleaba con su peso como un hombre ebrio. Se abrazó al 25
palo frenéticamente, sintiendo que iba a ser impulsado contra
los montes como el proyectil de una catapulta. Ascendió más.
Casi tocaba ya los cinco duros donados por "los Ecos del Indiano".[16] Pero los muslos le escocían, se le despellejaban, y los
brazos apenas tenían fuerzas. "Mira, ha venido el novio de 30
la Mica," "Mira, ha venido el novio de la Mica," se dijo, con
rabia, mentalmente, y trepó unos centímetros más. ¡Le faltaba
tan poco! Abajo reinaba un silencio expectante. "Niña,
marica; niña, marica," murmuró, y ascendió un poco más. Ya
se hallaba en la punta. La oscilación de la cucaña aumentaba 35
allí. No se atrevía a soltar la mano para asir el galardón.

16. **los Ecos del Indiano** the nick-
name given to the brothers of
Gerardo, el Indiano, father of
la Mica

Entonces acercó la boca y mordió el sobre furiosamente. No
se oyó abajo ni un aplauso, ni una voz. Gravitaba sobre el
pueblo el presagio de una desgracia. Daniel, el Mochuelo,
empezó a descender. A mitad del palo se sintió exhausto, y
5 entonces dejó de hacer presión con las extremidades y resbaló
rápidamente sobre el palo encerado, y sintió abrasársele las
piernas y que la sangre saltaba de los muslos en carne viva.

De improviso se vio en tierra firme, rodeado de un clamor
estruendoso, palmetazos que le herían la espalda y cachetes y
10 besos y lágrimas de su madre, todo mezclado. Vio al hombre
enlutado que llevaba del brazo a la Mica y que le decía sonriente: "Bravo, muchacho." Vio a su padre, haciendo aspavientos y reconviniéndole y soltando chorros de palabras absurdas
que no entendía. Vio, al fin, a la Uca-Uca[17] correr hacia él,
15 abrazársele a las piernas magulladas y prorrumpir en un torrente de lágrimas incontenibles . . .

Luego, de regreso a casa, Daniel, el Mochuelo, cambió otra
vez de parecer en el día y se confesó que no tenía ningún
motivo para estar atribulado. Después de todo, el día estaba
20 radiante, el valle era hermoso y el novio de la Mica le había
dicho sonriente: "¡Bravo, muchacho!"

17. **la Uca-Uca** the little mother-
less daughter of Quina, el
Manco. She is devoted to Daniel, whose feeling for her
changes from scorn to affection.

Preguntas

1. ¿Quién narra esta historia? ¿Lo hace de una manera objetiva?
2. ¿Tiene importancia el paisaje? ¿Para qué sirve en el relato?
3. ¿Se cuenta la historia desde un solo punto de vista o desde varios?
4. ¿Cuál es el gran problema de Daniel? ¿Cómo trata de resolverlo?
5. ¿Qué es lo que no perdonará nunca a la Guindilla?
6. ¿Qué se decide a demostrar en la primera oportunidad?
7. ¿Cómo se siente Daniel el día de la Virgen? ¿Por qué?
8. ¿Cómo presenta el autor la escena dentro de la iglesia? ¿Y el
sermón de don José?
9. ¿A quién sonríe la Mica? ¿Qué efecto produce esto en Daniel?
10. ¿Qué hace con el obsequio que le da la Guindilla? ¿Por qué?

11. ¿En qué se parece la romería adonde va Daniel a la del cuento de Cela?

12. ¿Por qué sube Daniel la cucaña? ¿De veras no le importa caerse?

13. ¿Qué le pasa al llegar a la mitad? ¿Qué le empuja a seguir trepando?

14. ¿Dónde se encuentra de pronto? ¿Cómo había bajado?

15. ¿Cómo le reciben sus padres? ¿el joven enlutado? ¿la Uca-Uca?

16. ¿Qué es lo que ha demostrado Daniel a los demás y resuelto para sí mismo subiendo la cucaña?

17. ¿Cómo retrata el autor a Daniel? ¿Se explican sus rápidos cambios de ánimo, de la tristeza a la alegría y al revés?

Carmen Laforet

AL COLEGIO

CARMEN LAFORET nace en Barcelona en 1921. Cuando tiene dos
años, su familia se traslada a Canarias y allí reside hasta 1939.
Vuelve a Barcelona recién terminada la guerra civil española.
Hace estudios universitarios en la Universidad de Barcelona, y
luego en Madrid, donde vive desde el año 1942. Allí escribe su
primera novela, entre enero y septiembre de 1944. Esta obra,
titulada *Nada,* es la historia, en parte autobiográfica, de una estudiante que busca, en el mundo desquiciado por la guerra civil,
un ideal en que pueda creer, pero no encuentra nada. El primer
capítulo, que relata la llegada por primera vez de la adolescente
a la gran ciudad, es un trozo de vida de una vibrante realidad.
Nada tiene un extraordinario éxito popular y crítico; recibe el
primer Premio Nadal (1944) y más tarde el Premio Fastenrath
de la Real Academia Española (1949). Tras este éxito sensacional
no es de extrañar que la autora tarde unos siete años en publicar
su segunda novela, *La isla y los demonios* (1952), que trata de
nuevo el tema del despertar de una adolescente. En estos años
se había casado y tenido varios hijos y seguía escribiendo, pero
sólo artículos y cuentos.

Su tercera novela, *La mujer nueva,* sale en 1955, y es la que la
autora prefiere a las demás, por ser técnicamente la más difícil.
El tema es en efecto más complejo, pues se trata de la conversión
religiosa de la protagonista, temática motivada por la conversión
de la autora a la fe católica en 1951. A esta novela, también se
le han concedido importantes premios, pero el caso es que en

Carmen Laforet. Photo: Magar.

ninguna de las dos novelas posteriores ha logrado la autora
superar su primera novela. Es posible que esto se deba al momento en que salió *Nada,* y la circunstancia de haber expresado,
por medio de la joven protagonista, la angustiosa búsqueda de
nuevos valores de parte de toda una generación, la juventud, que,
después de la guerra, encontrándose en un desesperante vacío
espiritual y moral, busca alguna verdad a que atenerse, algo que
dé sentido a la existencia. La urgente necesidad de plantear
estos problemas y preguntas, de tomar posiciones ante la vida,
es lo que da a *Nada* la dramática actualidad que sienten sus lectores en todas partes y hasta hoy.

Algunos de los problemas planteados allí se resuelven en obras
posteriores de Carmen Laforet, no sólo en sus novelas, sino también en sus novelas cortas, como "El piano" (1954) o en un relato
como "Al colegio", incluido en sus *Cuentos* (1947). En tales
obras la autora—o la protagonista—descubre el sentido de la e-
xistencia en la simple vida cotidiana, en las aventuras prosaicas
de la vida de familia, en una experiencia vulgar, por ejemplo, la
de llevar por primera vez a su hijita mayor al colegio. La autora
da a este cuento "Al colegio" el subtítulo de "estampa" y es, en
efecto, una escena vivida, hondamente sentida, que la autora
reproduce gráficamente en una prosa precisa y que a pesar de
ser matizada parece natural.

🌿 Al colegio

Vamos cogidas de la mano en la mañana. Hace fresco, el
aire está sucio de niebla. Las calles están húmedas. Es muy
temprano.

Yo me he quitado el guante para sentir la mano de la niña
en mi mano y me es infinitamente tierno este contacto, tan 5
agradable, tan amical, que la estrecho un poquito emocionada.
Su propietaria vuelve hacia mí la cabeza, y con el rabillo de
los ojos me sonríe. Sé perfectamente la importancia de este
apretón, sabe que yo estoy con ella y que somos más amigas
hoy que otro día cualquiera. 10
Viene un aire vivo y empieza a romper la niebla. A todos
los árboles de la calle se les caen las hojas, y durante unos segundos corremos debajo de una lenta lluvia de color tabaco.
—Es muy tarde; vamos.
—Vamos, vamos. 15
Pasamos corriendo delante de una fila de taxis parados,
huyendo de la tentación. La niña y yo sabemos que las pocas
veces que salimos juntas casi nunca dejo de coger un taxi. A
ella le gusta; pero, a decir verdad, no es por alegrarla por lo
que lo hago; es, sencillamente, que cuando salgo de casa con 20
la niña tengo la sensación de que emprendo un viaje muy
largo. Cuando medito una de estas escapadas, uno de estos
paseos, me parece divertido ver la chispa alegre que se le
enciende a ella en los ojos, y pienso que me gusta infinitamente
salir con mi hijita mayor y oírla charlar; que la llevaré de 25

paseo al parque, que le iré enseñando, como el padre de la buena Juanita,[1] los nombres de las flores; que jugaré con ella, que nos reiremos, ya que es tan graciosa, y que, al final, compraremos barquillos—como hago cuando voy con ella—y nos
5 los comeremos alegremente.

Luego resulta que la niña empieza a charlar mucho antes de que salgamos de casa, que hay que peinarla y hacerle las trenzas (que salen pequeñas y retorcidas, como dos rabitos dorados debajo del gorro) y cambiarle el traje, cuando ya está vestida,
10 porque se tiró encima un frasco de leche condensada, y cortarle las uñas, porque al meterle las manoplas me doy cuenta de que han crecido... Y cuando salimos a la calle, yo, su madre, estoy casi tan cansada como el día en que la puse en el mundo... Exhausta, con un abrigo que me cuelga como un
15 manto; con los labios sin pintar (porque a última hora me olvidé de eso), voy andando casi arrastrada por ella, por su increíble energía, por sus infinitos "porqués" de su conversación.

—Mira, un taxi. —Este es mi grito de salvación y de hundi-
20 miento cuando voy con la niña... Un taxi.

Una vez sentada dentro, se me desvanece siempre aquella perspectiva de pájaros y flores y lecciones de la buena Juanita, y doy la dirección de casa de las abuelitas, un lugar concreto donde sé que todos seremos felices: la niña y las abuelas, char-
25 lando, y yo, fumando un cigarrillo, solitaria y en paz.

Pero hoy, esta mañana fría, en que tenemos más prisa que nunca, la niña y yo pasamos de largo delante de la fila tentadora de autos parados. Por primera vez en la vida vamos al colegio... Al colegio, le digo, no se puede ir en taxi. Hay
30 que correr un poco por las calles, hay que tomar el metro, hay que caminar luego, en un sitio determinado, a un autobús... Es que yo he escogido un colegio muy lejano para mi niña, ésa es la verdad; un colegio que me gusta mucho, pero que está muy lejos... Sin embargo, yo no estoy im-
35 paciente hoy, ni cansada, y la niña lo sabe. Es ella ahora

1. **Juanita** a character in a children's story

la que inicia una caricia tímida con su manita dentro de
la mía; y por primera vez me doy cuenta de que su mano de
cuatro años es igual a mi mano grande: tan decidida, tan poco
suave, tan nerviosa como la mía. Sé por este contacto de su
mano que le late el corazón al saber que empieza su vida de 5
trabajo en la tierra, y sé que el colegio que le he buscado le
gustará, porque me gusta a mí, y que, aunque está tan lejos,
le parecerá bien ir a buscarlo cada día, conmigo, por las calles
de la ciudad ... Que Dios pueda explicar el porqué de esta
sensación de orgullo que nos llena y nos iguala durante todo 10
el camino ...

Con los mismos ojos ella y yo miramos el jardín del colegio,
lleno de hojas de otoño y de niños y niñas con abrigos de colores distintos, con mejillas que el aire mañanero vuelve rojas,
jugando, esperando la llamada a clase. 15

Me parece mal quedarme allí; me da vergüenza acompañar a
la niña hasta última hora, como si ella no supiera ya valerse
por sí misma en este mundo nuevo, al que yo la he traído ...
Y tampoco la beso, porque sé que ella en este momento no
quiere. Le digo que vaya con los niños más pequeños, aquellos 20
que se agrupan en el rincón, y nos damos la mano, como dos
amigas. Sola, desde la puerta, la veo marchar, sin volver la
cabeza ni por un momento. Se me ocurren cosas para ella,
un montón de cosas que tengo que decirle, ahora que ya es
mayor, que ya va al colegio, ahora que ya no la tengo en casa, 25
a mi disposición a todas horas ... Se me ocurre pensar que
cada día lo que aprenda en esta casa blanca, lo que la vaya
separando de mí—trabajo, amigos, ilusiones nuevas—, la irá
acercando de tal modo a mi alma, que al fin no sabré dónde
termina mi espíritu ni dónde empieza el suyo ... 30

Y todo esto quizá sea falso ... Todo esto que pienso y que
me hace sonreír, tan tontamente, con las manos en los bolsillos
de mi abrigo, con los ojos en las nubes.

Pero yo quisiera que alguien me explicase por qué cuando
me voy alejando por la acera, manchada de sol y niebla, y 35
siento la campana del colegio llamando a clase, por qué, digo,
esa expectación anhelante, esa alegría, porque me imagino el

aula y la ventana, y un pupitre mío pequeño, desde donde veo
el jardín, y hasta veo clara, emocionantemente, dibujada en
la pizarra con tiza amarilla una A grande, que es la primera
letra que yo voy a aprender . . .

Preguntas

1. ¿Cómo consigue la autora que el lector sienta desde el primer momento la intimidad de la escena?
2. ¿Qué tiempo hace? ¿Qué estación del año es? ¿Es un momento
triste? ¿Por qué?
3. En días pasados, ¿qué hacían madre e hija al salir de casa?
4. ¿Qué preparativos hacían falta antes de salir? ¿Cuáles son los detalles precisos que enumera la autora?
5. ¿Qué proyectos abandonaba la madre una vez que estaban sentadas
en el taxi? ¿Por qué? ¿Adónde iban por fin?
6. Pero este día del que se trata en el cuento, ¿qué da a entender la
niña cuando aprieta la mano de la madre?
7. ¿Qué tiene este día de particular?
8. ¿Qué hay que hacer para llegar al colegio? ¿Qué valor artístico
tiene el detalle de estar lejos el colegio y de difícil acceso? ¿Quién
la va a llevar a la niña todas las mañanas?
9. ¿De qué se da cuenta la madre cuando van cogidas de la mano?
10. ¿Cuándo se separa la madre de la niña? ¿Cómo se despiden?
11. ¿Qué se le ocurre a la madre al marcharse? ¿Qué imagen le da
alegría?
12. ¿En qué momento cambia la relación entre la madre y su hija?
13. ¿Cómo transforma la madre la idea y el sentimiento de la separación?
14. ¿Coinciden en esta estampa la forma y el contenido? Ejemplos.
15. ¿Qué afirma Carmen Laforet en este cuento? ¿Qué es lo que da
sentido a la existencia de cada cual?

Tomás Salvador
EL BOSQUE

TOMÁS SALVADOR nace el 9 de marzo de 1921, en Palencia, en la casa-cuartel de la guardia civil, a la que pertenece su padre. Después de la guerra civil, va de voluntario en la División Azul a Rusia, donde es herido. A su regreso gana oposiciones y entra en la policía. Desde el año 1952, en que aparece su primera novela, *Historias de Valcanillo,* ha publicado unas quince novelas, además de novelas cortas, cuentos y artículos. Tomás Salvador tiene una auténtica vocación de novelista y escribe novelas policíacas, como *El charco* (1953), ciencia-ficción, como *La nave* (1959), y novelas más o menos realistas en las cuales los protagonistas son o criminales o guardias. En este último género, su obra maestra hasta ahora es *Cabo de vara* (1958), cuya acción tiene lugar en el penal de Ceuta en el siglo pasado, aunque de igual manera podría ser de hoy en cualquier presidio. Lo más notable de la obra es la humanidad con la cual el autor retrata a todos los delincuentes, sin sentimentalidad, sin deformación picaresca o pintoresca, como hombres individualizados. Los dos protagonistas, un guardián—el cabo de vara—y el joven delincuente a quien trata de salvar, son personas complejas y contradictorias, que conmueven hondamente al lector por lo que tienen de esencialmente humano en su capacidad para el bien y para el mal. El autor mismo considera ésta una de sus mejores obras porque, según dice, "es una fusión de mis dos tendencias literarias: la línea poemática y la línea bronca." El consigue esta misma fusión en otra obra suya, *Cuerda de presos* (1953), de la cual damos

Tomás Salvador. Photo: Suárez.

una selección, "El bosque". En esta novela, que recibió el Premio
Nacional de Literatura en 1954, el autor relata la conducción de
un criminal por dos guardias civiles, a fines del siglo XIX, a
través de campos y pueblos de Castilla, recorriendo a pie unas
trescientas millas en once jornadas. Los verdaderos protagonistas
son los dos guardias civiles, uno viejo, Serapio Pedroso, que cuenta
la anécdota de nuestra selección al joven, Silvestre Albuín, para
pasar el rato, mientras que cumplen con la ardua obligación de
llevar una "cuerda de presos".

❧ El bosque

—Silvestre... Te contaré una historia... Le sucedió a
mi abuelo—empezó Pedroso, después de escupir un trozo de
bigote. —Ya le irás conociendo. Le llamaban "el Verraco".
—¡Caramba!
—Sí. Por uno que tenía más salvaje que un jabalí y que le   5
seguía como si fuera un perrito. Mi abuelo se llamaba Nicolás, por buen nombre, y siempre había vivido en el bosque, el
gran bosque de Salvatierra, junto a la raya de Portugal. Había
quedado huérfano a los siete años, y desde entonces se quedó
solo, hecho un salvaje.   10
"Era un tipo soberbio. No sabía nada y lo sabía todo. El
bosque y los animales le enseñaron... A los veinte años iba
descalzo, comía cualquier cosa y bebía agua de las charcas. No
había reparado en las mujeres y su mejor distracción era bajar
al pueblo y tocar las campanas a pedradas, arrojando las pie-   15
dras a sobaquillo.[1]
"Aparte de esto, era un buen mozo, arriscado, valeroso, enamorado del bosque, con unos músculos capaces de alcanzar
a las ardillas a puro salto. Era capaz de pasarse cuatro o cinco
meses entre sus malezas, espiando las costumbres de todos los   20
habitantes de la floresta, que conocía rama por rama, hoja
por hoja. Con silbatos que él mismo fabricaba pacientemente,

1. **arrojando ... sobaquillo**   *by*
throwing stones (from) under his
left arm

159

imitaba los trinos de todos los pájaros, desde la oropéndola al
ruiseñor, desde el buho a la lechuza.

"Rosario era hija única de Bartolomé Crisóstomo. Nicolás
la había estado viendo toda la vida, siempre que bajaba al
5 pueblo con su torso desnudo y desafiante a cambiar sus pajarillos, o la miel recogida, por tabaco y perdigones para un
viejo mosquetón. Pero, realmente, por primera vez en su vida,
"la vio" cierto día en el bosque, cuando la ayudaba a cargar
un haz de leña.

10   "Rosario—te lo diré porque lo habrás adivinado—habría
de ser mi abuela. Era la muchacha más bonita de los contornos. No sabría decirte si ella alentó la salvaje pasión que se
despertó en mi abuelo, pero si alguna cosa se puede afirmar
de las mujeres es que en modo alguno les molesta el amor de-
15 clarado o sin declarar de un hombre joven, soberbio y vigoroso.
Mi abuelo se enamoró hasta las tuétanos. Sufrió la poética
tortura de la ausencia y la presencia. Padecía cuando estaba
solo y si, ansioso de ver a la joven, corría como una cabra
montés a su encuentro, empezaba a temblar y a cambiar de
20 color.

"Pero Rosario no tenía voluntad en su casa. Era la última
en una casa donde los hombres mandaban y sobre todos el
padre; Rosario, además, era dócil y obediente. Para acabar
de una vez, te diré que Rosario estaba prometida a un mucha-
25 cho llamado Venancio.

"Poco tenía que hacer mi abuelo ante la decisión paternal.
Libre como el viento era, pero tan pobre como él, que si te
fijas un poco verás que pasa, todo lo acaricia, y nada es suyo.[2]
No es que Rosario fuese muy rica. Su padre sólo poseía un
30 trozo de bosque. Nada más, aunque fuera muy extenso. El
bosque era la dote de la muchacha. Por nada del mundo le
hubieran tocado y le querían como a las niñas de sus ojos.
Venancio tenía muchas tierras y poca madera. El matrimonio
les convenía a los dos.

35   "Mi abuelo se retiró a sus escondrijos, abandonando el
campo. Comprendía que nada podía hacer, salvo raptar a la

2. **todo ... suyo** *it caresses every-*
thing and keeps nothing

muchacha, medida más que dudosa y que no podía prosperar
al no contar con la anuencia de ella...

"Todo lo que sucedió después obedeció a un bien tramado
plan. En el pueblo se sospechó siempre, aunque mi abuelo se
guardó muy bien de decirlo, excepto a sus hijos cuando fueron 5
mayores. Digamos que renunció al amor de Rosario. Para
significar su renuncia se hizo amigo de Venancio, un amigo
entrañable, llevándole por el bosque en pos de las liebres, los
gatos monteses, las ardillas, los lirones, las garduñas, los pájaros
parlanchines...   10

"Le enseñó a cazar todo bicho viviente... Todo menos el
jabalí. Se excusaba diciendo que a Venancio le faltaba el verdadero nervio del cazador: esperar la pieza en silencio, inmóvil
como una estatua, sin respirar siquiera, confundido con la hojarasca de una encina y con un cuchillo en la mano, presto a 15
dejarse caer sobre la fiera. Matar al animal con una escopeta
estaba al alcance de cualquiera, de tal forma no se disfrutaba
ni siquiera la ínfima parte de aguardarlo por la noche, con el
cuchillo en la mano... ¡Era tan soberbio!

"Venancio—no podía por menos[3]—se picó. Juró y rejuró 20
que era capaz de guardar inmóvil, con la respiración sellada y
los nervios aplomados, lo mismo que él. Por fin, un día, dos o
tres antes de la boda, mi abuelo llevó a su amigo al bosque,
precisamente al que Rosario llevaría en dote.

"—Aquí, en este trozo que mañana será tuyo—le dijo.   25
"—Lo talaré. Hay aquí veinte mil reales en madera.

"Mi abuelo se estremeció y mandó callar a su amigo. Llegaron a un calvero, cerca del Miño, donde unas encinas de-
rribadas dejaban al aire sus raíces. Por allí bajaban los
animales a beber. Le hizo subir a un árbol cuyas ramas pen- 30
dían sobre una trocha abierta en la maleza.

"—Aquí estamos bien. Te sentarás en esa horquilla. Yo
estaré en la otra rama. Te dejaré para ti—le dijo—la primera
ocasión; yo saltaré para ayudarte.

"—No necesitaré ayuda—fanfarroneó Venancio.   35

"—Mucho mejor. Los jabalíes vendrán cuando la luna
apunte por aquella encina, pasada la media noche. Y, ¡por

3. **no...menos** *he couldn't help it*

los clavos de Cristo!, no te muevas. Busca ahora una postura
cómoda y aguántate luego. Tienes que ser igual que una
piedra. Sólo te pido una hora de paciencia. Ni siquiera me
llames ... ¿entiendes?

5   "El pobre Venancio pudo ver cómo mi abuelo se acomodaba
en una rama más baja, a sus espaldas. Y se dispuso a esperar ...
Hacía un vientecillo suave y las hojas se movían mansamente.
El río, cercano, llevaba un poco de humedad al ambiente. A
tres varas del suelo, sobre la rama, Venancio apenas divisaba
10 del suelo a su derredor más que un vasto campo lleno de seres
gibosos y disformes. Aguardó ...

"Pronto, de mantener dilatadas las pupilas, le empezaron
a brotar chispas luminosas de todos los rincones. Tenía miedo
hasta de cerrar los ojos. Fueron unos minutos interminables.
15 Aparte de los ruidos familiares del bosque nada se movía, nada
se escuchaba. "El Verraco" tenía razón al decirle que la emoción de aquella caza superaría todo lo imaginable. Estuvo
tentado de volver la cabeza para decírselo; pero no se atrevió.
En realidad, faltaba lo mejor: el ronquido apagado del jabalí
20 dejándose adivinar en la oscuridad ..., la mancha movediza
de la piel, donde los colmillos relucen blancos a la luna ...

"Aguantó ... diez minutos ..., veinte ..., ¡media hora! Ya
no podía más. La luna empezaba a iluminar la trocha ... Se
movió un poco. Escuchó, acto seguido, un susurro que le
25 reconvenía ...

"—¡Q-u-i-e-t-o! ...

"El susurro le tranquilizó ... "El Verraco" estaba a su lado
y no podía fracasar. Aguantó ... Pasaron unos minutos más
y de pronto el bosque empezó a tomar un signo extraño. Se
30 escucharon lejanos crujidos; un olor a chamusquina se es-
parció por el ambiente. El sendero abierto hasta el río se
llenó de animalejos ...

"—¿Qué pasa?—gritó Venancio.

"—No lo sé—respondió mi abuelo, acudiendo a su lado.
35 —Subiré a lo alto para enterarme.

"Así lo hizo. Para bajar al instante, gritando a su amigo:

"—¡Fuego! ¡Es el bosque que está ardiendo!

"Escaparon corriendo, alcanzando las tierras de labor cuando las campanas lanzadas a rebato empezaron a congregar a los vecinos. Pero todo fue inútil. El fuego ardió toda la noche y sólo se extinguió cuando las llamas llegaron al río.

"Contemplando el inmenso brasero el padre de Rosario era la viva estampa de la desesperación. Aquel bosque era su mejor 5 riqueza, era la dote de su hija. Tendría que empezar de nuevo, que trabajar de nuevo en los inseguros jornales de la siega y la vendimia. Cruzado de brazos, con los ojos extraviados, no era difícil adivinar cómo en su pecho ardía un fuego semejante al que humeaba. Mi abuelo y Venancio hacían que hacían[4] 10 por allí. Bartolomé Crisóstomo tuvo un pálpito. Agarró a mi abuelo por el cuello.

"—H... de p...[5] ¡Has sido tú! ¡Te voy a matar!

Mi abuelo se defendió.

"—Estuve toda la noche con Venancio... ¡Pregúntale a él! 15 ¿No es verdad, Venancio? ¿Me moví de tu lado?

"El pobre Venancio hubo de asentir. Y Crisóstomo hubo de callar, aunque en el fondo de su alma sabía que tenía razón. Mordiéndose los puños, gritó:

"—¡Idiota! 20

"No insultaba a mi abuelo. El agravio era para Venancio, culpable, para él, de todo. Faltando la dote y mediando injurias[6] la boda se deshizo. Aquella era la oportunidad de mi abuelo.

"Vendió el verraco, y con los doscientos reales que le dieron 25 alhajó una choza en el centro del bosque calcinado. Se llevó allí a mi abuela y sólo tuvo que esperar a que los árboles crecieran de nuevo. Al mismo tiempo le fueron creciendo los hijos.

"Tiempo después, a los hijos mayores, mi abuelo intentó 30 hacerles comprender sus angustias de aquella noche, su terrible lucha. Su maravilloso entrenamiento en la vida interior del bosque le había permitido desplazarse, abandonando el árbol, sin que Venancio se enterara. Aquello había sido un juego.

4. **hacían que hacían** *pretended to be doing something*
5. **H...de p...(Hijo de puta)** *son-of-a-bitch*
6. **Faltando...injurias** *With insults added to the loss of the dowry*

Lo terrible fue el tremendo instante de aplicar el fuego a lo
que amaba más que a su vida, el bosque centenario, la selva
hermana donde moraban sus amigos, sus únicos amigos: los
pájaros, las ardillas, los lirones, los jabalíes... ¡Cielo santo!"

Preguntas

1. ¿Qué tipo de cuento es éste? ¿Se parece a algún otro que hayan
   leído ya? ¿En qué? ¿A qué género narrativo pertenece?
2. ¿Se percibe aquí la fusión de "la línea poemática y la línea
   bronca"? ¿Cuáles son los elementos y pasajes que muestran cada
   una de las tendencias?
3. ¿Tiene importancia la trama? ¿El ambiente? El asunto, ¿en qué
   consiste? ¿Cómo mantiene el autor la tensión del relato?
4. ¿Quién cuenta la historia? ¿Cómo la sabe? ¿La cuenta de una
   manera documental? Comparen su manera de contarla con la
   que emplea Campos al contar lo que le pasó a su amigo Juan.
5. ¿Es nuevo o tradicional este procedimiento de contar una historia?
   Citen relatos que emplean el mismo.
6. ¿Quién es el protagonista del relato? ¿Vivió de verdad? ¿Cómo se
   nos hace sentir su realidad a pesar de ser él un tipo original?
7. ¿En qué consistía su originalidad?
8. ¿Qué comentarios hace el narrador? ¿Qué efecto producen?
9. ¿Por qué le convenía a Rosario, según su padre, el matrimonio
   con Venancio? ¿Interviene ella en la decisión?
10. ¿Qué plan tramaba el abuelo del narrador a la vez que parecía
    renunciar a Rosario?
11. ¿En qué consiste el verdadero nervio del cazador? ¿Cree tenerlo
    Venancio?
12. Unos días antes de la boda, ¿qué hace el abuelo con Venancio?
13. ¿Qué pasa de pronto en el bosque? ¿A qué huele y qué es lo que
    se oye en medio del silencio?
14. ¿Cómo contempla el padre de Rosario el incendio? ¿A quién
    acusa?
15. ¿Cómo se defiende éste? ¿Qué oportunidad se le presenta ahora?
16. ¿En qué consistía su terrible conflicto aquella noche?

Ignacio Aldecoa

EN EL KILOMETRO 400
BALADA DEL MANZANARES

IGNACIO ALDECOA nace en Vitoria, el 24 de julio de 1925. Cursó filosofía y letras en las Universidades de Salamanca y Madrid. Empezó escribiendo cuentos y sigue dedicado al arte del relato breve mientras crea sus novelas. La primera de éstas, *El fulgor y la sangre* (1954) le dio a conocer; ésta y la siguiente, *Con el viento solano* (1956), forman parte de una trilogía que trata el mundo de los gitanos y de los toreros y de la guardia civil. Otra trilogía, sobre el mar, se inicia con *Gran Sol* (1958), novela en la cual el lector presencia la vida de unos pescadores a bordo del barco, las diversas tareas de la pesca, y llega a conocer a los personajes, en su intimidad, a través de sus conversaciones elementales.

Estos mismos diálogos naturales presentan a los personajes de los cuentos que incluimos: a los camionistas del cuento "En el kilómetro 400",[1] de la colección de narraciones titulada *El corazón y otros frutos amargos* (1959), y a los novios de "Balada del Manzanares", del libro *Caballo de pica* (1961). El primero es un trozo de la vida de los conductores de camión que llevan de noche la carga de pescado destinada a la capital. Uno de ellos, Severiano, conduce mientras que su compañero, Luisón, descansa

---

1. **En el kilómetro 400** The distances given here are measured from the frontier. This is the story of four of the many truck drivers who drive through the night so that Madrid may have fresh fish daily. Their route takes them from the port of Pasajes through a string of Basque and Castilian towns and villages.

leyendo un semanario infantil hasta que él tome el volante; de
cuando en cuando hablan del trayecto que han de hacer, de otros
compañeros que hacen el mismo. Habían salido del antiguo
puerto vasco de Pasajes a las seis de la tarde, con siete toneladas
de pesca y hielo; cenarían, como de costumbre, en la carretera de
Castilla, hacia Vitoria, en el restaurante de la gasolinera. Allí
se encontrarían con sus compañeros: el joven Iñaqui, que está
con fiebre y no podrá conducir esta noche, y el viejo Martiricorena, que muy valiente dice que él solo podrá conducir toda la
noche. Se presiente la catástrofe, que sucede en Buitrago: el
camión volcado, los conductores llevados a Madrid, el viejo
grave. Severiano y Luisón se detienen para enterarse de lo
pasado a sus amigos y escuchan callados los comentarios triviales
mientras siguen mirando la carretera por la que ellos han de
seguir esta noche y otras muchas. Las descripciones sirven para
reproducir gráficamente el trayecto tal como lo van experimen-
tando los conductores del camión. La lluvia era violenta, "la luz
de los faros acrecía la cortina de agua." La serie de nombres de
pueblos vascos y castellanos por los cuales pasan marca el ritmo
del viaje. Y la carretera vuelve a aparecer como protagonista
principal de la historia: "tenía el color del álamo blanco . . . en
la Castilla nocturna . . . cristalizada y blanca." En la carretera
de Castilla, en el kilómetro 400, sucede la tragedia. Los camionistas hacen su oficio y su oficio es su destino. Aldecoa presenta
a estos hombres sencillos y humildes en su quehacer diario, sin
sentimentalidad alguna, con una profunda simpatía y comprensión.

A la pareja de "Balada del Manzanares" presenta el autor con
una cierta ironía. Dice, por ejemplo, de los novios: "Tienen que
reñir un poco, deben reñir un poco. Es el amor." En este cuento,
describe más la escena de la acción, o sea, las afueras de Madrid,
a orillas del Manzanares, a la luz del farol de gas, bajo el cual se
encuentran los novios, Pilar y Manuel. Pero aquí también lo
esencial es la aventura íntima, humana, de la pareja, que el
autor transcribe de la visión propia que él tiene de sus personajes
y su mundo.

Aldecoa ha declarado en una revista: "Ser escritor es, antes que
nada, una actitud ante el mundo. Yo he visto, y veo continua-

mente, cómo es la pobre gente de España. No adopto una actitud sentimental ni tendenciosa. Lo que me mueve, sobre todo, es el convencimiento de que hay una realidad española, cruda y tierna a la vez, que está casi inédita en nuestra novela. . . ." Y es esta realidad, la vida del hombre que trabaja, su vida vista desde la perspectiva del oficio mismo, la que Aldecoa evoca, con un arte y una autenticidad extraordinarios, en sus novelas. La evoca de igual manera en numerosos cuentos publicados en revistas y periódicos españoles y recogidos en varios tomos, desde *Espera de tercera clase* y *Víspera del silencio,* ambos del año 1955, hasta los más recientes indicados ya, de los cuales se han escogido los dos cuentos que siguen.

🌿 En el kilómetro 400

Bajó la cabeza. Las lucecillas de los controles le mascaraban el rostro. Tenía sobre la frente un nudo de sombras; media cara borroneada del reflejo verde, media cara con los rasgos acusados hasta la monstruosidad. Volvió la página que estaba leyendo y se acomodó. Sentía los rebordes de las costuras del 5 asiento; sentía el paño del pantalón pegado a la gutapercha.

...*le dio razón al sheriff de que los cuatreros quedaron encerrados... Roy no les tiene miedo a los cuatreros... Cinco horas después, en el camino del Pecos...*

Llovía. Las gotas de agua tenían un trémulo y pirotécnico 10 deslizarse por el parabrisas. El limpiador trazaba un medio círculo por el que miraba carretera adelante el compañero, que de vez en vez pasaba una bayeta por el cristal empañado. En la cabina hacía calor.

...*Roy fue más rápido... Micke Diez Muescas se dobló* 15 *por la cintura... Roy pagó la consumición del muerto y salió del "saloon"...*

Todo iba bien. Daba escalofríos mirar por el medio círculo del parabrisas. La luz de los faros acrecía la cortina de agua. En la carretera, en los regueros divergentes de la luz, la lluvia 20 era violenta, y el oscuro del fondo, una boca de túnel inquietante. En las orillas la lluvia se amansaba, y una breve, imprecisa, claridad emanaba de la tierra; en las orillas, la serenidad del campo septembrino. Acaso cantase el sapo, acaso

silbase el lechucillo; acaso el raposo, fosfóricos los ojos, diera
su aullido desgañitado al paso del camión.

—... *montó en su potro "Relámpago"* ... *Si mister Bruce
insistía en comprar el rancho de Betty, ya le arreglaría las*
5 *cuentas²* ... *Un jinete se acercaba por el camino del Vado del
Muerto* ...

El olor del cigarro puro apagado de su compañero se con-
fundía con el olor del gasoil. Estaban subiendo. Levantó la
cabeza y abandonó el semanario infantil sobre las piernas. El
10 compañero escupió bagazo del puro. La historieta se había
acabado.

... *(continuará)* ...

Cerró los ojos un momento. La voz opaca del compañero
le arrancó de la sensación de comodidad.

15 —Luisón, coges el volante en Burgos.

—Ya.

—Tiras hasta el amanecer ... No pierdas tiempo leyendo
tonterías.

—Ya.

20 —Duerme un poco.

—Ya.

—Tendrás que apretar antes del puerto. Ahora hay que
andar con cuidado.

—Ya, Severiano.

25 Las manos de Severiano Anchorena vibraban, formando
parte del volante. El volante encalla las manos, entumece los
dedos, duerme los brazos.³ Hay que cuidar las manos, procurar que no se recalienten para que no duelan. Luisón
María se levantó del asiento, dio un gruñido y se tumbó en la
30 litera. La luz roja del indicador del costado entraba por la
ventanilla. Corrió el visillo.

Siete toneladas de pesca, hielo y cajas. Habían salido de
Pasajes a las seis de la tarde. Corrían hacia Vitoria. En
Vitoria cenarían en las afueras, en la carretera de Castilla, en
35 el restaurante de la gasolinera. Era la costumbre.

---

2. **ya ... cuentas** he would fix him
3. **duerme los brazos** *makes one's
arms go to sleep*

A typical scene along a main artery linking Madrid with the sea and with the French frontier. Courtesy of the Ministry of Public Works, Madrid.

—Severiano, ¿viste a Martiricorena en Pasajes?

—Se acabó el hombre.

—Cuando yo le vi estaba colorado como un cangrejo; cualquier día le da algo.[4]

—Se duerme al volante. Eso dice Iñaqui.   5

Luisón estiró las piernas. Preguntó:

—¿Cuántos chavales tiene Martiricorena?

—Cinco. El mayor anda a la mar.

—Ya.

—Anda con Lequeitio, el patrón del *Izaro*.   10

Luisón se incorporó a medias en la litera. Dijo:

—Trae un cigarrillo.

Severiano le alargó por encima del hombro el paquete de cigarrillos.

4. **cualquier . . . algo** *he'll have an attack any day*

—En Vitoria nos encontraremos—dijo—con Martiricorena.
Salió a las cinco y media.

Luisón pensó un momento en los compañeros de la carretera: Martiricorena e Iñaqui, Aguirre Bustamante y el gallego
5 Quiroga, Isasmendi y Urreta ...

En el techo de la cabina el humo se coloreaba del reflejo de
las luces de controles. Severiano bajó el cristal de la ventanilla
y el humo huyó, volvió, tornó a huir y se deshizo en un pequeño turbión. Entró un repentino olor de campo mojado.
10 —Pasando Vitoria, escampa. Podré coger velocidad.

—Estuve con Asunción; me dijo que se iba a casar.

—¿Se va a casar? Vaya ... ¿Has mirado cómo vamos de
aceite? ⁵

—Vamos bien ... Con Mariano Osa, ése que le falta un
15 dedo, ése que para en la taberna de Angel.

—No le conozco ... Este motor tiene demasiados kilómetros, tendrán que liquidarlo.

—Ya ... Estaba guapa de verdad. Da pena que se case con
ése ...
20 —Haberle dicho tú algo.⁶

—Taa ... En Madrid hay que repasar el motor; hay que
echarle un buen repaso.

—Tú, Luisón, es que no te das maña con las mujeres. Hay
que decirles de vez en cuando cosas agradables.
25 —¿Para qué?

—Hombre, ¿para qué? ¡Qué cosas!

Un automóvil de turismo les marcó las señales de focos.⁷
Pasó al costado su instantánea galerna.

—Extranjero—dijo Severiano—. A la frontera.
30 Luisón estuvo pensando.

—¿Sabes cuánto se gana en Francia en los camiones fruteros?

—Mucho, supongo.

—Doble por viaje que aquí, primas aparte. Lo sé por los
hermanos de Arbulo***
35 Cruzaron Vitoria. Pasaron bajo un simple, esquemático,

---

5. **¿Has ... aceite?** *Have you checked the oil?*
6. **Haberle ... algo.** *You should have spoken to her.*
7. **les marcó ... focos** *showed in the beams of their headlights*

puente de ferrocarril. Otra vez la carretera. Al sur, Castilla,
en lo oscuro, noche arriba. Hicieron alto en el restaurante de
la gasolinera. Los surtidores esmaltados en rojo, cárdenos a
la luz difusa, friolenta, del mesón, tenían un algo marcial e
infantil, de soldados de plomo.   5
El camión de Martiricorena estaba parado como una roda
de sombras, con el indicador posterior encendido.
Luisón María antes de entrar en el comedor bromeó con
una de las muchachas del mostrador. Las bromas de Luisón
no eran ofensivas, pero resultaban desagradables a las mujeres. 10
Luego pasó al comedor. Martiricorena e Iñaqui habían terminado de cenar. Anchorena estaba sentado con ellos. Iñaqui
se quejaba de fiebre. Dijo a su compañero:
—Vas a tener que conducir tú todo el tiempo. Estoy medio
amodorrado.   15
—Aspirina y leche. Luego coñac. Bien, bien. Se te irá
pasando.
Anchorena había encargado la cena. Luisón saludó a Martiricorena y a Iñaqui. Se enteró de que el último estaba in-
dispuesto.   20
—Tienes que cuidarte, chaval, tienes que cuidarte. Estás
siempre confiado en tu fuerza sin darte cuenta de que un
catarro se lleva a un hombre como un castillo . . .
—Debo tener cuarenta grados.[8]
Martiricorena fumaba un puro con tranquilidad.   25
Si en Burgos no te encuentras mejor yo llevo el camión esta
noche. No te preocupes.
Iñaqui movió la cabeza negativamente.
—Creo que podré conducir un rato.
Luego consultó su reloj de pulsera.   30
—Nos vamos a ir. Hay que ganar tiempo. Vosotros cami-
náis más de prisa.
Anchorena explicó:
—El motor anda algo torpe. No creas que se puede hacer
con ese camión lo que hacíamos antes.   35

---

8. **cuarenta grados** 40 degrees Cen-
tigrade = 104 degrees Fahren-
heit

Iñaqui Aguirre se levantó del asiento. Hinchó el pecho,
estiró los músculos. Movió la cabeza como queriendo sacu-
dirse la fiebre. Dijo:

—Estoy roto, roto, amolao, bien amolao. No debiera haber
5 salido de Pasajes.

Martiricorena resopló tras de beber una copa de coñac al
trago.

—Iñaqui, te echas. Yo llevo el volante.

Iñaqui Aguirre tenía una poderosa constitución de pelotari,
10 el rostro pálido y animado, un hablar casi murmullo. A Martiricorena la barriga se le derramaba sobre la pretina del pantalón mahón, ya casi gris; el pescuezo colorado, el pecho
lampiño y graso, se le veían por la abierta camisa de cuadros.

Luisón María y Anchorena comenzaron a comer. Iñaqui
15 Aguirre al despedirse le dio un golpe en la espalda a Luisón.

—Bueno, hasta Madrid. Estoy deseando llegar para meterme
en la cama.

Empujó a Martiricorena:

—Vámonos, viejo, que estamos los dos buenos.[9]
20 Martiricorena hizo un gesto con la cabeza.

—Agur.

—Agur.

Luisón y Anchorena comían en silencio. Anchorena dijo:

—Si tienen avería mal se van a arreglar. Con Iñaqui así...
25 Desde el comedor oyeron arrancar al camión.

—Yo he conducido con treinta y nueve de fiebre—dijo
Luisón—el invierno pasado. Cuando llevaba el camión de la
Pesquera. Estaba la carretera peor que nunca. Me derramaba
el camión porque estaba desnivelada la carga.[10] Vaya noche.
30 Anchorena llamó a la muchacha del comedor.

—¿Tenéis por ahí algún periódico de hoy?

La muchacha contestó:

—No sé. Miraré a ver***

Cuando la muchacha entró con el periódico bajo el brazo,
35 las manos ocupadas con dos platos de carne, Luisón la miró
fijamente. La muchacha se ruborizó. Dijo:

---

9. **Vámonos . . . buenos.** *Let's go,*   10. **Me   derramaba ... carga.**   *It*
   old man; we're both in fine   *would tip the load and make it*
   shape.   *spill out of the truck.*

—¿Qué estarás pensando, guisajo?***

Luisón María se sonrió. Severiano Anchorena abrió el periódico.

II

En Miranda de Ebro había escampado. Bajaba el río turbio, terroso, rojizo, con un vértigo de remolinos en los que nau- 5
fragaban las luces de las orillas*** En Pancorbo salió la luna al cielo claro y las peñas se ensangrentaron de su luz de planeta moribundo*** El tren pasó como un juguete mecánico en un paisaje inventado***

En la brújula el campo estaba escarchado por el estaño 10
lunar. Ya fantasmeaba la luna yerta. Voló el pájaro sin nido que busca en la noche para posarse en el hito del kilómetro. El ruido del motor mecía el pensamiento del hombre en los umbrales del sueño.

En Quintanapalla, viento afilado. En Rubena, silencio y 15
piedra. En Villafría de Burgos, los fríos del nombre. En Gamonal, un cigarrillo hasta el Arlanzón; hasta la taberna de Salvador, café y copa***

Luisón María se sentó al volante. Puso el camión en marcha. Anchorena se repantigó*** Cruzó un coche que no 20
hizo bien las señales de focos.[11] Luisón se desató en insultos. Estaba enfurecido. Acabó quejándose:

—Luego la culpa es de nosotros. Luego...

Noche plena de Castilla. La luna llevaba el halo del frío. Un campo sin aristas, sin sombras, sin planos. 25

Anchorena se echó en la litera.

—Voy a dormir un rato.

Luisón María no habló.

—Al amanecer me das un aviso.

Anchorena se movió en la litera, pegó la cara a la colchoneta. 30

—Esto huele a diablos.

Luisón María aceleró el motor. Anchorena advirtió:

—Vamos bien de tiempo.

Delante del camión, la carretera tenía el color del álamo blanco. Abría el camión el silencio grave de la Castilla noc- 35

11. **no hizo...focos** *didn't dim its lights*

turna, de la Castilla cristalizada y blanca. Luisón pensaba en
los amigos de la carretera: Iñaqui con fiebre, Martiricorena
con sueño, más allá de Lerma, cercanos tal vez a Aranda de
Duero. La respiración profunda de Severiano llenaba de calma
5 la cabina.
El contador de velocidad marcaba ochenta. Iban por la
llana de Burgos. Luisón pensaba.
Luisón pensaba en el oficio. Frío, calor, daba igual. Dormir
o no dormir, daba igual. Les pagaban para que, con frío y
10 calor, con sueño o sin sueño, estuvieran en la carretera. Mal
oficio. A los cuarenta años, en dos horas de camión, la tiritera.
A los cincuenta, un glorioso arrastre al taller[12] contando con
la suerte. Al taller con los motores deshechos, con las cu-
biertas gastadas, con los chismes de mal arreglo.
15 Disminuyó la velocidad. Volvió un poco la cabeza y Anchorena se arrancó de su duermevela.
—¿Qué?
—No he dicho nada; duerme.
—¿Vamos bien?
20 —Va todo bien.
Anchorena se desperezó en la litera. Dijo:
—No tengo sueño; parece que voy a coger el sueño, pero no
me duermo.
Durmiendo en el camión se notaban los aumentos y dis-
25 minuciones de velocidad, los cambios. Había como un sobresalto acompañado siempre de la misma pregunta.
—¿Qué?
Y la misma, invariable respuesta:
—Todo va bien.
30 Hasta el amanecer apenas se cruzarían con coches. Desde
el amanecer habría que abrir bien los ojos. Coches, tal vez
un poco de niebla, la luz lívida que hace todo indefinido y
confuso . . .
—Estaba pensando—dijo Severiano—en ese asunto de Mar-
35 tiricorena. Yo creo que lo sustituyen antes de fin de año.

12. **un glorioso arrastre al taller**   shows where the dead bulls are
    hauled off to the shop in glory   dragged out.
    The sign **Arrastre** in a bull ring

—Puede que no.

Bajó de la litera y se sentó muy arrimado a la portezuela, apoyando el codo en el reborde de la ventanilla. Dijo:

—Se destempla uno si se echa; es casi mejor aguantar sentado.

Contempló la noche blanca.

—Debe hacer un frío para andar a gatas.

Los ojos de Luisón tenían la misma vacua serenidad y fijeza de los faros del camión. Severiano le miró a la cara. Guardó silencio. Luego preguntó:

—¿En qué piensas, hombre?

—En nada.

Severiano se arrellanó en el asiento, cerró los ojos. La cabeza le hacía una continua y leve afirmación con el movimiento de la marcha.

Pasaron Lerma.

Pasaron Quintanilla, nombre danzarín***

En Aranda, el kilómetro 313.

Severiano y Luisón miraban la carretera fijamente. Entre ellos, por su silencio, pasaba el tiempo. Severiano dijo de pronto:

—En el puerto habrá niebla pegada a la carretera.

—Martiricorena irá ya al pie del puerto.

—Iñaqui estará deseando llegar***

Anchorena calló. Le vencía la modorra de la desocupación de la noche. Había escuchado sus propias palabras como si no fueran suyas.

Habían dejado atrás Milagros, Pardilla, Honrubia, Carabias. Viajaban hacia Fresno de la Fuente. Luisón tenía el pensamiento en blanco. Seguía atentamente el rumor del motor.

De Fresno a Cerezo, cambio de temperatura, cambio de altura, cambio de velocidad. El camión ascendía lentamente hacia los escarpados de Somosierra. La luna, desde Cerezo, regateaba por las cimas. La carretera estaba vendada de una niebla rastrera.

En lo alto de Somosierra no había niebla. El camión, al cambio de velocidad, pareció tomar, hacer acopio de una nueva fuerza.

Anchorena miró hacia el cielo.

—Dentro de poco—dijo—comenzará a amanecer.

Luisón agachó la cabeza sobre el volante. Afirmó:

—Por Buitrago, las claras, seguro.

5   Descendían Somosierra.

III

Canturreaba Luisón. Sonreía Anchorena.

El cielo tomaba ya un color grisáceo, casi imperceptible.

—A las ocho en el catre—dijo Severiano. —En cuanto encerremos, derechito a la cama.

10 —En cuanto encerremos nos tomamos unos orujos y un
café bien caliente, y nuevos.

Repitió Luisón:

—Nuevos, Severiano.

—No me muevo de la cama hasta las seis.

15 —Ya nos amolarán con alguna llamada.

—Pues no me muevo.

—Ya estará Sebastián preparándonos faena.

—Pues la higa a Sebastián. Me quedo hasta las seis.

Anchorena bajaba la cabeza para contemplar el cielo. La
20 tierra estaba en el momento de tomar color; en el incierto y
apresurado roce de la madrugada y el amanecer. Se sentía el
campo a punto de despertar.

Anchorena recogió del suelo de la cabina el periódico infantil. Lo abrió por cualquier página.

25 —Estos tíos—dijo—dibujan bien. ¿Eh, Luisón?

—Hay algunos muy buenos.

—Tienen que ganar mucho. Esto se debe pagar bien. Todos
los chavales compran esta mercancía.

—Los hacen en Barcelona.

30 —Qué cosas tienen los catalanes, ¿eh? Es un buen sacadineros.

Right: Joaquín Sorolla y Bastida, *Ayamonte. Tunnies.* Courtesy of
the Hispanic Society of America, New York.

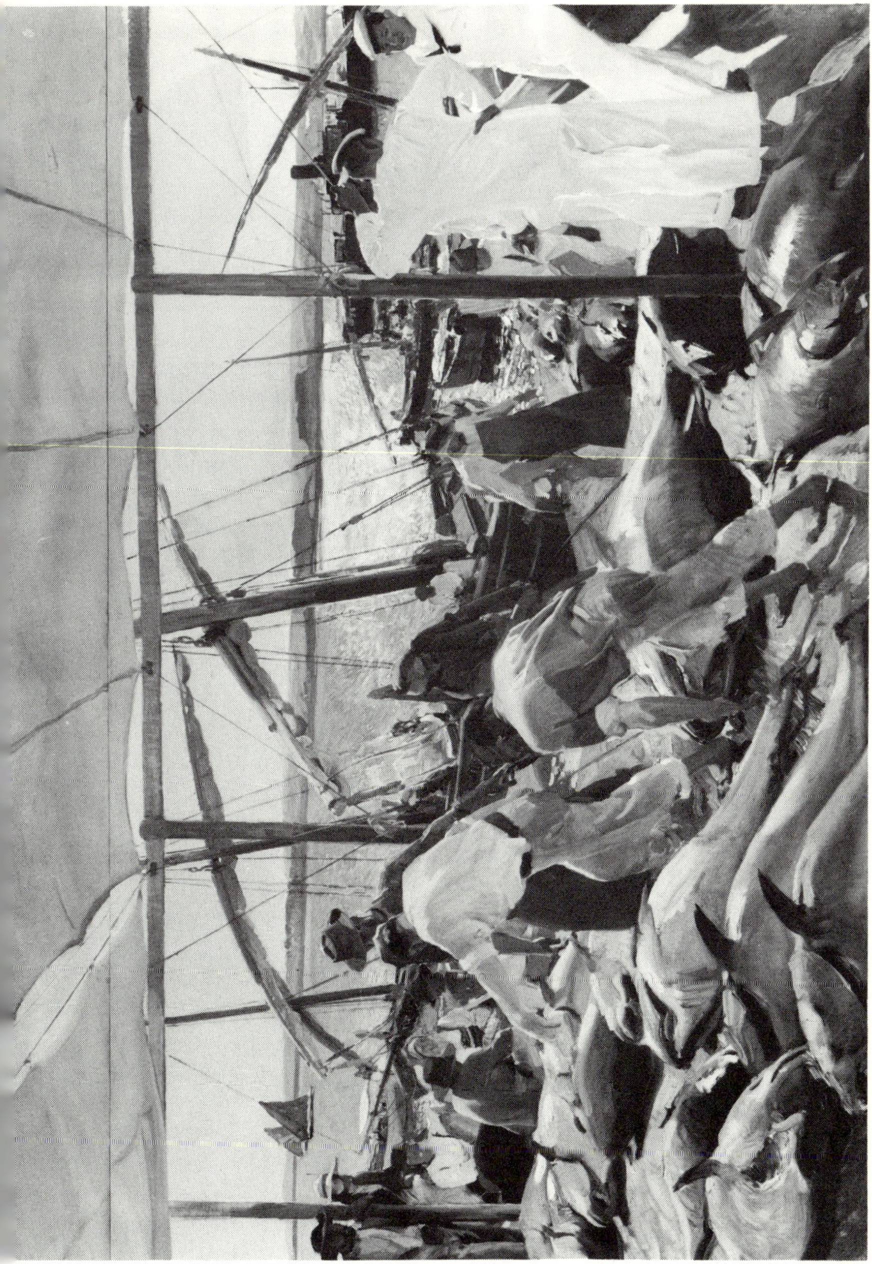

Anchorena curioseaba el periódico.

—Esto tiene gracia. Este chiste de la suegra. Lo voy a guardar para enseñárselo a mi mujer. Tiene gracia...

Por el cielo se extendía un cárdeno color que se iba acla-
5 rando.

Luisón conducía alegremente. Preguntó a Anchorena:

—¿No oyes ese ruido quejado? Hay que echarle esta tarde, a primera hora, una buena ojeada al motor.

—Deben ser los filtros. Ya veremos.

10 Se sucedían las curvas. Luisón tomó una muy cerrada.

—Cuidado—advirtió Anchorena—. Cuidado y vete despacio. Hay tiempo. De Buitrago abajo podemos ganar mucho.

Las luces de controles habían reducido su campo. Apenas eran ya unos botones de luz o unos halos casi inapreciables
15 en torno de las esferas. Luisón apagó los faros.

—Buitrago está en seguida.

Luisón se acomodó en el asiento. Apretó el acelerador. Anchorena gozaba pensando en el chiste que le iba a enseñar a su mujer. Pensaba decirle "Igual que tu madre, Carmen,
20 igual..." Su mujer no se iba a reír. Su mujer iba a decir: "Estás chocholo, Severiano; lo que te faltaba,[13] leer periódicos de críos." Anchorena se iba a reír mucho, mucho.

Embocaron una breve recta. Al fondo, una figura en la mitad de la carretera les hacía indicaciones con las manos.

25 —Un accidente—dijo Anchorena—, seguro.

—Es un guardia—dijo Luisón.

Luisón fue frenando hasta ponerse a la altura del guardia. Anchorena bajó el cristal de la ventanilla. Preguntó:

—¿Qué ha pasado?

30 La voz del guardia le llegaba baja y bronca a Luisón:

—Ahí, en la curva..., un camión volcado... poco sitio para pasar... vayan despacio... hasta que venga la grúa el paso va a ser muy difícil.

Luisón arrancó lentamente. Tomó la curva con precaución.
35 Anchorena abrió la portezuela.

—Para, Luisón, para, que es Martiricorena.

13. **lo...faltaba** *that's all you*
   needed

El camión estaba oblicuo a la línea de la carretera, dejando solamente un estrecho paso. Había chocado contra la tierra del cortado para evitar el terraplén. Gran parte de la carga yacía derramada. Algunas cajas de pescado estaban reventadas. El camión volcado había patinado un trecho sobre la carga. 5 El asfalto brillaba casi fosfórico de la pesca aplastada. Un cabo de la guardia civil hacía plantón junto al desastre.

—Los conductores, ¿dónde están los conductores?—dijo Anchorena.

El guardia fue seco en su contestación.   10

—Al pueblo... Uno muy grave...

Anchorena subió al camión. Balbuceó:

—Uno muy grave. Los han llevado a Buitrago.

Entraron en Buitrago. Pararon en el surtidor de gasolina. En la puerta del bar había tres personas que comenzaron a 15 gritar a un tiempo haciéndoles señas con las manos.

—Para Madrid. Los han llevado para Madrid.

Se acercaron.

—¿Cuándo fue?—preguntó Luisón.

Dijo uno: 20

—Cosa de cuarenta minutos, ¿verdad, tú? Se debieron cruzar.[14]

Intervenía otro:

—Los trajo un turismo..., oímos el ruido..., estábamos preparando...   25

Aclaraba el primero:

—Los han llevado para Madrid. El más viejo parecía grave, ¿verdad, tú? El otro no tenía más que rasguños, el golpe y mucho susto...

Terciaba el último: 30

—Ya llevaba lo suyo...[15] Buena bofetada se han dado... El viejo iba desmayado... con los ojos como de irse acabando... Han tirado con ellos para Madrid...

El primero explicaba:

—Aquí poco se podía hacer.   35

14. **Se debieron cruzar.** *You must have passed it* (the scene of the accident).

15. **Ya... suyo.** *He got plenty.*

Luisón y Anchorena se despidieron.

El camión marchaba a gran velocidad. Luisón apretaba las manos sobre el volante. Las peñas altas se recortaban en el cielo azul gris. Buitrago, oscuro, manchaba de sombra el
5 azogue de los embalses. Buitrago, oscuro, tenía a la puerta de un bar una tertulia.

—Son cosas que tienen que ocurrir. . . Van lanzados . . . y eso tiene que ocurrir . . .

—Mira tú, que esa curva es muy mala, que en esa curva hará
10 dos años, ¿te acuerdas?

—Es que creen que la carretera es para ellos solos, sólo para ellos. Luego ocurren las cosas . . .

Y un silencio.

—Con este frío se anuda uno . . . ¿Vamos para dentro?
15 —Están los amaneceres de invierno. Hay que echarse una copeja.

Uno movió la cabeza cachazudamente:

—Son cosas que tienen que ocurrir . . .

Luisón y Severiano no hablaban. Luisón y Severiano tenían
20 los ojos en la carretera.

Preguntas

1. ¿Cómo presenta lo esencial de la historia el primer párrafo? ¿Asunto? ¿Oficio de los personajes?
2. ¿A cuál de los personajes se presenta primero? ¿De qué se entera el lector por medio de este personaje?
3. ¿Para qué sirven las citas del libro que éste lee? ¿Qué clase de libro es y por qué lo deja luego?
4. ¿Con qué alterna la lectura Luisón?
5. ¿Por qué hace la observación: "Todo iba bien"? ¿En vista de qué circunstancias la hace?
6. ¿Cómo se fija Luisón de pronto en su compañero? ¿Cambia el punto de vista del relato? Ahora, ¿de qué otros hechos se entera el lector?
7. ¿Qué efecto producen las indicaciones geográficas, por ejemplo: "coges el volante en Burgos" . . . "En Vitoria cenarían en las afueras"?
8. ¿Qué revela el diálogo sobre sus compañeros de oficio?

9. ¿De qué otros asuntos hablan? ¿Para qué sirve el diálogo?

10. ¿Con quiénes se encuentran en el restaurante de la gasolinera? ¿Qué le pasa a Iñaqui? ¿Cómo es Martiricorena?

11. ¿A quién le parece que los surtidores de gasolina tienen un algo de soldados de plomo?

12. ¿Qué pequeños detalles prestan calor humano al relato?

13. ¿Cómo se cuenta el trayecto después de la cena? ¿Es el estilo que más conviene a la materia y al propósito del autor? Expliquen con ejemplos.

14. ¿Cuándo cambia de nuevo el punto de vista desde el cual se cuenta la historia?

15. ¿Qué piensa Luisón del oficio?

16. ¿Por qué sigue despertándose Severiano? ¿Qué le preocupa?

17. ¿Cómo ven la carretera de Castilla? ¿Cómo la describen?

18. ¿Qué los hace detenerse de pronto?

19. ¿Se dan cuenta en seguida de lo sucedido? ¿Cómo pasó el accidente? ¿Qué había pasado a los compañeros?

20. Mientras hablan los demás, ¿qué hacen Luisón y Severiano? ¿Por qué?

❧ Balada del Manzanares

Del oeste al sur, largas agujas de nubes de dulzón color
corinto. Del oeste al norte, el templado azul del atardecer. Al
este, las fachadas pálidas, los cavernosos espacios, la fosfórica
negrura de la tormenta y de la noche avanzando. Alta, lejana,
como una blanca playa, la media luna.   5
   De los campos cercanos llega un aire adelgazado, frío, triste.
Los humos de las locomotoras, los humos de la cremación de
las hojas secas, los humildes humos de las chabolas de la ribera
derecha, empañan la cristalina atardecida. Murciélagos revo-
lando el cauce del río chirrían sus gritos, trapean sus alas. La 10
arboleda es un flotante, neblinoso verde. El Manzanares[1] se
tersa y opaca en una larga fibra mate. No cesa, no calla, el
irritante altavoz del último merendero, del merendero del
otoño. Colmena un avión en el cielo del ocaso, verdeamarillo
ya, sobre los cerros negros de la Casa de Campo.[2]   15
   De los talleres caminan los obreros a la ciudad. De los
talleres, una cansada fuerza de río caudal, que se ha de perder
en laberintos urbanos hasta la mañana de la contra-corriente;
la mañana inhóspita, agria, de los talleres . . .
   Faroles de gas. Bajo la vegetal luminosidad de un farol 20
alguien espera. Los faroles hacen más vagos los perfiles del
atardecer, más lejano el permanente *flash* de la media luna,
más profundos los oscuros de la arboleda. Bajo el farol de gas
se acaba la espera.

1. **Manzanares** the river that flows   2. **la Casa de Campo** the park on
   through Madrid   the right bank of the Manzanares

—Hola, Pilar.

—Hola, Manuel.

—¿Vamos, Pilar?

—Vamos, Manuel.

5 —¿Vamos hacia la estación, Pilar?

—Vamos donde tú digas, Manuel.

—¿A tomar un vermut, Pilar?

—Yo, un café con leche, Manuel.

—Tú, un café con leche, Pilar, y yo . . .

10 —Tú, un vermut, Manuel.

—¿En el bar Narcea, Pilar?

—Mejor en Cubero, Manuel.

—En el Narcea es mejor el café, Pilar.

—En Cubero dan más tapa con el vermut, Manuel.

15 —Estás muy guapa, Pilar.

—¿Sí, Manuel?

—Sí, Pilar.

—¿Te gusto, Manuel?

—Sí, Pili.

20 —¡Qué bien, Manolo! Te quiero.

—¿Mucho, Pili?

—Mucho, Manolo. ¿Y tú?

—Mucho, Pili.

El ferroviario Manuel se escalofría. Pregunta:

25 —¿Vamos, Pilar?

—Vamos, Manuel.

A los novios les gusta repetir los nombres; a los jefes les gusta repetir los apellidos. El jefe de la parada de tranvías de la estación del Norte da órdenes. Grita al cobrador del tranvía
30 de Campamento:

—González, cambie el trole; dése prisa . . . González, páseme el estadillo . . . González, ¿me oye?

Grita al conductor del tranvía de Campamento:

—Rodero, cinco minutos de retraso . . . Rodero, que hay que
35 recuperar . . . Rodero, salga en seguida.

Grita al viejo guardavías:

—Muñoz, no se duerma . . . Muñoz, vamos ya . . . Muñoz, ojo al 60.

Los soldados patinan sobre los herrajes de las botas entrando
en el Metro atropelladamente. La cerillera joven se desgañita:
—¡Tíos asquerosos, borricos!
La castañera la apoya:
—Son como salvajes.   5
El ciego mueve la cabeza:
—Cuarenta iguales.
Desde su quiosco, la vendedora de periódicos contempla la
vida aburridamente; contesta a un cliente:
—"Marca"[3] se ha acabado.   10
Pilar y Manuel han pasado el bar del buen café y el bar de
la gran tapa. Entran en Revertito. Tienen que reñir un poco,
deben reñir un poco. Es el amor.
—¿Por qué tienes que estar a las ocho en tu casa, Pilar?
—Te lo he dicho tres veces, Manuel.   15
Manuel se pone flamenco, porque es parte del juego.
—No me vale, Pilar.
Pilar se desespera falsamente, porque sabe que debe hacerlo.
—¡Cómo eres, Manolo!
Manuel hace un silencio. Pilar insiste.   20
—Es que mi madre me ha dicho...
—Tu madre...
—Es que mi madre, hasta que nos casemos, es la que manda.
—Es que puede que no nos casemos.
Pilar hace un silencio; tiene los ojos brillantes. Manuel se   25
crece.
—Es que esto va muy mal y puede que no nos casemos...
Pilar no despega los labios. Continúa Manuel:
—...porque ya estoy harto, ya estoy que no aguanto un
pelo...[4]   30
Pilar fija los ojos en el espejo de detrás del mostrador.
Manuel se pasa de la raya.
—...¡Me vas a decir tú!... Te dejo y me olvido, y se
acaba tanta gaita.
Pilar reacciona. Se yergue orgullosa, digna, superior.   35
—También me estoy cansando yo. Cuando quieras, lo de-

3. **Marca** a popular newspaper,   4. **ya...pelo** *I can't take another*
   well known for its sports news   *thing*

jamos. Cuando quieras, te vas; pero para siempre, nada de volver. Para siempre, ¿lo entiendes?

Manuel encuentra que la mejor manera de quedar bien, de quedar como un hombre, es pedir un vermut más.

5 —Otro vermut.

Pilar taconea, fingiéndose distraída, contemplando la glorieta a través de los ventanales. Manuel procura ser irónico.

—¿Mucha prisa?

El taconeo de Pilar tiene ritmo creciente.

10 —Ya lo sabes.

—Tu madre, ¿verdad?

Pilar hace un gesto; aprieta los labios; luego dice:

—Bueno, ¿vienes o te quedas?

Es de noche. Los nubarrones de la tormenta se han ex-
15 tendido hacia el sur. Manuel lleva la zamarra de cuero abierta, porque siente el sofoco de los vermuts. Pilar camina a su lado, en silencio. Manuel silba.

Es de noche. Los relámpagos se pierden en el llanón. El cambio de troles en la parada fabrica relámpagos. El jefe se
20 distrae hablando con el guardia de la salida de coches de la estación. Una larga fila de soldados espera el tranvía de Campamento. La cerillera joven conversa con un soldado galante.

—Te llevo al cine cuando tú digas.

La cerillera frunce los labios.

25 —Para cines estoy yo.[5]

—Al que tú digas, preciosa.

—Pero, criatura, ¿tú te crees que voy a ir al cine con un biberón como tú? ¡Anda ya! ...

El soldado se desconcierta momentáneamente; se recupera
30 en seguida.

—Chata, que te conozco.

—¿Tú? ¿A mí? ¡Anda ya! ...

Un compañero del soldado galante le grita desde la larga fila del tranvía.

35 —Luis, vente ya, que lo pierdes.

El soldado Luis se encampana en la despedida.

---

5. **Para . . . yo.** *Movies   are   just
what I need right now.*

—Mañana te vengo a buscar, rica.

—¡Que te frían!

—Te llevo al cine o donde tú quieras.

—No tienes tú dinero para llevarme donde yo quiero.

—Hasta mañana, chata.   5

El soldado Luis corre hacia el tranvía. La cerillera joven atiende a un cliente.

—Una peseta son cinco.

—Déme cinco.

Es de noche. Antes de llegar a la glorieta de San Antonio,   10
Manuel compra cacahuetes en el puesto del paisano, que también vende fruta, patatas fritas, pepinillos en vinagre y cordones para los zapatos. Da como gusto pensar lo bien que se debe de estar dentro del puesto del paisano, charlando con la novia, los pies junto a un brasero y comiendo cacahuetes.   15

—¿Quieres, Pili?

Manuel se somete poco a poco. Pilar no contesta.

—Anda, Pili, que los he comprado para ti, porque sé que te gustan.

A Manuel le han enternecido los vermuts.   20

—Anda, no seas tonta, Pili; cómete uno, sólo uno, para que vea que no estás enfadada.

Manuel la coge del brazo. Pilar camina fría, grave.

—Pili, que te quiero.

Hay un silencio.   25

—Anda, Pili, que te pido perdón. ¿Me perdonas?

Pilar concede:

—No tengo que perdonarte nada, Manuel.

—Sí, Pili; me tienes que perdonar. ¿Me perdonas?

—Te perdono, Manuel.   30

La mano de Pilar busca la mano de Manuel. La estrecha fuertemente.

—Es que eres, Manolo... Mira que la gozas haciéndome sufrir...

—Ya está olvidado, ¿verdad, Pili?   35

—Sí que está olvidado, Manolo; pero eres...

—¿Quieres un cacahuete, Pili?

—Sí, Manolo.

—¿Te lo pelo, Pili?

—Como tú quieras, Manolo.

—Pues suéltame la mano, Pili.

Manuel le da los cacahuetes a la boca.

5   —¿Quieres más?

—No, Manolo, que me ahogo.

Por el paseo de la orilla del río las sombras de los árboles forman un túnel. En las aguas del Manzanares navega la media luna fosfórica, titubeante, profunda. En lo lejos,
10 corriente arriba, ladra un perro.

—¿Te ahogarías conmigo, Pili?

—No me importaría si fuéramos los dos. Me ahogaría contigo.

—Pili . . .

15 Manuel hace una pausa.

—Pili, ¿vas a hablar de lo nuestro para pronto? [6]

—Sí, Manolo.

—Nos casaremos antes de Navidad.

—Lo que tú digas, Manolo.

20   El perro sigue ladrando; a la luna, a la oscuridad y al amor. Las nubes han crecido del sur al oeste.

—Vámonos de lo oscuro, Manolo.

El rumor del río se hace pequeño.

—Vámonos de lo oscuro, Manolo.

25   —Pili . . .

—Vámonos, Manolo.

—Vámonos.

En la noche, corriente arriba, el perro ha dejado de ladrar. La luna navega cielo raso tras las nubes. El agua del Manza-
30 nares ya es negra.

6. ¿**vas . . . pronto?** *are you going to ask if we can get married soon?*

Preguntas

1. Comparen el uso de la descripción en los dos cuentos de Aldecoa.
2. ¿Cómo están descritas las afueras de Madrid al atardecer? ¿Qué ruidos se oyen? ¿Qué se huele?

3. ¿Quiénes vuelven a esta hora a la ciudad? ¿Con qué se compara a estos hombres que salen de los talleres?

4. ¿Cómo se resume en pocas palabras la vida del obrero?

5. ¿Quiénes se encuentran bajo el farol de gas? ¿Qué efecto producen estos faroles?

6. ¿Qué sensación produce el encuentro de los novios? ¿Hace mucho tiempo que se encuentran aquí? ¿Tiene que cambiar algo?

7. ¿Cuáles son los pequeños detalles que reproducen el mundo que rodea a los novios?

8. ¿Acerca de qué empiezan a reñir? ¿Es algo nuevo?

9. ¿Cómo se porta Pilar? ¿Cuál de los dos sale ganando? ¿Cómo?

10. ¿Para qué sirve la escena de la cerillera y el soldado?

11. ¿Cómo hacen las paces los novios?

12. ¿Ha cambiado algo en sus relaciones? ¿Cómo se sabe?

13. En el pequeño drama que presenta el cuento, ¿quién lleva la acción? ¿Cómo lo hace? ¿Revela esto algo sobre las costumbres españolas? ¿O sobre las de esta clase?

14. ¿Presenta Aldecoa a estos jóvenes de la clase obrera con objetividad?

15. ¿Qué diferencias hay entre esta pareja y la de "Autobús para cualquier parte"?

16. ¿Deja el cuento la impresión de la realidad observada y vivida? Den ejemplos de cómo se consigue esta impresión.

Ana María Matute

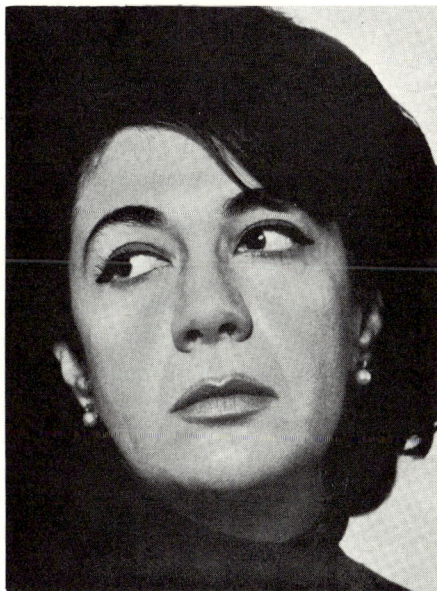

BERNARDINO

ANA MARÍA MATUTE nace en Barcelona, el 26 de julio de 1926.
Desde niña escribe cuentos, y aún conserva uno escrito a los cinco
años. Por razones del negocio de su padre, la familia vivía una
parte del año en Barcelona, y otra en Madrid, pero lo que la
autora recuerda con más intensidad de aquellos años de su niñez

Ana María Matute

son los veranos pasados en la finca que poseía su madre en la Sierra de Cameros, en Castilla la Vieja. De estos recuerdos crea el imaginario lugar de "la Artámila", escena de "Los niños buenos", narración autobiográfica incluida en *Fiesta al noroeste* (1953), y de la colección de cuentos titulada *Cuentos de la Artámila* (1961), de la cual sacamos "Bernardino". En otra obra reciente, *El Río* (1963), la autora recoge una serie de viñetas que evocan aquel paisaje montañoso, y el vivir sencillo y apacible de aquel mundo encantado de su infancia.

El "lugar" tiene una importancia excepcional en estas obras de Ana María Matute. No se trata aquí de color local ni de paisajes pintorescos. Tampoco es el lugar una escena pintada que sirve de telón de foro para la acción o la anécdota. El lugar le sirve a la autora de enfoque para su visión de la vida, expresada a través de los personajes, que están en constante interacción con el fondo vivo que es el lugar. El lector llega a creer que este mundo que se le presenta existe de verdad. Y los personajes son reales, como lo son las pasiones que los mueven. Así, en "Bernardino", los chicos del pueblo, fuertes, resentidos, y crueles, que quieren hacerle daño a Bernardino y divertirse al mismo tiempo, tienen una realidad efectiva. El niño que narra la historia y sus hermanos son llevados por la envidia y la cobardía a presenciar la terrible escena sin intervenir ni defender a la pobre víctima. Sólo el perro sufre con su heroico amo, y, por supuesto, el lector.

El mundo de la niñez, mundo primario y complejo, es una de las más hondas preocupaciones de Ana María Matute, quien lo trata en diversas narraciones, en la colección de breves relatos poemáticos titulada *Los niños tontos* (1956), o en libros para niños, como la encantadora historia, *Paulina, el mundo y las estrellas* (1960). En *Primera memoria* (1959)—novela que obtuvo el Premio Nadal y es el primer tomo de una trilogía, *Los mercaderes*—los personajes principales son niños: la narradora Matia y su primo Borja, perverso adolescente que acusa falsamente al niño pobre, Manuel, logrando que le manden a un reformatorio. Estos niños, que están en una isla lejos de los frentes de la guerra civil, la viven, no obstante, a través de las actitudes hostiles de los mayores, de sus prejuicios y odios, de la lucha a muerte entre hermanos, el problema eterno de Caín y Abel. La autora tenía diez años cuando estalló la guerra, y hablando de sus efectos en una entrevista, decía: "El pequeño mundo de mi infancia burguesa quedó destruido. Yo no sabía por qué. Los niños de mi generación fuimos, fundamentalmente, unos niños asombrados." El asombro y el horror de la guerra civil, y otros diversos aspectos de la contienda, sirven de fondo o asunto a varias obras suyas, a la titulada *En esta tierra* (1955) y a *Los hijos muertos* (1958), que obtuvo, además del Premio de la Crítica, el Premio Nacional de Literatura "Miguel de Cervantes". La guerra española también sirve de punto de partida para el estudio de conflictos y problemas esenciales del hombre occidental en la actualidad, en *Los soldados mueren de noche* (1964)—segundo tomo de la trilogía comenzada con *Primera memoria*—la novela más importante, y la más lograda, hasta el día, de Ana María Matute.

La autora se dio a conocer con una novela, *Los Abel*—publicada en 1948, aunque escrita ya en su primera versión once años antes—pero seguía, al mismo tiempo, dedicada a cuentos. Sobre éstos ha escrito unas páginas profundamente sentidas, "Los cuentos, vagabundos", incluidas en *El tiempo* (1956), de las cuales citamos algunas frases:

> Pocas cosas existen tan cargadas de magia como las palabras de un cuento. Ese cuento breve, lleno de sugerencias, dueño de un extraño poder que arrebata y pone alas hacia mundos donde no existen ni el suelo ni el cielo. Los cuentos representan uno de los aspectos más inolvidables e intensos de la primera infancia. Todos los niños del mundo han escuchado cuentos. Ese cuento que no debe escribirse y lleva de voz en voz paisajes y figuras, movidos más por la imaginación del oyente que por la palabra del narrador.

Ana María Matute recuerda los cuentos que le contara su abuela y quizás contaba los mismos a su hijo. Pero también ha escrito numerosos cuentos, variados en los temas y asuntos y distintos en su técnica y forma. Cada uno de sus cuentos, sin embargo, presenta un pequeño mundo autónomo donde actúan personas vivas, y a veces inolvidables, como Bernardino. Las dotes excepcionales de intuición y de arte expresivo con las que crea a cada uno de los niños de esta historia, además de la tensión dramática con la cual se desarrolla la acción, hacen que logre en "Bernardino" una pequeña obra maestra.

❧ Bernardino

Siempre oímos decir en casa, al abuelo y a todas las personas mayores, que Bernardino era un niño mimado. Bernardino vivía con sus hermanas mayores, Engracia, Felicidad y Herminia, en "Los Lúpulos", una casa grande, rodeada de tierras de labranza y de un hermoso jardín, con árboles viejos agrupados formando un diminuto bosque, en la parte lindante con el río. La finca se hallaba en las afueras del pueblo, y, como nuestra casa, cerca de los grandes bosques comunales.

Alguna vez, el abuelo nos llevaba a "Los Lúpulos", en la pequeña tartana, y, aunque el camino era bonito por la carretera antigua, entre castaños y álamos, bordeando el río, las tardes en aquella casa no nos atraían. Las hermanas de Bernardino eran unas mujeres altas, fuertes y muy morenas. Vestían a la moda antigua—habíamos visto mujeres vestidas como ellas en el álbum de fotografías del abuelo—y se peinaban con moños levantados, como roscas de azúcar, en lo alto de la cabeza. Nos parecía extraño que un niño de nuestra edad tuviera hermanas que parecían tías, por lo menos. El abuelo nos dijo:

—Es que la madre de Bernardino no es la misma madre de sus hermanas. El nació del segundo matrimonio de su padre, muchos años después.

Esto nos armó aún más confusión. Bernardino, para nosotros, seguía siendo un ser extraño, distinto. Las tardes que nos llevaban a "Los Lúpulos" nos vestían incómodamente, casi

197

como en la ciudad, y debíamos jugar a juegos necios y pesados, que no nos divertían en absoluto. Se nos prohibía bajar al río, descalzarnos y subir a los árboles. Todo esto parecía tener una sola explicación para nosotros:

5   —Bernardino es un niño mimado—nos decíamos. Y no comentábamos nada más.

Bernardino era muy delgado, con la cabeza redonda y rubia. Iba peinado con un flequillo ralo, sobre sus ojos de color pardo, fijos y huecos, como si fueran de cristal. A pesar de 10 vivir en el campo, estaba pálido, y también vestía de un modo un tanto insólito. Era muy callado, y casi siempre tenía un aire entre asombrado y receloso, que resultaba molesto. Acabábamos jugando por nuestra cuenta y prescindiendo de él, a pesar de comprender que eso era bastante incorrecto. Si 15 alguna vez nos lo reprochó el abuelo, mi hermano mayor decía:

—Ese chico mimado... No se puede contar con él.

Verdaderamente no creo que entonces supiéramos bien lo que quería decir estar mimado. En todo caso, no nos atraía, 20 pensando en la vida que llevaba Bernardino. Jamás salía de "Los Lúpulos" como no fuera acompañado por sus hermanas. Acudía a la misa o paseaba con ellas por el campo, siempre muy seriecito y apacible.

Los chicos del pueblo y los de las minas lo tenían atra-25 vesado.[1] Un día, Mariano Alborada, el hijo de un capataz, que pescaba con nosotros en el río a las horas de la siesta, nos dijo:

—A ese Bernardino le vamos a armar una.

—¿Qué cosa?—dijo mi hermano, que era el que mejor en-30 tendía el lenguaje de los chicos del pueblo.

—Ya veremos—dijo Mariano, sonriendo despacio—. Algo bueno se nos presentará un día, digo yo. Se la vamos a armar. Están ya en eso Lucas Amador, Gracianín y el Buque... ¿Queréis vosotros?

35   Mi hermano se puso colorado hasta las orejas:

1. **lo tenían atravesado** *had it in*
   for him

—No sé—dijo—. ¿Qué va a ser?

—Lo que se presente—contestó Mariano, mientras sacudía el agua de sus alpargatas, golpeándolas contra la roca—. Se presentará, ya veréis.

Sí: se presentó. Claro que a nosotros nos cogió desPreveni- 5 dos, y la verdad es que fuimos bastante cobardes cuando llegó la ocasión. Nosotros no odiamos a Bernardino, pero no queríamos perder la amistad con los de la aldea, entre otras cosas porque hubieran hecho llegar a oídos del abuelo andanzas que no deseábamos que conociera. Por otra parte, las escapadas 10 con los de la aldea eran una de las cosas más atractivas de la vida en las montañas.

Bernardino tenía un perro que se llamaba "Chu". El perro debía de querer mucho a Bernardino, porque siempre le seguía saltando y moviendo su rabito blanco. El nombre de "Chu" 15 venía probablemente de Chucho, pues el abuelo decía que era un perro sin raza y que maldita la gracia que tenía.[2] Sin embargo, nosotros le encontrábamos mil, por lo inteligente y simpático que era. Seguía nuestros juegos con mucho tacto y se hacía querer en seguida.   20

—Ese Bernardino es un pez—decía mi hermano—. No le da a "Chu" ni una palmada en la cabeza. ¡No sé cómo "Chu" le quiere tanto! Ojalá que "Chu" fuera mío...

A "Chu" le adorábamos todos, y confieso que alguna vez, con muy mala intención, al salir de "Los Lúpulos" intentamos 25 atraerlo con pedazos de pastel o terrones de azúcar, por ver si se venía con nosotros. Pero no: en el último momento "Chu" nos dejaba con un palmo de narices,[3] y se volvía saltando hacia su inexpresivo amito, que le esperaba quieto, mirándonos con sus redondos ojos de vidrio amarillo.   30

—Ese pavo...—decía mi hermano pequeño—. Vaya un pavo ese...

Y, la verdad, a qué negarlo, nos roía la envidia.

Una tarde en que mi abuelo nos llevó a "Los Lúpulos" encontramos a Bernardino raramente inquieto.   35

2. **maldita...tenía** *he didn't have   3. **nos...narices** *would disappoint
   a single good point*   us*

—No encuentro a "Chu"—nos dijo—. Se ha perdido, o alguien me lo ha quitado. En toda la mañana y en toda la tarde que no lo encuentro.

—¿Lo saben tus hermanas?—le preguntamos.

5 —No—dijo Bernardino—. No quiero que se enteren...

Al decir esto último se puso algo colorado. Mi hermano pareció sentirlo mucho más que él.

—Vamos a buscarlo—le dijo—. Vente con nosotros, y ya verás como lo encontraremos.

10 —¿A dónde?—dijo Bernardino—. Ya he recorrido toda la finca...

—Pues afuera—contestó mi hermano—. Vente por el otro lado del muro y bajaremos al río... Luego, podemos ir hacia el bosque... En fin, buscarlo. ¡En alguna parte estará!

15 Bernardino dudó un momento. Le estaba terminantemente prohibido atravesar el muro que cercaba "Los Lúpulos", y nunca lo hacía. Sin embargo, movió afirmativamente la cabeza.

Nos escapamos por el lado de la chopera, donde el muro era 20 más bajo. A Bernardino le costó saltarlo, y tuvimos que ayudarle, lo que me pareció que le humillaba un poco, porque era muy orgulloso.

Recorrimos el borde del terraplén y luego bajamos al río. Todo el rato íbamos llamando a "Chu", y Bernardino nos 25 seguía, silbando de cuando en cuando. Pero no lo encontramos.

Ibamos ya a regresar, desolados y silenciosos, cuando nos llamó una voz, desde el caminillo del bosque:

—¡Eh, tropa!...

30 Levantamos la cabeza y vimos a Mariano Alborada. Detrás de él estaban Buque y Gracianín. Todos llevaban juncos en la mano y sonreían de aquel modo suyo, tan especial. Ellos sólo sonreían cuando pensaban algo malo.

Mi hermano dijo:

35 —¿Habéis visto a "Chu"?

Mariano asintió con la cabeza:

—Sí, lo hemos visto. ¿Queréis venir?

Bernardino avanzó, esta vez delante de nosotros. Era extraño: de pronto parecía haber perdido su timidez.

—¿Dónde está "Chu"?—dijo. Su voz sonó clara y firme.

Mariano y los otros echaron a correr, con un trotecillo menudo, por el camino. Nosotros le seguimos, también corriendo. 5
Primero que ninguno iba Bernardino.

Efectivamente: ellos tenían a "Chu". Ya a la entrada del bosque vimos el humo de una fogata, y el corazón nos empezó a latir muy fuerte.

Habían atado a "Chu" por las patas traseras y le habían 10
arrollado una cuerda al cuello, con un nudo corredizo. Un escalofrío nos recorrió: ya sabíamos lo que hacían los de la aldea con los perros sarnosos y vagabundos. Bernardino se paró en seco, y "Chu" empezó a aullar, tristemente. Pero sus aullidos no llegaban a "Los Lúpulos". Habían elegido un 15
buen lugar.

—Ahí tienes a "Chu", Bernardino—dijo Mariano—. Le vamos a dar *de veras*.

Bernardino seguía quieto, como de piedra. Mi hermano, entonces, avanzó hacia Mariano. 20

—¡Suelta al perro!—le dijo—. ¡Lo sueltas o ...!

—Tú, quieto—dijo Mariano, con el junco levantado como un látigo—. A vosotros no os da vela nadie en esto ...[4] ¡Como digáis una palabra voy a contarle a vuestro abuelo lo del huerto de Manuel el Negro! 25

Mi hermano retrocedió, encarnado. También yo noté un gran sofoco, pero me mordí los labios. Mi hermano pequeño empezó a roerse las uñas.

—Si nos das algo que nos guste—dijo Mariano te devolvemos a "Chu". 30

—¿Qué queréis?—dijo Bernardino. Estaba plantado delante, con la cabeza levantada, como sin miedo. No había temor en su voz.

Mariano y Buque se miraron con malicia.

—Dineros—dijo Buque. 35

4. **A vosotros ... esto.** *This is none of your business.*

Bernardino contestó:

—No tengo dinero.

Mariano cuchicheó con sus amigos, y se volvió a él:

—Bueno, por cosa que lo valga ...

5   Bernardino estuvo un momento pensativo. Luego se desabrochó la blusa y se desprendió la medalla de oro. Se la dio. De momento, Mariano y los otros se quedaron como sorprendidos. Le quitaron la medalla y la examinaron.

—¡Esto no!—dijo Mariano—. Luego nos la encuentran y ...

10   ¡Eres tú un mal bicho! ¿Sabes? ¡Un mal bicho!

De pronto, les vimos furiosos. Sí; se pusieron furiosos y seguían cuchicheando. Yo veía la vena que se le hinchaba en la frente a Mariano Alborada, como cuando su padre le apaleaba por algo.

15   —No queremos tus dineros—dijo Mariano—. Guárdate tu dinero y todo lo tuyo ... ¡Ni eres hombre ni *ná!*

Bernardino seguía quieto. Mariano le tiró la medalla a la cara. Le miraba con ojos fijos y brillantes, llenos de cólera. Al fin, dijo:

20   —Si te dejas dar *de veras* tú, en vez del chucho ...

Todos miramos a Bernardino, asustados.

—No ...—dijo mi hermano.

Pero Mariano nos gritó:

—¡Vosotros a callar, o lo vais a sentir ...! ¿Qué os va en
25 esto?[5] ¿Qué os va ...?

Fuimos cobardes y nos apiñamos los tres juntos a un roble. Sentí un sudor frío en las palmas de las manos. Pero Bernardino no cambió de cara. ("Ese pez ...", que decía mi hermano.) Contestó:

30   —Está bien. Dadme *de veras.*

Mariano le miró de reojo, y por un momento nos pareció asustado. Pero en seguida dijo:

—¡Hala, Buque ...!

Se le tiraron encima y le quitaron la blusa. La carne de
35 Bernardino era pálida, amarillenta, y se le marcaban mucho

---

5. **¿Qué ... esto?** *What have you
got to do with this?*

las costillas. Se dejó hacer, quieto y flemático. Buque le sujetó
las manos a la espalda, y Mariano dijo:

—Empieza tú, Gracianín.

Gracianín tiró el junco al suelo y echó a correr, lo que en-
fureció más a Mariano. Rabioso, levantó el junco y dio *de*   5
veras a Bernardino, hasta que se cansó.

A cada golpe mis hermanos y yo sentimos una vergüenza
mayor. Oíamos los aullidos de "Chu" y veíamos sus ojos,
redondos como ciruelas, llenos de un fuego dulce y dolorido
que nos hacía mucho daño. Bernardino, en cambio, cosa ex-   10
traña, parecía no sentir el menor dolor. Seguía quieto, zaran-
deado solamente por los golpes, con su media sonrisa fija y
bien educada en la cara. También sus ojos seguían impávidos,
indiferentes. ("Ese pez", "Ese pavo", sonaba en mis oídos.)

Cuando brotó la primera gota de sangre Mariano se quedó   15
con el mimbre levantado. Luego vimos que se ponía muy
pálido. Buque soltó las manos de Bernardino, que no le ofrecía
ninguna resistencia, y se lanzó cuesta abajo, como un rayo.

Mariano miró de frente a Bernardino.

—Puerco—le dijo—. Puerco.   20

Tiró el junco con rabia y se alejó, más aprisa de lo que
hubiera deseado.

Bernardino se acercó a "Chu". A pesar de las marcas del
junco, que se inflamaban en su espalda, sus brazos y su pecho,
parecía inmune, tranquilo y altivo, como siempre. Lentamente   25
desató a "Chu", que se lanzó a lamerle la cara, con aullidos
que partían el alma.[6] Luego, Bernardino nos miró. No olvi-
daré nunca la transparencia hueca fija en sus ojos de color de
miel. Se alejó despacio por el caminillo, seguido de los saltos
y los aullidos entusiastas de "Chu". Ni siquiera recogió su   30
medalla. Se iba sosegado y tranquilo, como siempre.

Sólo cuando desapareció nos atrevimos a decir algo. Mi
hermano recogió la medalla del suelo, que brillaba contra la
tierra.

—Vamos a devolvérsela—dijo.   35

6. **con aullidos**... **alma** *with heart-*
rending cries

Y aunque deseábamos retardar el momento de verle de nuevo, volvimos a "Los Lúpulos".

Estábamos ya llegando al muro, cuando un ruido nos paró en seco. Mi hermano mayor avanzó hacia los mimbres verdes
5 del río. Le seguimos, procurando no hacer ruido.

Echado boca abajo, medio oculto entre los mimbres, Bernardino lloraba desesperadamente, abrazado a su perro.

Preguntas

1. ¿Quién es el narrador de esta historia? ¿Cómo la narra? ¿Fue testigo de la acción principal? ¿Tomó parte en ella?

2. ¿Cómo vemos a Bernardino? ¿Lo presenta imparcialmente la autora?

3. ¿Por qué les parece extraño a los demás chicos?

4. ¿Por qué no les gustaba al narrador y a sus hermanos ir a "Los Lúpulos"?

5. ¿Por qué no jugaban con Bernardino las tardes que iban?

6. ¿Qué significaba para los chicos la palabra "mimado" que las personas mayores empleaban cuando hablaban de Bernardino?

7. ¿Qué tenía de extraño el aspecto físico de Bernardino? ¿Era esto o su manera de ser lo que molestaba a los chicos?

8. ¿Por qué le tenían atravesado los chicos del pueblo? ¿Por qué querían armarle una? ¿Cuál es la actitud del chico que cuenta la historia y la de sus hermanos?

9. ¿Quién es el gran amigo de Bernardino? ¿Le ayuda a atraer la simpatía de los chicos?

10. El día que desaparece "Chu", ¿adónde le van a buscar?

11. ¿Cómo le encuentran? ¿Qué temen?

12. ¿Cómo los recibe el perro? ¿Parece sufrir mucho Bernardino? ¿Quién parece sentirlo más?

13. ¿A qué condición están dispuestos a soltar al perro los chicos del pueblo? ¿Qué piden primero a Bernardino?

14. ¿Por qué se enfurecen con lo que él les da?

15. ¿Qué acaban por exigirle a Bernardino? ¿Qué efecto produce esto en el lector?

16. ¿Cómo resiste Bernardino los golpes?

17. ¿Cómo reaccionan el niño-narrador y sus hermanos?

18. ¿Cuándo le dejan por fin a Bernardino los chicos del pueblo? ¿Se van ellos contentos?

19. ¿Cómo se reúne Bernardino con "Chu"? ¿Cómo mira al niño-narrador y a sus hermanos? ¿Qué hacen éstos?

20. ¿Cuál es el tema de este cuento?

21. ¿Es éste únicamente un cuento de niños? ¿Qué significación tiene más allá del incidente contado?

22. ¿De qué clase social es Bernardino? ¿Le tenían atravesado los chicos del pueblo por motivos sociales? ¿O les molesta su manera de ser individual?

23. ¿De dónde les viene esta intolerancia ciega y brutal a los niños? ¿Tiene remedio, según lo que se saca de este cuento?

24. ¿Conmueve más la historia contada por un narrador-testigo? ¿Por qué?

25. ¿Se siente cada lector partícipe, hasta cierto punto, del "crimen"?

Jesús Fernández Santos
UNA FIESTA

JESÚS FERNÁNDEZ SANTOS nació en 1926, en Madrid. Estudiando allí, en la Facultad de Filosofía y Letras, empezaba a interesarse por el teatro, y dirigió el primer teatro de ensayo universitario. Hoy día, además de novelista y cuentista, es director cinematográfico y autor de documentales. Se percibe la actitud impersonal de la película documental en algunas de sus obras, por

Jesús Fernández Santos

ejemplo, en *Los bravos* (1954), la novela que le dio a conocer, que presenta la vida monótona de un pueblo de la montaña leonesa durante un verano; es un pueblo pobre y aislado donde no pasa nunca nada. Ha publicado otra novela, *En la hoguera* (1956), y un libro de cuentos titulado *Cabeza rapada* (1958). Algunos de éstos están escritos en el mismo estilo objetivo que las novelas, por ejemplo, la narración "Este verano", que reproduce la vida aburrida en un pequeño pueblo del campo. Pero otros varían en el tono y en la técnica, como "Una fiesta", donde unos chicos, jugando a personas grandes, imitan a sus padres organizando su propia fiesta de la siega. La acción contrapunteada entre los padres que cantan y beben en la cantina y los chicos empinando la garrafa de vino a orillas del río, es viva y entretenida. En pocas páginas, el autor consigue una rápida sucesión de escenas que recuerda la técnica del cine. El cuento está además escrito con un humor nada frecuente en la narrativa contemporánea española. Fernández Santos, como Aldecoa, presenta a hombres del pueblo, labradores, pastores, mineros, pero en este cuento no los presenta en su trabajo, sino en una fiesta celebrando el fin del largo y duro trabajo que significa la cosecha.

✳ Una fiesta

Las voces de los hombres llegaban hasta más allá del río, cruzando la carretera. Con la cosecha en casa, celebraban en la cantina el final de las eras. Desde las ventanas empañadas por el polvo, entre las rendijas de la agrietada puerta, los chicos miraban a los padres cantar ý bailar al rítmico son de ₅ las botellas. Hasta los pastores bajaron de los puertos para la matanza del gallo, y el presidente no olvidó llamar a los dos jóvenes y únicos peones de la mina carbonera en las afueras del pueblo. Uno de éstos, llamado Chana, ahuecó el pecho y gritó: ₁₀

—¡Que canten ahora los de la tierra del corcho!

Y el más joven de los pastores, afinando la voz, entonó unas alegrías. Fuera, los chicos reían, pero los padres, en la penumbra cálida iluminada por la luz del carburo, seguían con cuidado, como en un rito, cada uno de los furtivos registros del ₁₅ cantor. Al final hubo un silencio que rompió el presidente exclamando:

—¡Así cantes igual, dentro de cien años, en el cielo!

—¡Eres más grande que Romanones! [1]—gritó otro.

Y los chicos, en la noche, volvieron a reír. También ellos ₂₀ habían trabajado como los hombres durante todo el estío, y vestían, heredados, sus viejos trajes; las chaquetas largas hasta media pierna, sus astrosos pantalones. Los cuerpos, los rostros

1. The Count of **Romanones** (1863-   was three times prime minister
1950), a rich and powerful man,   of Spain.

infantiles estaban quemados por el sol de la siega, y sus labios cortados por el hálito caliginoso que hace madurar las mieses a finales de julio.

Si los mayores mataban el gallo al concluir el pan, ellos también tenían derecho a organizar su pequeña fiesta y, de mutuo acuerdo, robaron una de las garrafas que, ya mediada, aguardaba su suerte en el corral de la cantina.

Los hombres salían de cuando en cuando a llenar los jarrillos que traían en la mano, y fue preciso esperar, para en uno de los intervalos llevarse el vino.

—Ahora; agárrala ahora.

Las voces arreciaban. Todos los hombres, los padres, los pastores, los mineros, cantan a pleno pulmón, a coro, y sus gritos debían tener en vela al pueblo entero.

—Cógela, que salen.

Se decidieron en el momento en que la puerta se abría, iluminando con su halo de luz las tapias del corral. Sin embargo, Chana no los vio y con paso vacilante fue tanteando las otras garrafas mientras los chicos huían con la suya, en las tinieblas.

Una ráfaga cálida hinchó las camisas, acariciando sus pechos, arrastrando el eco de su apresurada carrera lejos, más allá del pueblo solitario. La luna se cernía inmóvil, en un cielo amarillento, sin estrellas, contemplándoles cruzar el río sobre las piedras, mojándose los pies en la crecida de la madrugada. Brillaba el agua, y uno a uno los sapos de la ribera fueron enmudeciendo, mas cuando el último de los chicos pisó el césped del otro lado, llegó por la carretera un rumor de cascos que les hizo tenderse en la cuneta, bien pegados al suelo.

—Son los guardias.

—No son. Vienen de arriba. Además traen caballos.

—¿Y qué? Los de Asturias los tienen.

—¡Qué van a tener! [2]

—Son asturianos.

Eran tres asturianas sobre caballos zainos. Dos de ellas charlando en alta voz y la tercera descabezando un sueño sobre el

---

2. **¡Qué . . . tener!** *How are they going to have horses!*

aparejo. También los animales parecían dormir, con sus abultados párpados a medio caer, trotando al borde mismo del camino. Cruzaron rumbo a la cantina, y los chicos se alzaron, viéndoles alejarse. En la cantina, la juerga había cesado y ahora se alzaba un rumor de voces agrias y violentas.   5
Los chicos formaron, en torno a Antonio, el mayor, un círculo apretado y medroso.

—Ya lo saben, ya se dieron cuenta.

—¿Qué hacemos?—preguntó uno, mirando con prevención a la garrafa—, ¿devolverla?   10

—¿Quieres llevarla tú?—respondió Antonio—. ¿Quieres?
Pero el que había hablado no quería, ni ninguno de los otros.

—¡Si me ve mi padre llegar con el vino! ¡Menudas chispas tiene! ³   15

Un farol se encendió. Tras mucho ir y venir salió a la carretera alumbrando al confuso grupo de hombres que le seguían. Las voces se hacían más claras, y los chicos, vadeando el río de nuevo, quedaron al abrigo del puente, entre las matas de sangoneas. El arco de piedra recogía netamente las pala- 20
bras de los que venían acercándose y a medida que temblaban los fugitivos, entre los mimbres las iban reconociendo.

—Ese es mi padre.

—Y el mío viene también—musitó Antonio.

—Y mi tío. Traen las correas en la mano.   25

—¿Qué correas?

—Los cintos. Asómate y ya verás.

Los hombres llegaron, deteniéndose en el puente, casi sobre sus cabezas. Hablaban de dar un escarmiento. A veces, cuando las lenguas se atascaban, otro intervenía y un conato de disputa 30
estallaba, abortada al punto por una voz que no se cansaba de repetir:

—¡Hay que encontrarlos! Se les busca . . .⁴

Sin embargo los de la mina estaban en contra y hacían causa común con los pastores que querían continuar la juerga 35
por las casas del pueblo.

3. **¡Menudas . . . tiene!** *He has an*   4. **Se les busca.** *We've got to look*
awful temper!   *for them.*

—Hay coñac para todos. ¿Quién piensa en críos, ahora?

—Nada de coñac. Hay que enseñarlos. Hay que cogerlos. Aunque esté mi hijo entre ellos. Con ésta—el chasquido de la correa estremeció a Antonio, abajo—le voy a enseñar esta
5 noche a tener respeto a los hombres.

—Así anda el mundo.

—Así anda todo.

Pero los mineros, más tranquilos a pesar del vino, insistían:

—Si les dio para esconderse[5] ya puedes traer faroles para
10 buscarles.

—Tú calla, que no es tu hijo el que lo ha hecho.

—Aunque lo fuera. Cosas de críos.

—Se les coge . . .[6]

—Calla ya, hombre, calla ya.

15 Pero la voz machacona continuó insistiendo a solas, aun después que los otros se hubieron alejado. Algo debió moverse abajo, entre las sangoneas, cerca del agua, porque de pronto cambió de tema, amenazando a los chicos con echar sobre ellos todas las piedras sueltas en el pretil del puente. La primera
20 cayó en el río con seco chasquido, alzando una onda que se deshizo al estrellarse contra la basa del arco. Los compañeros de Antonio tiritaban bajo la fina llovizna que se abatió sobre ellos de rechazo. Maldecían a media voz, insultando al hombre que desde arriba los mantenía quietos en la ribera sin poder
25 moverse, sin toser siquiera para no delatarse.

Sin embargo, tras la primera piedra, ninguna otra siguió. Inesperadamente arriba se hizo el silencio.

—Se debe haber dormido.

—¿Lo[7] echamos al agua?

30 —Vámonos. Vámonos antes que vuelvan.

Iban siguiendo el curso del río en silencio, huyendo de las voces que ahora sonaban por todo el pueblo.

En la fragua, sentados sobre el chasis de un viejo camión, fueron pasándose la media garrafa. Era un vino negro que

---

5. **Si . . . esconderse** *If they took it*   7. **Lo** the wine
   into their heads to hide
6. **Se les coge.** *We've got to catch*
   them.

Bartolomé Esteban Murillo, *Urchin*. Reproduced by Courtesy of the Trustees, The National Gallery, London.

rascaba el paladar. Uno de los chicos no bebía. Sacó una
galleta del bolsillo y comenzó a roerla con placidez. Los otros
le gritaban:

—¡Anda, bebe!

5 —Vaya tío . . .

Con los mayores lejos, olvidaban ya la fugaz persecución,
bebían apresuradamente sosteniendo el vino en sus manos
callosas que temblaban ya un poco como las de sus padres.
Frente al portal de la fragua, las ramas de un castaño crecían
10 tumbadas oblicuamente sobre el agua. A veces una hoja pi-
cuda, dentada, se desprendía hundiéndose con breve giro en
la corriente. Alguien propuso bañarse y todos se desnudaron,
pero el primero que entró en el agua salió bufando, amoratado.
Fue preciso encender una hoguera y echarle encima las chaque-
15 tas, toda la ropa de los otros.

Antonio miraba el río ante sí. El verdín de las lávanas on-
dulaba en el fondo. Parecía las oscuras manos del agua. Y el
agua reflejaba, al resplandor del fuego, las escuálidas siluetas
de los muchachos en calzoncillos, saltando sobre el césped.
20 Un especial frenesí parecía embargarles, una gran prisa por
apurar su júbilo antes del alba, antes de que el día siguiente
les sorprendiera trabajando, tras aquel paréntesis festivo.

Uno de los pequeños, abandonando la hoguera, se acercó a
Antonio.

25 —¡Cómo baja el río!—exclamó jadeante, como si también
él lo viera por primera vez, y antes de que Antonio hallara
en su imaginación algo que contestarle, confesó:—Me estoy
poniendo malo.

—Es el vino.

30 —Será. Además tengo frío.

—¿Por qué no te vistes?

—Es que tiene la ropa ése—. Señaló al que temblaba bajo
las chaquetas, junto a la hoguera, y como para olvidar su
propia tiritona miró de nuevo el limo del fondo.

35 —¿Qué es?

—¿Eso? Nada . . . el agua que lo hace.

Tiraron a la corriente la garrafa vacía, viéndola hundirse y

reaparecer al punto, perdiéndose en la oscuridad, río abajo,
como un barco escorado.

Todos sentían un sueño pesado, el sueño del vino, y allí
mismo, en la orilla, se tumbaron, tosiendo muchas veces por la
humedad del césped. Cruzaban sobre sus cabezas nubes más 5
blancas que la luna, tan bajas que dejaban flecos de bruma
en las cumbres de los montes. Los muchachos, cara al cielo,
miraban, más allá de las estrellas, las constelaciones compli-
cadas que ahora no veían pero que en las negras noches de
diciembre habían aprendido a distinguir, y Antonio se pre- 10
guntaba si, como la maestra decía, había un mundo en cada
uno de aquellos relámpagos de luz que cada noche se en-
cendían, con sus árboles, su río y sus muchachos trabajando
todo el verano del alba a la noche, sin un solo día de respiro.

Amaneciendo despertó. Los compañeros se habían ido poco 15
a poco retirando. Ante él, una borrosa silueta cuya voz re-
conoció, dijo:

—Anda, levántate.

—¿Qué pasa?

—Que vayas a acostarte.   20

Las piernas le dolían, envaradas, entumecidas.

—Tienes que acostarte—repitió el padre—, si no, mañana
no vas a tirar del cuerpo.

—Será hoy . . .

—Hoy.   25

Y los dos, serios, casi desconocidos de nuevo el uno para el
otro, marcharon despacio, en la luz amarillenta de la mañana,
rumbo a casa.

Preguntas

1. ¿Es estampa o cuento "Una fiesta"? ¿Por qué?
2. ¿Se nota en esta historia el método documental? ¿En qué? ¿Es
   imparcial y objetivo el autor?
3. Enumeren la serie de escenas. ¿Qué efecto produce su rápida
   sucesión?

4. ¿Se trata aquí de un pueblo particular? ¿Se describe un paisaje? ¿Se parecen en algo este pueblo y el que presenta Delibes en "La cucaña"?

5. ¿En qué es distinta la visión de la vida de pueblo que presentan Delibes y Fernández Santos?

6. ¿Se parecen los chicos de "Una fiesta" a los chicos del pueblo de "Bernardino"? ¿Presenta Ana María Matute otra visión distinta de la vida de pueblo?

7. ¿Se trata aquí de una fiesta especial? ¿Cómo la celebran los hombres? ¿Qué importancia tiene?

8. ¿Por qué se sentían los chicos con el derecho de organizar su propia fiesta?

9. ¿Qué se les ocurre a ellos para celebrar el fin del trabajo? ¿Por qué no se les ocurre otra cosa? ¿Qué señala el autor con esto?

10. ¿Cómo llevan a cabo su proyecto los chicos? Cuando oyen las voces violentas, ¿dónde se esconden?

11. ¿En qué consiste lo dramático de la escena siguiente en la que los padres van buscando a sus hijos?

12. ¿Dónde y cómo celebran por fin su fiesta los chicos? ¿Tiene esta escena algo de patético? ¿En qué consiste?

13. ¿Cuántos son los chicos y qué años tienen más o menos? ¿Se entienden bien? ¿Qué tal lo pasan en su fiesta improvisada? ¿Cómo termina ésta?

14. ¿Qué efecto produce la última escena? ¿Qué ha cambiado para siempre? ¿Cuál es la actitud del padre de Antonio?

Mario Lacruz

LA COMUNIDAD

MARIO LACRUZ nace en Barcelona en 1929. Es, pues, de la generación de los escritores que acabamos de estudiar—Aldecoa, Matute, Fernández Santos. Sin embargo, tiene poco en común con ellos, fuera de su auténtica vocación de escritor. Abandonó sus* estudios de Derecho para dedicarse a escribir, y se ha forjado un estilo propio. Ha dicho que él no se siente ligado a su genera-

Mario Lacruz and child.

ción ni a ninguna otra, y el caso es que escribe novelas psicológicas que a veces recuerdan a Proust[1] o a 'Azorín'. Le interesa sobre todo estudiar los estados psicológicos que están al borde de lo anormal. Los protagonistas son seres humanos complejos, que revelan su estado de ánimo por medio de sus observaciones introspectivas, conversaciones o acciones. En su primera obra, *El inocente* (1953)—novela policíaca que obtuvo el Premio Simenon—un supuesto delincuente, que no ha asesinado al padrastro que odiaba, llega a dudar de su propia inocencia. En su segunda novela, *La tarde* (1955), el autor presenta el mundo de la clase media acomodada y ociosa de Barcelona, y dentro de este ambiente al protagonista David René, soñador romántico, indeciso, ensimismado. Enamorado toda la vida de una amiga de su infancia, no se decide a casarse con ella; prefiere lo que imagina a la posible vida real. En cada uno de los relatos, Lacruz logra una técnica narrativa y un estilo perfectamente apropiados al tema que aborda. En la actualidad, Mario Lacruz se dedica no sólo a crear su obra propia, sino a editar libros ajenos para la casa editorial de Barcelona, Plaza y Janés.

El cuento "La comunidad"—del libro de relatos, *Un verano memorable* (1955)—está construido con suma habilidad y economía, y está escrito en un estilo conciso a la vez que expresivo, para crear el deseado efecto en el lector. Los pocos detalles descriptivos crean un ambiente de misterio y de expectación. La acción principal pasa dentro del espíritu del Padre Octavio en medio día, desde la última hora de la mañana hasta la de cenar. La penumbra de la celda, al entrar el visitante, las preguntas de éste que no se contestan, la sombra inmóvil del Padre Octavio en la pared, son detalles que sugieren el miedo que el visitante siente, en efecto, aunque lo niega. El diálogo que sigue revela que la comunidad, recelosa de los estudios del Padre Octavio, atribuye su pensamiento independiente a herejía o a posesión del diablo. Hasta tal punto, que había recurrido al exorcismo, en su ausencia. Perturbado por esto, y por su conversación con el Padre prior, que indica que no va a Roma a tratar la cuestión de doctrina acerca de la cual están en desacuerdo, el Padre Oc-

---

1. **Marcel Proust** (1871–1922) French novelist

tavio se exalta cada vez más. En el refectorio, el ruido obsesio-
nante de los cuchillos contra los platos acaba de sacarle de quicio.
La tensión sigue aumentando hasta la terrible escena final, pre-
sentida ya desde el principio, y preparada con admirable certeza
y sobriedad.

❧ La comunidad

—¿Está rezando, Padre Octavio? Dígame si puedo entrar; no quisiera importunarle. ¿Está usted aquí, Padre Octavio? Apenas veo nada. Hacía tanto sol en el huerto, que estoy deslumbrado.

No obtuvo respuesta. 5

—Padre Octavio—repitió—, ¿está rezando?

Los ojos del intruso se fueron ambientando a la penumbra de la celda, y sus pupilas se dilataron dolorosamente. Distinguió el contorno de la cama y la jofaina a los pies del lecho. La silueta inmóvil del Padre Octavio se dibujaba en la pared 10 como la sombra de un enorme pájaro.

—Padre Octavio . . . , ¿no me oye?

Las alas del pájaro se agitaron en la pared desnuda cuando el Padre Octavio separó las manos.

—¡Ah, es usted! Entre, Hermano. 15

—¿Estaba rezando?

—No; simplemente pensaba.

El Padre Octavio casi esperó oír que también la meditación era una forma de orar. Se sentó en un ángulo de la cama. Bajo el débil colchón, las tablas se lamentaron. 20

—Estoy cansado—dijo—. Acérquese más, Hermano. ¿O tiene miedo?

—No.

—¿Por qué lo dice tan de prisa, Hermano? Creo que, en el fondo, está atemorizado. No está seguro de que yo sea el Padre 25

221

Octavio, porque no puede ver mi cara. Sólo oye mi voz, y una voz nada significa. El diablo es maestro en la ficción . . .

Levantó la capucha de sus hábitos y dejó de parecer un pájaro. El visitante sonrió aliviado.

5   —¿Por qué dice eso, Padre Octavio? ¿Por qué menciona al diablo?

—¡Oh! Sé muy bien lo que sucedió anoche. Aún no se había secado el agua bendita cuando entré, y había gotas de cera frente a mi puerta. Esta mañana las han limpiado, pero

10   tengo la seguridad de que llegaban hasta la capilla. Dígame: ¿Quién presidió la ceremonia, estando enfermo el Padre prior?

—¿Qué ceremonia?

—Ya sabe a qué me refiero: exorcismos—. La voz del Padre Octavio perdió su acento de fatiga—. ¡Pero nadie puede acu-

15   sarme de herejía! Roma[2] no ha hablado; entretanto soy libre de pensar como lo hago. Mis diferencias con el prior son simplemente filosóficas. ¡Roma no se ha pronunciado en ningún sentido!

—La comunidad—dijo el Hermano cuidadosamente—espera

20   este dogma. El Padre prior lo sabe.

—Quizá esté equivocado—admitió el Padre Octavio—. ¿Por qué aguardaron anoche a que yo estuviera ausente? Tal vez el diablo habita en mí y no en esta alcoba. Usted ha venido ahora a curiosear, ¿no es cierto?

25   —El Padre prior quiere hablar con usted después del almuerzo. Por cierto: yo no asistí al exorcismo, pero tenía conocimiento de ello. ¿He obrado mal ocultándoselo?

El Padre Octavio se levantó a abrir la ventana. El panorama que se extendía ante sus ojos tenía un marcado color blanco;

30   la colina y los naranjos tenían también un extraño color blanco. Tal vez era el color de la soledad que rodeaba el monasterio.

—No me lo ha ocultado, hermano; sólo me ha dado a entender que lo ignoraba. Y ahora no estamos en confesión

35   colectiva . . .

Le trastornaban aquellas reuniones periódicas, durante las cuales era preciso acusarse de los propios defectos. Conocía

2. **Roma** the Vatican

El Greco (Domingo Teotocópuli), *Fray Hortensio Félix Paravicino.*
Courtesy, Museum of Fine Arts, Boston (Issac Sweetser Fund).

sus faltas y sus flaquezas, pero ansiaba la intimidad sobre todas las cosas. "Es un ejercicio de sumisión y humildad—le había dicho años atrás el prior—. La convivencia de las comunidades sería difícil si no nos sostuvieran estas virtudes y los principios
5 que se desprenden de la verdad que profesamos. Nuestro único apoyo es la doctrina. Ella nos mantiene unidos; es lo más importante."

Los textos griegos que el Padre Octavio traducía pacientemente se amontonaban en la mesa y en la silla. Las plumas
10 de ave estaban manoseadas, y sus tallos gastados por el largo recorrido en el papel. En pago de su trabajo, el Padre Octavio recibió una mirada torva.

—Está sonando la campana, Padre, ¿no oye? Quisiera lavarme las manos antes de ir al refectorio. He estado cavando
15 en el huerto toda la mañana. —Esto fue dicho en tono de reproche.

Durante el almuerzo nadie habló. En dos mesas alargadas, y dándose la espalda, tomaron asiento un centenar de religiosos. Se leyó un pasaje de la "Vida de los Fundadores de las
20 Ordenes Religiosas," que pronto dejó de interesar al Padre Octavio. Su atención estaba concentrada en el plato de loza y en la jarra de arcilla para el vino. Frente a cada plato había una ración de pan, una naranja y un cuchillo puntiagudo, que, al cortar la naranja golpearía los bordes del plato—toda
25 la comunidad al unísono—, ahogando la voz del lector. Aquél era un momento que obsesionaba al Padre Octavio.

Al coger el cuchillo pensó que sus manos no estaban encallecidas como las de otros religiosos, sino que eran blancas y cuidadas.

30 —No se lo impongo como castigo, desde luego—le dijo el prior más tarde—. Ha trabajado demasiado, Padre Octavio; deje los libros por unos días. El trabajo corporal es el mejor sedante para el espíritu.

El prior se revolvió trabajosamente en la cama.

35 —Mi viaje a Roma...—se lamentó—. Respecto a la ceremonia de anoche, olvídelo, Padre Octavio. Trabaje esta tarde en el huerto.

El Padre Octavio cavó un largo surco sin mucha pericia.

La última luz del sol poniente lo alcanzó junto a los naranjos, con los hábitos recogidos por encima de las rodillas. Arrancó uno de los frutos y lo sostuvo entre las manos salpicadas de ampollas, contemplando el frontispicio del monasterio, cuya inscripción decía: "Fortificad el espíritu." 5

Pero no era junto a los naranjos solitarios donde el espíritu del Padre Octavio flaqueaba, sino durante la cena, cuando los cuchillos comenzaran a golpear el borde de los platos; en el pasadizo que conducía al refectorio, colmadas sus paredes por antiguas pinturas: retratos de los superiores de la Orden ya 10 fallecidos, enormes lienzos sin viveza en los colores, estáticos, solemnes, sombríos. El hubiera tenido un lugar reservado en aquellas paredes, como sucesor del actual prior; pero no deseaba semejante responsabilidad. En el mundo había sido un personaje eminente, y ahora anhelaba la paz. Había renun- 15 ciado al mundo para envejecer con su propia paz y fortalecer— como se leía en aquella inscripción—su espíritu. ¿Por qué había dejado que una discusión filosófica perturbara su paz? ¿Por qué no había sabido ganarse el afecto de la comunidad?

—¡Pero el prior está equivocado! ¡No debe proponerlo 20 como dogma!

Todos quedaron en suspenso frente a sus platos de loza y sus jarras de arcilla. Cien rostros amparados en la penumbra y en sus barbas copiosas se volvieron al Padre Octavio; la voz del lector se apagó por un instante. El Padre Octavio se le- 25 vantó con violencia.

—Si el diablo ha tomado posesión de mí . . .

El final de la frase quedó ahogado por la voz del lector, que reanudó la "Vida de los Fundadores". Los monjes rehuyeron la mirada, siguieron cenando como si nada sucediera. Volvió 30 a oírse el ruido de los platos. La luz de aceite que auxiliaba al lector tembló levemente.

—". . . Hablando a monseñor de los dones que recibía del Cielo . . ."

—¡Pero está equivocado! ¡Todos están equivocados! 35

La voz airada del Padre Octavio interrumpía nuevamente. Los platos de loza y las cucharas de madera seguían entrechocando.

—"... Deseoso de mayor perfección, apenas cumplidos los quince años ..."

—¡Iré a Roma, si es preciso!—Levantó los brazos. —¡Iré a Roma antes que el prior!

5   Salió precipitadamente. No tenía un propósito definido. Llegó a su celda y se despojó del hábito. La camisa de paño áspero no le protegería de las inclemencias del tiempo, pero él sólo pensó en llevar consigo sus manuscritos. Los envolvió en una sábana, echándoselos a la espalda. Tal vez le faltaba
10 algo, tal vez un cayado. Recorrió nuevamente los claustros sombríos, aterrorizado de sus propios actos.

No había otra salida que el pasadizo colmado de cuadros. Pasó de prisa, esquivando la mirada de los priores muertos. Al fondo le esperaba la puerta del refectorio.

15 Dentro aún había luz, y se oía el tintineo de los cuchillos. Se detuvo y dejó en el suelo su improvisado equipaje. Aquel ruido le atraía de un modo irresistible.

Pero cuando hubo entrado en el refectorio, y antes de que las puertas se cerraran a su espalda, vio que los cuchillos pun-
20 tiagudos no estaban sobre las mesas, y en los ojos ocultos por las caperuzas se adivinaba la sombría determinación de defender a toda costa lo que mantenía la unión de la comunidad y fortalecía su espíritu.

Preguntas

1. ¿De qué clase de comunidad se trata aquí? ¿Qué importancia tiene el título?

2. ¿Se repite mucho el contraste entre luz y sombra en el cuento? Citen ejemplos. ¿Tiene esto un significado especial con relación al tema?

3. ¿Qué es el tema? ¿Desde qué punto de vista se presenta?

4. ¿Qué importancia tiene el diálogo al principio? ¿Cómo plantea el problema?

5. ¿Cómo se sirve el autor del monólogo interior para crear el mundo autónomo de la comunidad? Den ejemplos.

6. ¿Qué cosas distinguen por fin los ojos del intruso en la celda del Padre Octavio? ¿Cómo aparece el Padre Octavio?

7. ¿Por qué no contesta éste las repetidas preguntas que le hace el intruso? ¿Cómo crea esto un ambiente especial?

8. ¿Por qué alude el Padre Octavio al miedo? ¿Al demonio?

9. ¿Con qué motivo se le acusa al Padre Octavio de herejía?

10. ¿Quién puede juzgar y decidir el caso?

11. ¿Cómo es el panorama que se ve al abrir la ventana de la celda?

12. ¿Por qué había renunciado al mundo el Padre Octavio? ¿Encuentra en la comunidad lo que busca? ¿Por qué le trastorna la confesión colectiva? ¿Qué objeto tiene ésta según el prior?

13. ¿A qué se dedica el Padre Octavio? ¿A qué no ha renunciado al entrar en el monasterio?

14. ¿Cómo es el almuerzo? ¿Cómo está puesta la mesa? ¿Qué ruido le obsesionaba al Padre Octavio?

15. ¿Qué trabajo le impone el prior? ¿Le ayuda el trabajo a fortificar el espíritu?

16. ¿Qué da a entender el prior de su viaje a Roma? ¿Por qué le importa esto mucho al Padre Octavio? ¿Qué relación hay entre la decisión del prior de no ir a Roma y la ceremonia del exorcismo que había tenido lugar? ¿Qué precipita la conversación con el prior?

17. ¿Qué sucede a la hora de cenar? ¿Desde qué punto de vista se cuenta lo que sucede? ¿Cómo reaccionan los monjes?

18. ¿Qué significado tiene el pasadizo lleno de retratos?

19. ¿Adónde pensaba ir el Padre Octavio? ¿Qué lleva consigo?

20. ¿Por qué vuelve a entrar en el refectorio? ¿Qué descubre allí? ¿Qué están dispuestos a hacer los monjes para mantener la unión de su comunidad?

21. ¿A qué distintas interpretaciones se presta este cuento? ¿A qué se debe la ambigüedad?

Juan Goytisolo
LA RONDA

JUAN GOYTISOLO nace en 1931, en Barcelona. Es hermano del poeta José Agustín Goytisolo, mayor que él, y del novelista Luis Goytisolo-Gay, el más joven de los tres.

Mientras termina sus estudios de Derecho, Juan Goytisolo empieza a escribir narraciones. Su primera novela, *Juego de manos* (1954), tiene un gran éxito de crítica y de venta, recibe un importante premio en París, y es traducida a muchos idiomas. Es

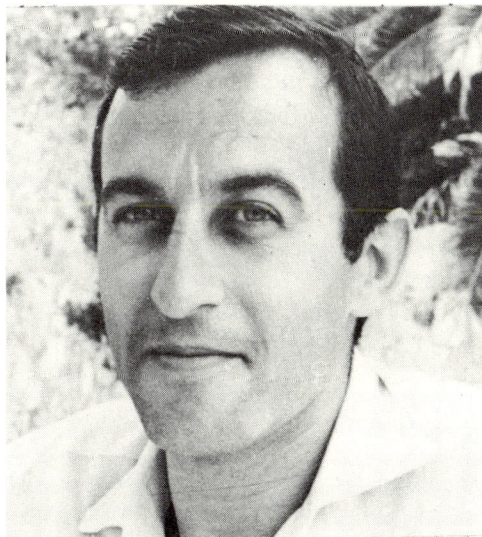

Juan Goytisolo

muy comentada cuando aparece en inglés bajo el título de *The Young Assassins* (1959). La novela presenta a un grupo de jóvenes, hijos de buenas familias de la burguesía acomodada, que rechazan los valores y creencias de su familia y de su medio. Desorientados y desocupados, buscan algo que dé sentido a su existencia absurda, y sólo lo encuentran en actos violentos, hasta criminales, mandados por la pandilla. El autor emplea ya en esta primera obra suya varios recursos técnicos de la moderna narrativa, tales como bruscos cambios de tiempo, cuadros sueltos, y monólogos interiores. Estos recursos refuerzan la sensación que el lector tiene del anarquismo de los personajes, que se mueven como autómatas sin rumbo ni objeto.

Las indiscutibles dotes de narrador, que tiene Juan Goytisolo, se confirman en su segunda novela, *Duelo en el Paraíso* (1955), que está escrita en un estilo más personal y poético. El título de la versión inglesa, *Children of Chaos* (1958), da más idea de su tema. Se trata de unos niños huérfanos, recogidos en una finca de Gerona cuando los republicanos fueron derrotados en el frente de Cataluña; la finca se llama "El Paraíso". El autor fue uno de estos niños refugiados al fin de la guerra civil cuando su padre fue encarcelado; su madre ya se le había muerto en un bombardeo de Barcelona. Evoca, pues, en esta novela, en parte por lo menos, una realidad observada y vivida, y la escribe con realismo, pero con un realismo más bien poético.

Desde el año 1956, Goytisolo reside en París, y sigue escribiendo novelas y, al mismo tiempo, artículos donde desarrolla y explica su teoría de la novela. En estos artículos, recogidos en el libro *Problemas de la novela* (1958), declara que el único medio eficaz de novelar en nuestro tiempo es seguir el método objetivo del observador-fotógrafo de la realidad externa. Afirma que narrar es "tomar una posición sobre lo que se narra", y anuncia que la suya será presentar la realidad social española, documentada en los hechos desnudos. En las tres novelas de la trilogía llamada *El mañana efímero,* pretende seguir el nuevo método, aunque sólo en la tercera, titulada *La resaca* (1958), lo consigue de verdad. En las anteriores, *El circo* (1957) y sobre todo en *Fiestas,* publicada en 1958, pero escrita tres años antes, se notan bastantes elementos subjetivos. Esta última novela, como las demás docu-

mentales, carece de estructura, de acción unida. El núcleo de la
acción es formado por las andanzas de unos niños, las del niño
Pipo con su pintoresco amigo que llaman "Gorila". Las acciones
múltiples de los diversos personajes alternan con escenas de un
importante Congreso Eucarístico que tiene lugar en Barcelona.
El autor satiriza a los creyentes hipócritas que asisten con fervor
a los actos religiosos del Congreso, pero que al mismo tiempo,
ajenos a toda caridad cristiana, consiguen que las autoridades
echen a los pobres de sus miserables barracas improvisadas en las
afueras de la ciudad. Goytisolo sigue criticando y satirizando
abusos e injusticias sociales a través de personajes que presenta
con impasividad. En *La isla* (1961) y en las cuatro narraciones
de *Fin de fiesta* (1962), los personajes son del mismo medio que
los jóvenes de *Juegos de manos;* mayores ahora, se encuentran
igualmente desocupados y desamparados, y llevan una vida totalmente absurda. A pesar del pretendido realismo fotográfico,
tienen poca realidad efectiva. Como no tienen profundidad, son
meros esquemas de personas, como dibujos animados de cine.

El método del realismo objetivo se emplea con más acierto
en los libros de viajes realizados por el autor, en *Campos de Níjar*
(1960) y en *La chanca* (1962). En algunos de los relatos breves de
Para vivir aquí (1960), en el cuento que incluimos, "La ronda,"
por ejemplo, el autor se sirve del mismo método documental
para reproducir el paisaje. La figura del bailador, sin embargo,
está presentada con cierta emoción por medio del diálogo entre
los que le quieren y admiran y compadecen. Y el lector llega
a sentir la misma admiración compasiva por el inspirado y ex-
plotado joven.

❧ La ronda

I

Viniendo por la nacional 332, más allá de la base hidronaval de Los Alcázares, se atraviesa una tierra llana, de arbolado escaso, jalonada, a trechos, por las siluetas aspadas de numerosos molinos de viento. Uno se cree arrebatado a los agua- [5] fuertes de una edición del Quijote[1] o a una postal gris, y algo marchita, de Holanda. La brisa sopla día y noche en aquella zona y las velas de los molinos giran con un crujido sordo. Se diría las hélices de un ventilador,[2] las alas de un gigantesco insecto. Cuando pasamos atardecía y el cielo estaba teñido de [10] rojo. Recuerdo que nos detuvimos junto a un palmar: los pájaros alborotaban como barruntando la proximidad del crepúsculo, el viento multiplicaba la protesta de los molinos y, entreverados e irreales, se oían gritos de niños y disparos de cazadores. No salimos siquiera del coche y arrancamos en se- [15] guida, camino de Cartagena.[3]

Habíamos pasado la noche en Valencia y sentíamos la proximidad del Sur con la misma ansiedad que unos chiquillos la fecha de su aniversario. A medida que dejábamos atrás el paisaje de Levante[4] y sus pueblos endomingados y ricos, nos [20]

1. **Don Quijote de la Mancha** the masterpiece of Miguel de Cervantes, written in two parts (1605, 1615). The most famous illustrated edition had etchings by Gustave Doré (1832–1883).
2. **Se diría ... ventilador** *They re-sembled the blades of an eloc tric fan*
3. **Cartagena** city and naval base in southeastern Spain
4. **Levante** Mediterranean region of southeastern Spain

parecía dejar atrás, asimismo, un período acabado de nuestra
vida. Claudia no conocía la región, y yo apenas. Veo, como
si fuera hoy, un caserío de calles polvorientas, que atravesamos,
en plena feria de agosto. Un niño soltó a nuestro paso: "El
5 mundo al revés. La mujer es el chófer." Y cuando, después de
una región de minas, con las viviendas excavadas en la ladera
de la montaña, divisamos, al fin, Cartagena, tuve, de golpe, la
extraordinaria intuición del tirador, de haber acertado en el
blanco.
10   El sol se había quitado y el puerto se desleía en la penumbra.
Por el Paseo, vagaban grupos de marinos y los últimos chu-
rretes de luz burilaban la silueta adormecida de los barcos. En
varias ocasiones, los ganchos corrieron a nuestro encuentro y
nos gritaron direcciones de hotel. —Ya tenemos—les dije por
15 la ventanilla. La víspera caímos en uno lleno de chinches y
habíamos decidido ir al mejor. Durante unos minutos recorrimos los barrios próximos al muelle. Después, dando un
rodeo, nos dirigimos hacia el hotel Mediterráneo—único men-
cionado por la guía.
20   Hacía chaflán con la plaza Prefumo y su situación nos
agradó. Claudia aparcó el coche frente a un almacén de teji-
dos y contemplamos los bares y tiendas iluminados. En la
plaza había muchos soldados y marineros y una ronda de
centinelas formaba para el relevo, en la puerta de Capitanía.
25 Con la maleta a cuestas, subí a la dirección del hotel. Un
botones nos acompañó a la habitación. La camarera preparó
inmediatamente la ducha y, olvidando la fatiga del viaje, salimos a la calle.
     Siempre he sentido una flaqueza especial por los puertos,
30 hasta el punto de que la idea de diversión se asocia, instintivamente, en mi memoria, al olor a salmuera y a brea, al zurrido de las sirenas, a todo el rumor vago y, sin embargo, perfectamente definido, que señala, en cualquier latitud, y de
modo inconfundible, la presencia o cercanía del mar. En
35 años anteriores, a la ventura de mis vacaciones y ahorros, había
visitado los muelles y tabernas de Hamburgo, Amberes, Le
Havre. Claudia los conocía aún mejor que yo y, mientras
dábamos una vuelta por la plaza, excitados por la novedad del

descubrimiento, nos comunicamos nuestro horror mutuo por los alpinistas, los suizos, las vacas y las montañas. La calle Mayor me hizo pensar en la de las Sierpes de Sevilla[5]: las mesas de los bares y cafés invaden la calzada y los transeúntes deben abrirse camino por en medio. No vimos ninguna mujer. Los hombres charlaban apaciblemente entre ellos y los limpiabotas iban de un lado a otro con sus betunes y cepillos. De vez en cuando nos cruzamos con grupos de soldados que se volvían y comentaban irónicamente los pantalones ceñidos de Claudia. Se acercaba la hora de cenar y el aire olía a pescado frito. En un bar bebimos un chato de manzanilla y en otro un porroncete de blanco. Finalmente, dimos con una tasca de aficionados al cante y Claudia pidió unos callos a la madrileña y yo, una docena de sardinas asadas.

Las mesas eran de madera, sin manteles, y los mismos clientes se ocupaban de servir. Había obreros de las minas con boina y camisa de colores, soldados y marineros despechugados. Algunos se traían la cena en la tartera, y otros, el vino, y hasta el chusco de pan. La atmósfera estaba impregnada de efluvios humanos y aromas de fritura. Los soldados iban y venían con porrones de tinto y, entre trago y trago, se entretenían en palmear. Había uno bajito, que cantaba con voz de niño. A su lado, otro, afiligranado y rubio, bebía, retrepado contra la pared. Iba vestido pobremente, de paisano, y sus amigos le azuzaban para hacerle bailar.

—Es el mejor bailaor del Cuartel—me explicó un mozo de facciones terrosas—. Cuando se pone en serio, no hay quien le gane.

—¿De dónde es?—pregunté.

—De aquí, de la región—me contestó—. De la parte de Palos.

Luego, otro soldado se acercó a nuestra mesa y nos contó su vida, milagros y andanzas. Era huérfano, picó piedra en las canteras, no sabía escribir ni leer. En una gran ciudad, como Barcelona, haría en seguida carrera. Nos lo afirmaba

5. **las Sierpes de Sevilla** a famous
street in Seville that is closed
to wheeled traffic

él, que había vivido allí y conocía la afición que hay por el baile.

—Si tiene usted amistad con algún empresario déle su nombre. No se arrepentirá.

5   —¿Cómo se llama?

—López Rosas, Gonzalo... Pero todos le dicen el Macanas...

Mientras hablaba, habían hecho corro otros dos y confirmaron las palabras de su amigo: el Macanas era el mejor bailaor
10 de la ciudad, hacía lo que quería con el cuerpo, había desafiado y vencido al campeón de los americanos...

—¿Americanos...?

—Bueno... Aquí decimos así a los que trabajan en Escombreras, en la Central.

15   —¿En qué Central?

—En la Térmica. Son varios miles. Parece que los americanos tienen prisa y pagan más que nadie.

Me presentaron a uno que venía de allí. Un hombre de cejas negras y espesas y ojos azules y hundidos, como lagunas
20 de agua clara. También él había visto bailar al Macanas, me dijo: una noche, delante del Director y los Ingenieros; fandangos, tientos y soleares durante más de tres horas. Lo habían traído para medirlo con los suyos y dio cien vueltas a los mejores de la base[6]...

25   —Lo han de ver ustedes una vez. Merece el viaje.

Ajeno al interés que suscitaba, el Macanas seguía empinando el codo. Con ojos turbios, observaba a sus compañeros, absorto, y se alisaba mecánicamente la mecha de pelo que le caía por la cara.

30   —Todos los días hace igual—explicó el de las facciones terrosas—. Hasta que no la agarra buena, no arranca.[7]

—Nuestro teniente, que es muy flamenco, se lo lleva siempre de juerga—dijo un cabo con acento catalán.

—A la novia del teniente Ramos le gusta mucho el baile
35 andaluz.

6. **dio...base**   *he ran rings around the best ones on the base*

7. **Hasta...arranca.**   *He won't start until he's really warmed up.*

—El otro domingo le invitaron al cerro y tuvieron que bajarlo en andas.

—El solo se bebió una botella de anís.

—Yo le he visto despacharse en una tarde un litro de coñac.   5

Los soldados estrechaban su cerco alrededor del Macanas: le tiraban de la camisa, de las piernas, uno quiso quitarle la silla. El cabo se levantó también y le dijo unas palabras al oído. El muchacho volvió la cabeza lentamente y, por la expresión de sus ojos, comprendí que le hablaba de nosotros.   10

—Hay que dejar bien en alto el nombre de la ciudad— despachurró el cabo haciéndonos un guiño—. Los señores son forasteros y quieren ver cómo bailas.

El achuchón debió hacerle mella pues el Macanas se sacudió y vino a darnos la mano. Iluminado de lleno por la   15 bombilla, pude, por fin, observarlo bien. Era más fino aún de lo que me había parecido a primera vista y tenía un aspecto enfermizo y febril, como prematuramente avejentado.

—Voy a bailar para usted—dijo a Claudia.

Los otros acogieron su decisión con aplausos. El de la cara   20 terrosa desapareció por la puerta del fondo y regresó instantes después, con una guitarra. Durante unos momentos se aplicó a templar las cuerdas, mientras los soldados apartaban las sillas para hacer sitio. El Macanas permanecía de pie, con la mecha rubia sobre la frente y la mirada perdida en el suelo.[8] El cabo   25 catalán se sentó junto a Claudia y sonrió vanidosamente.

—A estos murcianos se les ha de tratar así ... Como no se les despabile un poco, no dan golpe.

El dueño se había acercado a vigilar los preparativos y encargué una ronda de vino para todos.   30

—No arméis demasiado jaleo—advirtió—. Luego protestan los vecinos y me clavan una multa.

—No se preocupe usted, don Angel—gritó el cabo—; lo haremos a base de bien.

—Como españoles—puntualizó uno.   35

—Como españoles, y como machos.

8. **la mirada ... suelo** *his eyes fixed*
   on the floor

—Que no os liéis a pelear como el otro día, digo yo . . .

—El otro día no fuimos nosotros.

—Vosotros o quién fuese, igual da.

—Estése tranquilo, jefe.

5   —Que se lo prometemos, qué joder . . .

Un soldado rechoncho había impuesto silencio con un ademán y todas las miradas convergían sobre la frágil figurilla del Macanas.

—Ahora está en su punto—nos confió el cabo—. Lo que van
10 a ver es cosa fina.

—No es pan de cada día, no—confirmó el "americano".

Luego, el guitarrista atacó un fandango, y a los gritos de

—Por Cartagena

—Por el Cuartel

15   —Por tu puta madre,

los soldados comenzaron a batir palmas.

II

El "americano" tenía razón: el espectáculo del Macanas bailando merecía el viaje a Cartagena. Han pasado once meses desde aquella noche y su imagen sigue grabada en mi memoria:
20 viril, patético y leve, la mecha de pelo sobre la cara, el cuerpo flexible y el ademán preciso, indiferente y como extraño al entusiasmo que despertaba. No sé a qué hora empezó ni cuándo nos echaron a la calle. El dueño llenó varias veces los porrones de vino y todos bebimos más de la cuenta. Sólo recuerdo que
25 un marinero desgalichado bailó con él y que, a los acordes agrios de la guitarra, hicieron una parodia del tango apache.

Claudia estaba tan entusiasmada como yo y, bajo la mesa, me estrechó varias veces la mano. El Macanas era un artista de verdad. En ninguna zambra ni fiesta había visto una capacidad
30 de locura como la suya, ninguna exhibición de facultades tan rotunda y clara. Cuando salimos, sus compañeros lo llevaron en hombros durante buen trecho, cantando y armando escándolo. Las calles estaban todavía llenas de gente y nos detuvimos a beber en varios bares. El Macanas parecía ignorar la
35 fatiga y bailó cuantas veces se lo pidieron. La mecha rubia

se le había pegado a la frente y el sudor le corría, por las
arrugas, a lo largo de la cara.

En un momento dado se acercó a saludarnos y cambió unas
palabras con nosotros. Hablaba con una voz infantil, levemente cascada y preguntó si nos había gustado el baile. Le 5
dijimos que sí y calló, satisfecho. En seguida, sus amigos volvieron a darle de beber. El que nos había contado su vida,
discutió ásperamente con el cabo. Los otros intervinieron para
separarles y alguien propuso que fuésemos al cerro.

Torciendo a la izquierda de la Plaza Prefumo, frente a la 10
puerta principal de Capitanía, una calle estrecha y en zigzag
une la parte baja de la ciudad al barrio de El Molinete. La
cuesta es pina y hay que tomarla con calma. Al fin, se desem-
boca en una plaza, alumbrada por un farol de gas, que recuerda
muchas plazas de puerto: pequeña y, no obstante, destartalada, 15
con la ropa colgada de los balcones e innumerables gatos vagando entre las basuras.

Uno tiene la impresión de entrar en otro mundo; la atmósfera está saturada de olores vagamente dulzones, las radios
parlotean sin sentido y se escucha, en sordina, el rasgueo de 20
las guitarras. Los bares se alinean unos junto a otros—*Miami,
Palm Beach, La Farola, El Barquito*—y sus luces de diferentes
colores—rojas, verdes, violadas y azules—disfrazan la noche
de un halo relumbrón y policromo.

Ni Claudia ni yo nos esperábamos un cambio tan brusco y 25
nos detuvimos a mirar, aturdidos. Cadetes, marineros y soldados iban de un bar a otro y algunos se volvían y decían adiós
al Macanas. Veo todavía a un oficial americano del brazo de
una muchacha pintada, morena. Está borracho y se empeña
en invitarnos a beber. Un chico nos dispara desde una es- 30
quina con un revólver de juguete: la madre viene a buscarlo
y se lo lleva a casa, de la oreja...

Entramos en un bar con un largo mostrador de zinc, servido
por cinco o seis mujeres. Unos oficiales bebían en la mesa del
fondo, y, al ver al Macanas, se incorporaron. 35

—¡Míralo!

—¡Cabrón!

—¿Dónde leches te habías metido? [9]
—Andaba con unos amigos, mi alférez.
—Y nosotros dando vueltas por ahí, buscándote...
—No lo sabía... Nadie me dijo nada.
5   —Nadie, nadie... Valiente rácano estás hecho tú.
—Y con una buena tajada encima, ¿no?
—Regularcilla, mi alférez.
—Pues, hala, ya te estás viniendo con nosotros y te pones a
bailar.
10   —No hay guitarra.
—Lo mismo da. Sin.
—Como ustedes ordenen.
Se volvió hacia nosotros, como pidiéndonos disculpa y los
oficiales comenzaron a palmear. En un abrir y cerrar de ojos,
15 los clientes hicieron anillo a su alrededor. Los soldados jalea-
ban también, y Claudia y yo nos acodamos en la barra.
—Les gusta, ¿verdad?
Era el que antes había peleado con el cabo. Se había separado de los otros y le sonreí.
20   —Mucho, muchísimo.
—En mi vida, he visto bailar gente—dijo—. Pero, nunca,
a ninguno con su clase.
Hablaba con voz bronca, y como retenida y, en pocas palabras, redondeó la biografía del muchacho: a sus padres les
25 fusilaron después de la guerra, lo habían recogido unos tíos
suyos, nadie le había enseñado a bailar...
—¿Nadie?
—Nadie. Todo lo que sabe, lo ha aprendido solo. En la
cantera...
30 Me contó cómo, a la salida del trabajo, los hombres le llevaban a beber con ellos. Iban a una taberna a las afueras del
pueblo y escuchaban la radio. Y, cada vez que había música,
el niño la bailaba... Llevaba el ritmo en la sangre, el Macanas. Y los de la cantera le querían como a un hijo porque
35 lo habían visto bailar desde el comienzo y su baile no era
postizo como el de otros, sino que le venía de muy dentro...

9. **¿Dónde... metido?** *Where in the devil were you?*

—Es un chico de mucho mérito, mucho—concluyó—. Y muy bueno. Vale lo que pesa en oro...

—Sí. Se ve en seguida...

—No sabe decir nunca que no, y, por pedazo de pan, todo el mundo se aprovecha.   5

—¿Se aprovecha? ¿Cómo?

—Lo explotan—repuso el amigo—le hacen beber y bailar y no lo sueltan hasta que se cae de puro cansado.

Los oficiales lo llamaban siempre para sus juergas, dijo. En el cuartel había muy poco que hacer y, casi cada noche, se 10 emborrachaban. Empezaban en el bar de la Residencia y, si se terciaba la ocasión, subían al cerro a buscar mujeres y a hacer el chulo por los bares. Se les daba igual la hora y el que, al día siguiente, el chico se levantara a las seis. Enviaban un centinela a despertarle y lo sacaban de la cama...   15

—¿Y él? ¿Por qué va?

—Es lo que le digo yo—murmuró el soldado con rabia—. El no duerme de día, como ellos. Y no tiene salud... Desde los siete años se ha pasado la vida trabajando.

El Macanas había acabado el baile y se detuvo a respirar 20 unos segundos. Parecía un niño, con el pelo caído en anillas y la mirada turbia y como anhelante. Llevaba la camisa de colores, plagada de remiendos y, sujetando sus pantalones, un trozo gastado de cuerda hacía las veces de cinturón.

—No tienen ningún respeto por él—dijo su amigo—. Mi 25 padre lo conoció en la cantera y cuenta que, allí, todos apreciaban su arte... Aquí, no. Unos y otros lo exprimen como una fruta y se les importa una higa[10] si vale o no vale.

Las venas de la frente le abultaban y sentí un repeluzno de frío.   30

—¿Cuánto tiempo le falta para cumplir?—preguntó Claudia.

—Diez meses—repuso el mozo, abatido—. Hasta el otro verano.

—Es una pena—dije.

—Sí. Es una pena.   35

—En Madrid, le hubiera encontrado trabajo en seguida.

10. **se les importa una higa** *they don't give a damn*

—Sí.

—Es de la misma raza que Antonio, que Faíco[11]...

—Sí.

—Tengo amistades y hubieran podido ayudarle.

5   —Sí, sí.

Bajó la vista, como adivinándome el pensamiento y encendió un pitillo.

—Es un gran artista—dijo—. Sería una lástima que se malgastase...

11. **Antonio** famous gypsy dancer-impresario; **Faíco** famous flamenco dancer

Preguntas

1. ¿Qué tiene "La ronda" de estampa?
2. ¿Contiene algo más que impresiones o recuerdos de viaje?
3. ¿Quién es el narrador? ¿Qué técnica emplea?
4. ¿Qué contraste se encuentra en la manera de contar en las dos primeras frases?
5. ¿Cómo es el paisaje de Levante? ¿Qué cambio brusco se percibe al dejar la región?
6. ¿Cómo se les presenta a los viajeros Cartagena? ¿Les gusta?
7. ¿Qué es lo que les encanta en los puertos?
8. ¿Cómo empiezan su descubrimiento de la ciudad desconocida?
9. ¿Con qué tipo de bar dan por fin? ¿Qué clientes se encuentran allí? ¿Por qué quieren quedarse?
10. ¿Cómo se enteran del bailador? ¿Qué hacía? ¿Qué aspecto tenía?
11. ¿Quiénes son los "americanos"?
12. ¿Cómo se le convence al Macanas que baile? ¿Qué preparativos se hacen? ¿Quién toca la guitarra?
13. ¿Qué efecto produce en los viajeros el espectáculo del Macanas bailando? ¿Cuál es la actitud de éste ante el entusiasmo de los espectadores? ¿Qué hacen al salir de la tasca?
14. ¿Qué ambiente encuentran en la plaza del cerro? ¿Con quiénes se encuentran?
15. ¿Qué le exige el alférez al Macanas? ¿Por qué le obedece éste?

16. ¿Quiénes se aprovechan del bailador, según su amigo? ¿Por qué se deja explotar? ¿Hasta cuándo se tiene que quedar?

17. ¿Cómo podría ayudarle el narrador-viajero?

18. ¿Qué sugiere la última frase? ¿Es patética la figura del bailador? ¿Es trágica?

Daniel Sueiro
EL MAESTRO

DANIEL SUEIRO nace en La Coruña en 1931. Estudia Derecho en Santiago de Compostela y en Madrid, y escribe artículos y cuentos para periódicos y revistas. Abandona pronto la carrera de periodista para dedicarse a la literatura. Un tomo de sus cuentos y narraciones—algunos de los cuales han recibido premios importantes—se publica con el título *La rebusca y otras desgracias* (1958), en la Colección Leopoldo Alas. El hecho es que sus cuentos se parecen bastante a los de Leopoldo Alas, el gran maestro del cuento español en el siglo XIX, que escribía bajo el pseudónimo 'Clarín'. El cuento que sigue, "El maestro", está escrito con la misma ironía indulgente y comprensiva que se percibe en tantos relatos de 'Clarín'. Sueiro siente asimismo una cálida simpatía hacia sus personajes, hacia los traviesos alumnos que se escapan de clase y hacia el maestro que, en el último momento, se da perfecta cuenta de que habían bajado al río. El narrador del cuento recuerda la experiencia infantil con intensa emoción y con viveza. Evoca la clase al aire libre en todos sus detalles, sobre todo la clase de Historia Sagrada que daban aquella tarde, y el susto que se llevaron él y su compañero al encontrarla suspendida cuando volvieron del río.

En los demás relatos, el autor cuenta también escenas y situaciones dramáticas o patéticas de la vida diaria, tales como las observa y siente, por ejemplo, en "Hay que cerrar, Horacio". En una narración más extensa, "La carpa", el título se refiere a una compañía de cómicos ambulantes que, a pesar de no ganar ni siquiera para comer, siguen llevando de pueblo en pueblo el repertorio de dramas que se saben de memoria. Sueiro lo cuenta todo con un humor y una ternura que encantan y conmueven al lector. Sin preocuparse mayormente, hasta ahora, por la temática social ni por las nuevas técnicas narrativas, que interesan a muchos de los jóvenes novelistas españoles, escribe cuentos de un alto valor humano y artístico.

✤ El maestro

Cuando hacía buen tiempo, dábamos la clase al aire libre. Había junto a la escuela un campito rodeado de robles, que tenía, en grande, la misma forma que el cuenco de la mano. Llevábamos allí las pizarras pequeñas y los pizarrines, los cuadernos, los lápices, a veces la regla, y el compás, que tenía ₅ la punta atada con un hilo. Este era el material escolar. Nosotros llevábamos aparte, el tiratacos, el juego de caras, el trompo y las bolas de barro pintadas de azul o de verde para cambiárselas a los más pequeños por las de cristal. Dos o tres de los mayores transportaban un pupitre para ₁₀ que se sentara el maestro y nosotros nos sentábamos en el suelo. El maestro se sentaba detrás del pupitre con la varita de mimbre en la mano, o andaba por allí de un lado para otro mirando las pizarras o contándonos para averiguar si alguno se había marchado al río. Los martes, jueves y sábados tocaba ₁₅ una hora de dibujo y, cuando estábamos en el campo y había ese olor, a la vez caluroso y fresco, que venía del monte, a mí no se me ocurría siquiera pensar en fugarme. Yo le había cogido el tranquillo al dibujo y los días que no lo había, sentía como un hormigueo de rabia. Nunca se me ocurrió pensar que ₂₀ el maestro pudiera darse cuenta de que siempre dibujaba lo mismo en mi pizarra. ¡Me salía tan bien! Cogía una hoja del suelo, una hoja de varios triángulos llena de adornitos, de las que caían ya secas de los robles, y mientras la sostenía bien pegada a la pizarra con la punta de los dedos de una ₂₅

247

mano, con la otra iba recorriendo cuidadosamente su perfil...

Los días que no tocaba dibujo—y aún a veces los otros—cuando el denso solano de la atardecida se quedaba quieto y pasaba sobre aquella especie de huevo en que estábamos metidos, yo también era de los que se alejaban cuando podían de la mesa del maestro y se escurrían poco a poco hacia detrás de los árboles. Si uno lograba llegar allí, lo demás era muy fácil.

Al río se llegaba en seguida, escondiéndose tras los matorrales, tras los robles, tras las altas cañas de maíz. Yo creo que al maestro, más que disgustarle que nos escapáramos de clase, lo que le molestaba, lo que le enfurecía, era que nos fuéramos al río.

—Mientras estáis aquí—decía—, yo soy vuestro padre y vuestra madre. En esta vida os estarán vedadas muchas cosas. Pero, sobre todas, os está vedado el río. ¡No sabéis los peligros que encierra ese río!

Decían que allí se había ahogado uno de Angueira, el de López, y otro de Francelos—con lo lejos que estaba Francelos —uno de los Gómez, el rubio. Yo no conocía a nadie que se hubiera ahogado allí. Quiero decir que ninguno de nosotros se ahogó nunca. Allí aprendimos a nadar todos, tirándonos desde las brañas, y allí nos hemos tirado panza arriba al sol y robado manzanas para después del baño y fumado pitillos.

Una tarde, Ramiro me hizo una seña con la cabeza, desde allá atrás, junto a los robles. Yo dejé la Historia Sagrada en el suelo y me acerqué a la mesa del maestro. Crucé los brazos y con la cara más inocente y la voz más baja y dulce que pude sacar, le dije:

—¿Al retrete, un momentito?

El maestro bajó la cabeza, de modo que las gafas le quedaron colgando en la nariz, y me miró. Los pelos de las cejas se salían hacia todas partes, blancos y del color de la ceniza. Me miró insistentemente durante largo rato y luego me hizo una señal con la cabeza, como si dijera "vete". Yo me fui hacia los árboles.

Desde allí nos escurrimos rápidamente hasta lo del maíz, alto y lleno de espigas y bigotes. Anduvimos como en cuclillas por entre las plantas de maíz, descansando de vez en cuando,

y luego atravesamos las brañas fugazmente, tirándonos al suelo
y levantándonos de nuevo zigzagueando de un lado a otro,
como creo yo que deben hacer los soldados en una batalla. El
río estaba bordeado de árboles altos y viejos y de pequeños
arbolitos y de zarzas y toda clase de hierbas que formaban 5
como unas murallas compactas e impenetrables. Sin decir una
palabra, Ramiro empezó a desnudarse. El sol, que estaba de
lado, brillaba como la plata en el remanso de la madre del río.
Hacía calor todavía, y las hojas de los arbustos y las de los
cedros se rozaban levemente a la caída de la tarde. 10
    Yo también me desnudé. Sin esperar, Ramiro se metió en
el agua cuidando de no mojarse la cabeza. Dio unas brazadas
por allí y luego se volvió a la orilla.
    —¡Qué buena está!—Ramiro echó un chorrito de agua por
la boca. 15
    A mí se me habían ido un poco las ganas de bañarme, pero
me parecía una tontería haberse escapado de clase, haber an-
dado a gatas por entre el maíz y haberme desnudado para no
bañarme luego. Sin pensarlo más, me metí en el río, avanzando
poco a poco en el agua hasta que me llegó a la garganta. Daba 20
un gusto como raro ir sintiendo avanzar el agua, primero fría
y luego tibia, por las piernas y por el pecho arriba. Debíamos
parecer dos indios salvajes, hijos de dos tribus amigas, bañán-
donos completamente desnudos en el Mississippi.
    Salimos del agua y anduvimos saltando y corriendo por allí 25
y luego volvimos a meternos.
    —Bueno, vámonos—dije—. Se va a dar cuenta y le fastidia-
mos.
    —Espera un poco, hombre—me contestó Ramiro. —¡Está
tan buena . . . ! 30
    —Yo me salgo.
    Y así lo hice y me puse a saltar al sol, en medio de la arbo-
leda, para secarme. Ramiro salió del agua en seguida y se
quedó en las brañas en la misma orilla y se inclinó hacia el
río y se puso a mirar el fondo como si hubiera visto algo raro. 35
    —¡Ven, ven!—me gritó.
    Yo me acerqué corriendo y también me puse a mirar, pero
no veía más que el fondo de lodo y algunas bandadas de peces

pequeñitos que nadaban en fila india. De pronto, Ramiro
me empujó por la espalda y yo me fui de bruces al río. Cuando
iba por el aire, lo vi retroceder muerto de risa y armando
grandes aspavientos. Me despanzurré sobre la piel del agua y
5 casi llegué al fondo. Al salir a la superficie, Ramiro se zam-
bullía de cabeza. Yo estaba furioso.

Cuando Ramiro sacó la cabeza, yo no sabía qué decirle. La
cabeza mojada en aquellos momentos, cuando necesitábamos
volver a toda prisa, era sencillamente trágico.

10 —¿Y ahora qué?

—¿Qué de qué?—preguntó el otro, no queriendo entender.

—¡Cómo vamos a ir así, con la cabeza mojada!—estallé yo.

Ramiro se echó a reír, como divertido.

Salimos del agua y empezamos a frotarnos las rodillas, las
15 piernas, los brazos y la cara con arena seca, como solíamos hacer
siempre que no había tiempo de secarse al sol. De este modo,
además, tapábamos el brillo que suele dejar el agua del río en
la piel y tornábamos ésta al estado de suciedad regular que le
correspondía. La operación era sobre todo conveniente en las
20 rodillas y en las manos.

—Sabe Dios qué hora será ya—yo estaba francamente pre-
ocupado.

Nos vestimos los dos rápidamente y procuramos peinarnos
un poco metiendo los dedos abiertos de la mano por entre el
25 pelo mojado.

—Yo no me atrevo a presentarme así.

—A lo mejor, le da tiempo a secarse, mientras llegamos—
dijo el otro. —Vamos bien por el sol.

Yo veía la cabeza de Ramiro completamente mojada e in-
30 cluso un poco morados los labios de tanto permanecer en el
agua. Mientras subíamos, los dos íbamos revolviendo el pelo
y aireándolo de un lado para otro. Si el maestro se daba
cuenta, estábamos perdidos. La varita de mimbre, primero,
en las puntas de los dedos bien apiñados; luego el recreo de
35 quince o veinte días, por lo menos, y, por último, lo peor: el
chivatazo en casa. Ya estaba viendo la cara de mi padre.

Anduvimos en silencio uno detrás del otro, procurando hacer
tiempo, todo lo despacio que nos permitía nuestra impaciencia

y nuestro miedo. De vez en cuando nos llevábamos la mano a
la cabeza para ver cómo iba la cosa, y, en efecto, comprobába-
mos que el pelo se secaba poco a poco, empezando por las
capas exteriores para ir penetrando en las de más abajo. Nos
sentamos un buen rato al sol, en el camino, al lado mismo de
la robleda donde se daban las clases, y, por fin, con el pelo
todavía húmedo pero ya como a la desesperada, decidimos
jugarnos la última carta y aparecer con toda la naturalidad en
la clase.

En la pequeña hondonada, a la sombra de los cuantiosos 10
robles, no había ni un alma. Nadie. Llegamos allí Ramiro
y yo y nos quedamos paralizados, asombrados, indecisos.

—¿Qué habrá pasado aquí?—se le ocurrió decir a Ramiro
en voz baja.

Yo empecé a sospechar lo peor.   15

—Esto es por nosotros, estoy seguro—dije—. Se habrá dado
cuenta y algo ha pasado.

Allí estaba el pupitre del maestro con los papeles y los
libros y el tintero. La varita también estaba tirada por allí y
algunas pizarras y cuadernos. Mi libro de Historia Sagrada 20
estaba en el mismo lugar donde yo lo había dejado, y el de
Ramiro también. ¿Qué habría pasado?

Dentro de la escuela tampoco había nadie. Conque cogimos
y nos fuimos acercando a la plazuela y a las casas. Estábamos
sorprendidos, y, desde luego, temerosos y muy preocupados. 25
Vimos a unas viejas que iban corriendo hacia el centro y
algunas otras personas que también se iban allá. Cuando
llegamos a la plazuela, todos los demás estaban allí, callados
y con la cara llena de tristeza, y aunque nosotros nos íbamos
escondiendo y aparecimos como si saliéramos de uno de aque- 30
llos grupos, nadie se fijó en nosotros ni nadie nos hizo caso.
Nos miramos uno a otro tranquilizados.

—Disimula—me dijo Ramiro, como de pasada.

Había bastante gente delante del portal de la casa del maestro, hablando en voz baja y contándose cosas unos a otros. En 35
aquel momento, salían de la casa varios niños compañeros de
la escuela, callados como muertos o llorando.

Le preguntamos a Evaristo, el de la dulcería, que era uno

de los que salían, y nos dijo que el maestro dictaba, que estaba
tan campante preguntando lo de Josué[1] y que, de repente, se
levantaba con la cara blanca, se lleva las manos a la garganta
y se cae al suelo de narices. Entonces, todos asustados, fueron
5 a avisar y vinieron y se lo llevaron a su casa.

Miré a Ramiro y vi que se le ponían fríos y pálidos los ojos,
como a mí. Sentí en la espalda y en la nuca algo así como un
escalofrío y me llevé la mano a la cabeza. Mojada.

Ramiro y yo nos fuimos al portal de la casa del maestro y
10 allí estuvimos callados largo tiempo. La gente se fue mar-
chando y quedamos unos cuantos por allí. Cuando no había
casi nadie, apareció por allí doña Ramona, la mujer del
maestro, y yo le pregunté:

—¿Podemos verlo?

15 Ella nos miró con los viejos ojos húmedos y tristes y, sin
decir nada, nos dio a entender que pasáramos. Entramos
Ramiro y yo en aquel silencio y vimos al maestro metido en la
cama, tapado hasta la boca y con las ventanas cerradas y las
contras entornadas. Doña Ramona nos dejó solos y nosotros
20 nos acercamos, silenciosos, asustados, temblando. Estuvimos
como cinco minutos callados al lado de su cara y luego él
abrió los ojos y nos vio. Sacó un brazo fuera de las ropas y lo
levantó sin ninguna fuerza. Débilmente, me pareció a mí con
cariño y con agradecimiento, le pasó a Ramiro la mano por el
25 pelo y lo acarició. Luego sus dedos, fríos y largos, se posaron
en mi cabeza levemente, y, de repente, yo noté cómo su mano
se detenía y se metía en el fondo del pelo y quería palparlo.
Me miró con sus ojos completamente apagados y yo vi como
un destello de sorpresa, brillante y alegre, que le bailaba en
30 ellos. La mano le cayó sobre la cama y se quedó así, sin
moverse, sin enfadarse siquiera. Y a mí me pareció que quiso
sonreír y no pudo.

1. **Josué** *Joshua,* successor to Moses
as leader of the Israelites

Preguntas

1. ¿Qué era el material escolar que se llevaban los alumnos a su clase al aire libre? ¿Se cuenta esto en un tono irónico? Citen otros pasajes parecidos.
2. ¿Cómo se improvisaba la sala de clase? ¿Qué hacía el maestro?
3. ¿Qué solía dibujar el narrador?
4. ¿De qué les servían a los chicos los robles?
5. ¿Por qué le molestaba al maestro que fueran al río?
6. ¿Cómo se escaparon Ramiro y el narrador aquella tarde?
7. ¿Por qué cuidaba Ramón de no mojarse la cabeza?
8. ¿Tenía ganas de bañarse el narrador? ¿Por qué se metió en el agua?
9. ¿Qué le pasó cuando le empujó Ramiro?
10. ¿Cómo tapan el brillo que deja el agua en la piel?
11. ¿Qué hacen para secarse el pelo? ¿Cómo se peinan?
12. ¿Qué pasaría si el maestro se diera cuenta?
13. Al volver a la hondonada, ¿qué descubren? ¿Qué temen?
14. ¿Qué vieron al llegar a la plazuela?
15. ¿Qué les cuenta Evaristo?
16. ¿Adónde se van los dos y qué hacen al llegar allí?
17. ¿Cómo los recibe el maestro? ¿Dónde mete la mano el maestro?
18. ¿Qué se le nota en la mirada?
19. ¿Qué retrato pinta el autor del maestro?
20. ¿En qué consiste el humor del cuento? Citen pasajes.
21. Comparen estos recuerdos de infancia con los que cuentan los otros autores en cuentos que hemos estudiado. ¿Cuáles son los relatos en los que los autores evocan experiencias de la infancia?

✺ Ejercicios para el laboratorio

Estos ejercicios empiezan con la audición del texto leído por el autor. El estudiante repite la lectura en voz alta, procurando reproducir la entonación del modelo. Siguen diversos ejercicios de pronunciación, de vocabulario, de gramática y de estilo. El tipo de ejercicio varía de lección en lección y las indicaciones necesarias preceden cada ejercicio. Una pausa, que sigue a cada pregunta, permite que el estudiante conteste antes de escuchar la contestación correcta pronunciada por el modelo. A fuerza de repetir textos y ejercicios, el estudiante comienza a dominar la lengua española tal como se escribe y se habla hoy día.

Manuel Halcón: *Pernales*

AUDICIÓN DEL TEXTO: págs. 5–15

I. ENTONACIÓN: lectura en grupos de palabras

II. VOCABULARIO: sinónimos

Substituyan las palabras subrayadas por sinónimos y lean las frases en voz alta.

1. Ya conocía el lance de Pernales.
2. Pernales tuvo tiempo de alejarse tranquilamente.
3. éstos los quiero en seguida, pues me tengo que marchar.

4. Vi cómo su rostro contraído no se mofaba de sus perseguidores.

III. ESTILO: orden de palabras

Inviertan el orden de las palabras subrayadas en las siguientes
frases, léanlas así en voz alta y digan cuál es el énfasis que se
echa a perder con la inversión.

1. de sobra / sé que estoy perdido
2. Dirigió al yegüerizo espantado una larga y expresiva /
   mirada.
3. ya no se le veían los huesos y las fealdades de la piel, sino
   la ágil y velocísima / acción de sus remos

IV. SINO Y PERO

Lean las siguientes frases citadas del texto rellenando el espacio
con *sino* o *pero* según requiere el sentido.

1. el respeto que imponía no su presencia física, _____ la
   fama de sus bárbaras hazañas.
2. Don Fernando, yo se lo agradezco, _____ de sobra sé que
   estoy perdido.
3. su ayudante llevaba siempre un potro por si fallaba su
   célebre jaca, _____ su jaca no moría.
4. Vi cómo su rostro contraído no se mofaba de sus perseguidores, _____ que vigilaba atentamente a una y otra parte.

V. VOCABULARIO

En las siguientes frases se subrayan palabras que en español
tienen otro significado, a veces más corriente, que el que tienen
en la frase de Halcón. En cada caso digan Vds. cuál es el otro
significado y cuál el que tiene aquí. Después oirán la respuesta
correcta. No la repitan.

1. llegó Martín con una botella de vino... Pernales sin probarlo dijo
2. Había aprendido algo que tenía aún más importancia que
   mantenerse bien sobre la silla: elegir un caballo.

3. le puso al potro unas serretas, estuvo <u>dándole cuerda</u> durante una hora

4. Pernales sacó después un puñal enfundado en cuero, con <u>alegrías</u> de metal, y una fecha

VI. ESTRUCTURA: el objeto directo delante del verbo

En el siguiente ejercicio sustituyan las palabras que da el modelo y hagan los demás cambios necesarios.

MODELO:
Vds. oirán: *Algún balazo lo* **sufría en silencio.** (desilusión)
Vds. dirán: *Alguna desilusión la* **sufría en silencio.**

1. *Algún balazo* lo sufría en silencio.
2. La culpa la tiene *una mujer.*
3. *Estos los* quiero en seguida.

VII. ESTILO

1. El movimiento se sugiere mediante una proporción alta de formas verbales. ¿Cuántas formas verbales (incluyendo participios, gerundios, e infinitivos) hay en la siguiente frase? Léanlas:

Desmontó él de su viejo caballo, le puso al potro unas serretas, estuvo dándole cuerda durante una hora, le echó luego la montura, le hizo tragar por primera vez el hierro del bocado, se montó en él, asumió el mando las cuatro riendas y desapareció.

2. En el siguiente trozo subrayen los verbos y tradúzcanlos al inglés.

Sentí que los músculos de las piernas del bandido se contraían y que sus ojos se dirigían al gañán con mirada de atención frente al peligro. En su instinto había comprendido que en aquellos momentos estaba sucediendo para él algo vital.

3. El gerundio adverbial es frecuente en el cuento. Subráyenlo donde aparezca en este pasaje, y lean las formas en voz alta.

Martín, el capataz, entró sin color ni sostén en los huesos temblando y balbuciendo.... A mí me dominaba la curiosidad por conocer el célebre caballo de *Pernales,* y aprovechando el terror reinante me pude deslizar al patio y ganar la puerta de la gañanía. Me encontré en medio del corro y miré a todos buscando la figura imponente del célebre bandido.

Alejandro Núñez Alonso:
A los trece años de viaje

AUDICIÓN DEL TEXTO: págs. 21–27

I. PRONUNCIACIÓN: lectura en grupos de palabras

Repitan el siguiente trozo fijándose en los grupos de palabras cuya entonación correcta determina la expresividad del pasaje:

Usted, / amigo mío, / que también vive en soledad, / en un islote, / habrá tenido ocasión de conocer al dios Ernest, / el dios marinero, / el dios formal. / Siempre que se encuentre en apuros o en peligro / pídale su ayuda. /

II. VOCABULARIO

Repitan las siguientes palabras agregando después su forma positiva.

MODELO:
Vds. oirán: **desahogo**
Vds. dirán: **desahogo, ahogo**

desvalidos / impotencia / descubría / desaparecer / invisible / desinteresado / incrédulo / desandaba /

III. PRONUNCIACIÓN: la *o*

IV. ESTRUCTURA

Escuchen la siguiente frase:
Comenzó a adoptar una actitud un tanto desabrida y reservada para conmigo.

Repitan: **para conmigo.** Esto signigica en inglés: *toward me.*
Usando como modelo la frase, **Adoptó una actitud reservada para conmigo,** practiquemos esta construcción, traduciendo y sustituyendo las frases oídas a continuación.

MODELO:
Vds. oirán: **Adoptó una actitud reservada para conmigo.** (*toward us*)
Vds. dirán: **Adoptó una actitud reservada para con nosotros.**
Vds. oirán la frase correcta: **Adoptó una actitud reservada para con nosotros.**
Vds. repetirán la frase correcta: **Adoptó una actitud reservada para con nosotros.**
Vds. oirán una nueva sustitución: **negative**
Vds. dirán: **Adoptó una actitud negativa para con nosotros.**

V. PRONUNCIACIÓN: mas práctica sobre la *o*

VI. VOCABULARIO: palabras de la misma familia

Repitan las siguientes palabras sacadas del texto, agregando después otra palabra de la misma familia.

MODELO:
Vds. oirán: **enajenamiento**
Vds. repetirán: **enajenamiento,** y agregarán: **ajeno**

bocal / aproximé / corpóreo / destinataria / afirmaba / parentesco / atravesado / sostén / debilitada /

VII. PRONUNCIACIÓN: más practica sobre la *o*

Repitan las siguientes frases cuidando mucho la pronunciación de la *o,* el encadenamiento y la entonación.

¿Dónde estaba cuando puso la conferencia? / La puso desde su oficina. / La conversación fue muy larga. / Le

ofrecieron la oportunidad de ir a un lugar tropical. / ¿Sería
este próximo año? / Claro. Si no va, es tonto. /

VIII. VOCABULARIO: sinónimos

Escuchen las siguientes frases sacadas del cuento. Después de
cada una de ellas, sustituyan las palabras subrayadas por un
sinónimo, y lean su propia versión en voz alta, cuidando mucho
la entonación y el encadenamiento. Fíjense en la diferencia entre la clase de palabras que da Vd. y el vocabulario de Núñez
Alonso.

> MODELO:
> Vds. oirán: **Si** *en principio* **nos ganó por su saludable robustez,**
> ...**cuando estas era una sombra de lo que habían sido,** *la*
> *mutación* **ya se habia** *llevado a cabo.*
> Vds. dirán: **Si** *al principio* **nos ganó por su saludable ro-**
> **bustez,**...**cuando éstas eran una sombra de lo que habían**
> **sido,** *el cambio* **ya se había** *completado o terminado.*

1. Hablaba incoherencias. /
2. ...no vimos nave alguna en el horizonte. /
3. ...a las cuatro horas de haber desaparecido nuestro dios
   Ernest, aparecio... un buque. /
4. Encendimos la hoguera y acudió a nuestro socorro. /
5. Vd. comprenderá cuán grande es mi dolor. /
6. ...le escribí el mensaje que usted conoce y que ha sido tan
   amable de enviarle. /

IX. COMPOSICIÓN ORAL: estilo

En el siguiente trozo, subrayen la frase que se repite.

Porque gracias a él sabíamos que el sol aparecía por oriente
para desaparecer por occidente. Y que la luna llena iba precedida del cuarto creciente. Gracias a él los cielos y el mundo
guardaban una cierta relación con nosotros. Gracias a él,
sabíamos que todavía vivíamos.

¿Qué efecto consigue Núñez Alonso con esta repetición?

Francisco Ayala: *El tajo*

AUDICIÓN DEL TEXTO: págs. 35–50

I. PRONUNCIACIÓN: entonación

Repitan el siguiente pasaje, fijándose mucho en los grupos de palabras, cuya entonación correcta determina la expresividad del trozo:

¿Y qué quiere usted que haga yo con eso? / ¿Que lo guarde? / ¿Para qué, señor? / Tener escondido en casa un carnet socialista, ¿verdad? / ¡No! / ¡Muchas gracias! /
Santolalla enrojeció hasta las orejas. / Ya no había más que hablar. / Se metió el carnet en el bolsillo, / musitó un "¡Buenos días!" / y salió andando / calle abajo. /

II. VOCABULARIO: modismos

Empleen los siguientes modismos en oraciones completas.
1. pese a todo
2. la mala pata
3. lo tenían por
4. ir a parar

III. PRONUNCIACIÓN: la *a*

IV. VOCABULARIO

Escuchen la siguiente frase sacada del cuento de Ayala:
¿Cuál sería el oficio de aquel comeuvas?

El sustantivo *comeuvas* ("he eats grapes" = "grape eater") se compone de un verbo (3ª persona singular del presente indicativo) y un sustantivo (objeto del verbo). Sustantivos hechos así son muy frecuentes en español. Den el sustantivo así compuesto en español para las siguientes palabras:

the can opener / the corkscrew / the shoeshine boy / the birthday / the pencil sharpener / the windshield / the tongue twister /

v. ESTILO: colocación de palabras

Observen cómo consigue Ayala llamarnos la atención a aquello que él considera importante por medio de la colocación de palabras. Esto se aprecia escuchando primero la frase de nuestro autor y a continuación la misma frase con orden de palabras más convencional y, por consiguiente, menos expresivo. Escuchen y repitan esta frase de Ayala:

A su lado estaba, precisamente, cuando vino a herirle de muerte una bala enemiga.

Ahora escuchen la frase con orden de palabras más convencional:

Estaba a su lado, precisamente, cuando vino a herirle de muerte una bala enemiga.

Repitan:

Estaba a su lado, precisamente
A su lado estaba, precisamente

¿A qué nos dirige Ayala la atención con su orden de palabras?

Escuchen y repitan esta frase de Ayala:

Notó velada su propia voz.

Escuchen y repitan las misma frase con orden de palabras mas convencional:

Notó su propia voz velada.

¿Qué énfasis tiene la frase de Ayala que no tiene la otra?

Escuchen el siguiente trozo sacado del cuento, donde aparece por primera vez la madre del chico muerto:

... se acercó al viejo y, dirigiéndose a Santolalla: —¿De qué se trata? ¡Buenos días! —preguntó.

En la conversación normal el saludo "¡Buenos dias!" se diría primero, y la pregunta "¿De qué se trata?" vendría después.

¿Qué destaca Ayala con esta inversión del orden normal?

VI. VOCABULARIO: palabras de la misma familia

Repitan las siguientes palabras sacadas del texto, agregando
después otra palabra de la misma familia.

MODELO:
Vds. oirán: **temerosa**
Vds. dirán: **temerosa, temor**

cabeceaba / corpulenta / se acercó / abismada /
logrero / ojeada / sequedad / acañonado / palideció / aclaró /

VII. DISTINCIÓN DE SONIDOS

A continuación Vds. oirán repetida dos veces una frase o una
palabra. Señalen cuál de las tres formas escritas en cada grupo
abajo es la que Vds. están escuchando.

1. no subiera, no se hubiera, no supiera
2. carne, carnet, gané
3. desde, de este, desdén
4. se había, sabía, salía
5. tenían, temían, tenía en

José Antonio Muñoz Rojas: *Las Villena*

AUDICIÓN DEL TEXTO: págs. 53–60

I. ENTONACIÓN: lectura en grupos de palabras

Repitan los siguientes grupos de palabras cuidando mucho la
entonación y el encadenamiento.

Pero, ¿no ha llegado el cartero? —decía Concha. / ¡Ya es
hora de que llegue el cartero! / ¡Y ese cartero que no acaba
de llegar! / Algo antes de Pascua llegaba la segunda carta
anual, / la de Remedios. / Nueva congregación de las
hermanas. / ¡Ya está aquí la carta de Jaime! / ¡Ya está
aquí la carta de Jaime! /

II. SILABEO

Escuchen las siguientes palabras y frases contando las sílabas en ellas. Apunten en cada caso el número de sílabas que Vds. distinguen y detrás de este número escriban la palabra o frase marcando las sílabas.

MODELO:
Vds. oirán dos veces la frase o palabra: **movimiento, movimiento**
Vds. escribirán: **4, mo-vi-mien-to**
Oirán otra vez: **movimiento**
Repetirán: **movimiento**

III. VOCABULARIO: sinónimos

Den sinónimos para las palabras en bastardilla[1] en las frases siguientes, y lean en voz altá la frase con las sustituciones de Vds.

1. *A tiro* teníais *la respuesta.*
2. ¿Cómo os hubiérais podido referir la una a la otra en singular *sin más, ni más?*
3. De rabia temblaba yo cuando oía a la gente *referirlo* riéndose.
4. *No dejes de la mano* a esa pobre mujer ni a sus hijos.
5. *Se agrupaban* las hermanas y Concha sobreleía.
6. Ya *ha sido* la novena de la Purísima.

IV. ESTRUCTURA: lenguaje expresivo

Repitan las siguientes exclamaciones, cuidando mucho la entonación.

Pero, ¿no ha llegado el cartero?   /
¡Ya es hora de que llegue el cartero!   /
¡Y ese cartero que no acaba de llegar!   /

MODELO:
Vds. oirán: **Situación: lechero que no llega**
Vds. dirán: **Pero, ¿no ha llegado el lechero?**
¡Ya es hora de que llegue el lechero!
¡Y ese lechero que no acaba de llegar!

---

1. **las palabras en bastardilla** *the italicized words*

Vds. oirán las formas correctas dadas por el modelo.

1. Situación: médico que no viene
2. Situación: niño que no se levanta
3. Situación: vapor que no llega

v. COMPOSICIÓN ORAL: vocabulario

Repitan:

Ya sabéis cuán honda *siento* vuestra trinidad.
Hace tiempo que no os veo y lo *siento*.

VI. COMPOSICIÓN ORAL: estilo

En la siguiente frase ¿cómo subraya el autor tanto la trinidad de las hermanas como la monotonía de su vida?

Puntualmente tres veces al año, una por Navidad, otra por Pascua, otra por Feria, llegaban las cartas de Jaime, una para Concha, otra para Remedios, otra para Rosario.

Luis Romero: *Mundo adolescente*

AUDICIÓN DEL TEXTO: págs. 85–92

I. ENTONACIÓN: lectura en grupos de palabras

Repitan los siguientes grupos de palabras, cuidando mucho la entonación.

Marca las cifras cuidadosamente. / ¿Me hace el favor? / La sección de laminado... / Retiene la respiración un instante. / —Con el señor Gallardo, / es un recado urgente. / ¡Qué contento, papá! / Este año, si salvo latín, / todo sobresalientes / Tres matrículas. / ¡Lástima el francés! /

II. FORMACIÓN DE ADVERBIOS

Se forman adverbios añadiendo la terminación *-mente* a la forma femenina del adjetivo. Háganlo con los siguientes adjetivos.

perfecto / estupendo / solo / atento / cuidadoso / modesto / silencioso / práctico / horrible / disimu- lado / ligero / tierno /

III. ESTRUCTURA

Fíjense en el verbo subrayado en las dos frases que oirán a continuación.

1. Lo dijo hace años, pero no <u>se le olvidará</u> nunca.
2. ... nunca más <u>se le olvidó</u> la terrible palabra.

Esta construcción reflexiva es frecuente en español con varios verbos que expresan acción involuntaria. Vamos a practicar esta construcción por medio de sustituciones según el modelo.

MODELO:
Vds. oirán: **Nunca se le olvidó la palabra.** (el dinero)
Vds. dirán. **Nunca se le olvidó el dinero.**
Vds. oirán: **acabó**
Vds. dirán: **Nunca se le acabó el dinero.**

IV. PRONUNCIACIÓN

V. VOCABULARIO: palabras de la misma familia

Den una palabra de la misma familia para cada una de las palabras subrayadas:

el sol <u>luce</u> hermoso / el profesor ha <u>voceado</u> / la <u>Jefa</u>tura de Policía / Le <u>sonreían</u> ... los <u>andares</u> / Sin darse cuenta ha <u>tamborileado</u> / van ... hacia unos <u>pinares</u> /

VI. PRONUNCIACIÓN: acentuación

Para demostrar que Vds. saben las reglas de la acentuación en español, pronuncien las siguientes palabras como si no llevaran acento gráfico.

caída / automóvil / adiós / puntapié / inauguración / periódicos /

En esta misma lista de palabras subrayen los diptongos.

VII. VOCABULARIO: modismos

Hagan una oración completa con cada uno de los siguientes
modismos.

por las buenas / camino de / en serio /

VIII. ESTRUCTURA: *estar de* y *ser de*

Practiquen las distinción entre *estar de* y *ser de* en el siguiente
ejercicio por medio de sustituciones.

MODELO:
Vds. oirán: **Su padre está de capataz.** (Francia)
Vds. dirán: **Su padre es de Francia.**
Vds. oirán: **los dos señores**
Vds. dirán: **Los dos señores son de Francia.**

IX. DIMINUTIVOS Y AUMENTATIVOS

Pronuncien en voz alta las frases siguientes. Repitan después el
diminutivo o aumentativo, y digan qué es lo que el autor expresa
en esa terminación (cariño, desprecio, tamaño físico, etc.).

1. Cruza a la acera de la sombra por donde corre un vientecillo agradable.
2. Un caballo ha resbalado . . . y . . . se han detenido algunos
mirones. . . .
3. . . . entran a veces ráfagas de aire que hinchan los cortinones de dril . . .
4. Distingue la calidad de un Fray Luis de León de la de un
Meléndez Valdés o cualquier fantasmón por el estilo.
5. Paquito quiere mucho a su padre. . . .

Jorge Campos: *El cuento de la lechera*

AUDICIÓN DEL TEXTO: págs. 103–106

I. PRONUNCIACIÓN: lectura en grupos de palabras

Repitan el siguiente pasaje sacado del cuento, fijándose en los grupos de palabras, cuya entonación correcta determina la expresividad del trozo:

Pero esto no es lo que interesa; / si hace el viaje no es por oír aplausos y estrechar manos, / sino por recoger las treinta mil moneditas de plata, / que le permitirán comprarse un tomavistas. / ¿Y quién impide que se traiga ya hecho un documental en la maleta? / Un documental es un negocio seguro. / Todos los cines tienen la obligación de presentar películas de corto metraje. / La producción nacional no basta para suministrar los necesarios, / y una de esas películas, / recorriendo todos los rincones, / es lo suficiente para llenar los bolsillos de un buen realizador. /

II. VOCABULARIO: el diminutivo

Den la palabra de la cual ésta, sacada del texto, es diminutivo:

poquito / bolsillos / moneditas / pitillo / sobrecitos / bombilla /

III. VOCABULARIO: palabras de la misma familia

Para cada una de las siguientes palabras sacadas del cuento, den otra palabra de la misma familia:

MODELO:
Vds. oirán: **vitalidad**
Vds. dirán: **vida**, o **vital**

delgaducho / metraje / enfebrecido / diarios/ atareado / amontonan / alargado / doblaje /

IV. PRONUNCIACIÓN: encadenamiento

1. Escuchen y repitan estas palabras aisladas:

las / demos /con / documental /

Ahora escuchen y repitan estos grupos de palabras:

las horas atareado / demos un poco / con él se van /
documental es un /

Vds. habrán notado que la consonante final de las palabras aisladas se pronuncia unida a la vocal inicial de la siguiente palabra en un mismo grupo de palabras. Teniendo esto en cuenta, repitan después del modelo los mismos grupos de palabras usando como guía lo siguiente:

la-so-ra-sa-ta-rea-do / de-mo-sum-po-co / co-nel-se-van /
do-cu-men-ta-le-sun /

Subrayen este fenómeno en la frase leída a continuación:

Juan está seguro de obtener el primer premio.

Lean la frase en voz alta, demostrando lo que acaban de practicar.

2. Escuchen y repitan las siguientes palabras aisladas:

prensa / hablará / de / ella /

Ahora escuchen y repitan estos grupos de palabras:

la prensa hablará / de ella

Vds. habrán observado que cuando una palabra que termina en vocal precede en una oración a otra palabra que empieza con esa misma vocal, las dos vocales escritas se oyen como una sola vocal. Teniendo esto en cuenta, repitan después del modelo los mismos grupos de palabras usando como guía lo siguiente: la-pren-sa-bla-rá / de-lla / Subrayen este fenómeno en las frases leídas a continuación. Habrá una pausa después de cada frase para que tengan tiempo de hacerlo:

Un documental sobre el tabaco. Es portentoso el dinero que se ganaría de ese modo. El cigarro se le va acabando.

Ahora lean las frases en voz alta, demostrando lo que acaban de practicar.

3. Escuchen y repitan las siguientes palabras aisladas:

premio / ha / pero / está / si / hace /

Escuchen y repitan los siguientes grupos de palabras:

premio ha de ser / pero está siempre encerrado / si hace el viaje /

Vds. habrán observado que en una misma oración las vocales que aparecen juntas se pronuncian seguidas, sin pausa entre palabra y palabra. Teniendo esto en cuenta, subrayen este fenómeno en la frase leída a continuación:

Lo sucedido a él ya le ocurrió a una lechera hace años.

Ahora lean la frase en voz alta prestando atención a lo que acabamos de destacar.

4. Subrayen estos tres fenómenos donde ocurren en el trozo leído a continuación. Habrá una pausa después de cada frase para que tengan tiempo de hacerlo.

Hasta el presente se desenvuelve con escasez. Podría ganar mucho más, pero está siempre encerrado con sus utensilios de laboratorio. Y hoy, una tarde de domingo en que el sol debe lucir radiante en el exterior, está contento.

Ahora lean el trozo en voz alta, cuidando tanto la entonación como el encadenamiento.

V. VOCABULARIO

Repitan las siguientes frases:

Pasa las horas atareado con el revelado de fotos, que es su vocación. / Los señores del jurado

Normalmente ¿qué parte de la oración [part of speech] son las palabras *revelado* y *jurado?* ¿Cuál es su función en estas frases de Jorge Campos? Den los participios pasados en español que sirven de sustantivo para significar los siguientes sustantivos ingleses.

MODELO:
Vds. oirán: **treaty**
Vds. dirán: **tratado**

Francisco Alemán Sainz:
Autobús para cualquier parte

AUDICIÓN DEL TEXTO: págs. 127–134

I. ENTONACIÓN: lectura en grupos de palabras

Repitan los siguientes grupos de palabras cuidando especial-
mente la entonación y el encadenamiento:

Yo la conozco a usted / habló él, / sin dar a la frase la
fragilidad de la pregunta. / Creo que sí, / que nos conocemos, / pero ¿de dónde? / En este momento no lo sé. /
Puede usted creerme. / Y, sin embargo, / me parece que
la he visto innumerables veces. / ¿Sin hablarnos? / Creo
que sí, que sin hablarnos. / Entonces, lo siento. / ¿Por
qué? / No podemos hablarnos ahora. /

II. CUALQUIER y CUALQUIERA

El adjetivo indefinido *cualquier* tiene dos formas según su
posición respeto al sustantivo modificado. Si precede a éste se
dice *cualquier;* si lo sigue, se dice *cualquiera.* No importa el
género del sustantivo.

MODELO:
Vds. oirán una pregunta: **¿Busca Vd. un hombre especial?**
Vds. contestarán de dos formas: **No, busco *cualquier hombre***
que sea bueno. No, busco *un hombre cualquiera* que sea
bueno.

1. ¿Busca Vd. un libro especial? /
2. ¿Busca Vd. una casa especial? /
3. ¿Busca Vd. un hotel especial? /
4. ¿Busca Vd. una peluquería especial? /

5. ¿Busca Ud. un médico especial? /
6. ¿Busca Vd. una pluma especial? /

III. VOCABULARIO: sinónimos

Lean las siguientes frases sustituyendo las palabras en bastardilla por sinónimos.

1. Lo hicieron *tras* la primera parada. /
2. Podemos llevar la misma dirección *a diario*. /
3. *Luego de que* el horario terminó, bajó la escalera. /

IV. EJERCICIO AURAL: dictado

Escuchen cuidadosamente el siguiente trozo y al apuntarlo, no se olviden de los acentos y la puntuación.

V. VOCABULARIO

En este cuento aparecen varios nombres abstractos. ¿Cuáles son los correspondientes a los siguientes adjetivos?

MODELO:
Vds. oirán: **frágil**
Vds. dirán: **fragilidad**

VI. ESTILO: orden de las palabras

A veces cuando el adjetivo o adverbio antecede el sustantivo o verbo modificado tiene un significado diferente del que tendría en otra posición y a veces es simplemente para dar énfasis a aquello que el autor quiere hacer destacar. En las siguientes frases inviertan el orden de palabras y lean las frases de esta forma, diciendo después de cada una cómo el cambio ha afectado el significado o el énfasis de la frase:

Lo haré con el *más viejo taxi,* y esto lo llevará en su conciencia. / ... los *blancos dientes* asomaban entre los labios. ... / Quizás estemos tomando *durante años* / *este mismo autobús* /

VII. VOCABULARIO: modismos

Hagan frases completas empleando los siguientes modismos.
1. tener que ver con /
2. todo lo más /
3. hacer falta /

VIII. ESTILO

La sensación de aburrimiento y vacío que predomina en el cuento se debe en gran parte al vocabulario limitado de los protagonistas, caracterizado por la repetición, declaraciones hiperbólicas (nunca..., siempre..., etc.), y referencias directas a la estupidez de su conversación (términos como "tontería," "estupidez," etc.). En las frases citadas a continuación, subrayen estos fenómenos, identificando cada uno con una R si es un caso de repetición, H si es una declaración hiperbólica, y T si es un término como "tonto", etc.

Todas las cosas tienen su principio y su final. No puedo con las novelas, son siempre tan reales que ni siquiera la vida tiene que ver con ellas. No puedo con la gente inteligente; no dice tonterías, pero las hace. Esto es la cola de un autobús. ¿Se da cuenta? La cola del autobús no compromete a nada. Aquí es imposible nada de eso. Las confidencias siempre se traicionan. Todo lo más un trozo de confidencia. Todo lo más sería escribiente. Un escritor no gastará nunca la más ligera provisión de brillo fuera de sus escritos. No hay nada tan aburrido como un escritor. A un escritor genial no hay quien lo aguante. No sea tonto. Se da cuenta. Los guantes siempre me sentaron muy mal. ¡Qué estupidez! Sí, es una estupidez, porque nunca me quiso ninguna. ¿Se da cuenta de mi dolor? Nadie me llamó Herib. Nadie tiene derecho a llamarse así. He sido siempre un seducido. ¡Qué tontería! Ha dicho usted ¡qué estupidez! ¡qué tontería! Pero no es eso. A mí me gustaría esperarlo un mes. ¿Qué haríamos los domingos? Pero no es eso. ¿Se da cuenta de que podemos tardar años en volver a encontrarnos? Nada separa tanto como una cola. Todo lo más podremos contarnos nuestras desventuras.

Miguel Delibes: *La cucaña*

AUDICIÓN DEL TEXTO: págs. 137–148

I. PRONUNCIACIÓN

II. ENTONACIÓN: lectura en grupos de palabras

Repitan después del modelo, imitando cuidadosamente la entonación y haciendo bien el encadenamiento:

Daniel, ¡caramba! / deja de engolar la voz o te doy un sopapo. / Había sido descubierto. / Se puso encarnado al solo pensamiento de que los demás pudieran creer / que pretendía ser hombre mediante un artificio. / Él, para ser hombre, / no necesitaba de fingimientos. / Lo demostraría en la primera oportunidad. /

III. PRONUNCIACIÓN: acentuación

Repitan los siguientes pares de palabras, fijándose en la diferencia de acentuación que determina una diferencia de significado.

Ahora Vds. oirán grupos de palabras cuyo significado también se distingue por medio de la acentuación. Empleen cada una de estas palabras en una oración completa donde la diferencia de significado entre ellas se manifieste claramente.

MODELO:
Vds. oirán: **bajo, bajó**
Vds. dirán por ejemplo: **Juan es muy bajo.**
Bajó la escalera de prisa.

IV. VERBOS

De las siguientes formas verbales, den Vds. el infinitivo completo.

MODELO:
Vds. oirán: **derrumbándose**
Vds. dirán: **derrumbarse**

V. PRONUNCIACIÓN: la *r* sencilla y la *rr* doble

1. la *r* inicial
2. la *r* intervocálica
3. la *r* precedida de consonante
4. la *r* seguida de consonante
5. la *rr* doble intervocálica
6. Comparación de *r* inicial y *rr* intervocálica
7. Repitan las siguientes frases cuidando mucho su pronunciación de las *r*'s y haciendo bien clara la distinción entre la *r* sencilla y la *rr* doble.

VI. VOCABULARIO: sinónimos

En las siguientes frases sustituyan las palabras subrayadas por sinónimos y lean las frases en voz alta con las sustituciones:

Los muros del templo se estremecieron. /
Mas a pesar de no restar ya más que seis varones en el coro... /
Acabó don José y Daniel, el Mochuelo, persiguió con los ojos su menuda silueta hasta el altar. /

VII. ESTRUCTURA: concordancia

¿Cómo explican Vds. el uso del artículo masculino *los* con el sustantivo femenino *voces* en las siguientes frases?

... le ofrecía el "Pastora Divina" para que los "voces impuras" no se rieran de él.... /
Los chicos descartados... formaron corro alrededor de los seis "voces puras"... /

¿Cómo explican el artículo masculino *el* delante de la palabra *Pastora* en la primera frase?

Carmen Laforet: *Al colegio*

AUDICIÓN DEL TEXTO: págs. 153–156

I. ENTONACIÓN: lectura en grupos de palabras

Repitan los siguientes grupos de palabras después del modelo imitando su entonación y cuidando mucho la pronunciación y el encadenamiento:

A todos los árboles de la calle se les caen las hojas, / y durante unos segundos corremos debajo de una lenta lluvia de color tabaco. / —Es muy tarde; vamos. / —Vamos, vamos. / Pasamos corriendo delante de una fila de taxis parados, / huyendo de la tentación. /

II. VOCABULARIO: antónimos

Vds. oirán una frase y después una de las palabras repetida. Repitan Vds. la frase sustituyendo aquella palabra por su antónimo.

Y todo esto quizá sea falso.
Hace fresco.
Las calles están húmedas.
Me gusta salir con mi hijita mayor.
Yo, con los labios sin pintar.
Su mano es tan decidida.
Cuando me voy alejando por la acera.

III. ACENTUACIÓN

Escuchen las siguientes frases y escriban sólo la palabra *qué* o *que* según requiere el sentido de la frase.

Hagan lo mismo ahora escogiendo entre *sé* y *se*.
Hagan lo mismo con *mí* y *mi*.
Háganlo con *dónde* y *donde*.

IV. ESTRUCTURA: *ser* y *estar*

1. *Ser* y *estar* con adjetivos. Si el adjetivo describe una cualidad innata o permanente, se emplea *ser;* si el mismo adjetivo describe una cualidad momentánea o pasajera, se emplea *estar.* Teniendo esto en cuenta, escojan Vds. entre las formas adecuadas de *ser* y *estar* en las siguientes frases, y lean la frase en voz alta. Después, repitan la respuesta correcta.

La niebla ———— húmeda.

El aire hoy ———— húmedo.

Con ese sombrero tú ———— graciosa.

Mi hijita mayor ———— muy graciosa.

El contacto con su mano me ———— agradable.

Ese profesor suele estar antipático, pero hoy ———— agradable.

2. La voz pasiva con *ser* y el resultado con *estar*

MODELO:
Vds. oirán: **Si hace media hora yo lavé la ropa, entonces...**
Vds. dirán: **...hace media hora la ropa fué lavada y ahora está lavada.**

Si hace media hora vestí a la niña, entonces...

Si hace cinco minutos los taxistas pararon los taxis, entonces...

Si hace un mes se condensó la leche, entonces...

3. Se usa *ser* con nombres y pronombres (incluso cláusulas nominales) y *estar* con adverbios o preposiciones. Lean las siguientes frases con las formas adecuadas de *ser* o *estar.*

Me doy cuenta de que nosotros ———— delante de la escuela.

———— ella la que inicia una caricia tímida.

Sabe que yo ———— con ella.

Su mano ———— dentro de la mía.

Este ———— mi grito de salvación.

No ———— por alegrarla por lo que lo hago.

V. ESTILO

En el siguiente párrafo sacado del cuento de Laforet, ¿cuál es el efecto producido en Vds. por las frases tan largas, llenas de cláusulas subordinadas y apartes?

Luego resulta que la niña empieza a charlar mucho antes de que salgamos de casa, que hay que peinarla y hacerle las trenzas (que salen pequeñas y retorcidas, como dos rabitos dorados debajo del gorro) y cambiarle el traje, cuando ya está vestida, porque se tiró encima un frasco de leche condensada, y cortarle las uñas, porque al meterle las manoplas me doy cuenta de que han crecido... Y cuando salimos a la calle, yo, su madre, estoy casi tan cansada como el día en que la puse en el mundo... Exhausta, con un abrigo que me cuelga como un manto; con los labios sin pintar (porque a última hora me olvidé de eso), voy andando casi arrastrada por ella, por su increíble energía, por sus infinitos porqués de su conversación.

¿Qué sensación produce en Vds. este párrafo? ¿Cuántas frases contiene?

Lean el párrafo dividiendo las tres frases largas en varias más breves, haciendo de cada idea una frase. Observen cómo cambia bruscamente el tono del párrafo, echándose a perder la sensación de cansancio que produce la acumulación de quehaceres en las frases de Laforet.

VI. VOCABULARIO: palabras de la misma familia

Para cada una de las siguientes palabras den otra de la misma familia.

amical / manoplas / iguala / acercando / mañanero / escapadas /

Ignacio Aldecoa: *Balada de Manzanares*

AUDICIÓN DEL TEXTO: págs. 185–190

I. ENTONACIÓN: lectura en grupos de palabras

Repitan los siguientes grupos de palabras cuidando mucho la entonación.

Te llevo al cine cuando tú digas. / La cerillera frunce los labios. / Para cines estoy yo. / Al que tú digas, preciosa. / Pero, criatura, / ¿tú te crees que voy a ir al cine con un biberón como tú? / ¡Anda ya! / Chata, que te conozco. / ¿Tú? ¿A mí? ¡Anda ya! /

II. VOCABULARIO

¿Cuáles de los nombres propios corresponden a los siguientes apodos?

Pili / Manolo / Isa / Paco / Maruja / Pepe / Toño / Lola / Maruca / Concha /

III. ESTRUCTURA

La contestación sarcástica de la cerillera al soldado, "Para cines estoy yo" es una forma corriente familiar en español de decir que no tiene ni el más mínimo deseo de ir al cine. Vds. conocen seguramente el modismo *estar para* que significa estar listo o a punto de hacer algo. Es notable la diferencia de significado realizada por la inversión del orden de palabras. Vamos a practicar las dos construcciones formando una sencilla declaración de disposición para luego convertirla en una negación sarcástica. Imiten cuidadosamente la entonación.

MODELO:
Vds. oirán: **ir de compras**
Vds. dirán: **Estoy para ir de compras.**
Para ir de compras estoy yo.

comer / escucharte / ir de compras / casarme contigo / hacer favores

IV. VOCABULARIO

Den los sustantivos correspondientes a los siguientes adjectivos.

orgullosa / digna / superior / distraída / irónico / fría

V. ACENTUACIÓN

Lean las siguientes palabras como si no llevaran acento gráfico.

momentáneamente / frían / tú / también / tran-

vía / cómete / estás / árboles / ahogarías / fuéramos / vámonos /

VI. LENGUAJE EXPRESIVO

Escuchen las siguientes frases respondiendo en pocas palabras a
la pregunta que sigue a cada una de ellas.

1. "Pero, criatura, ¿tú te crees que voy a ir al cine con un
   biberón como tú?" ¿A qué se refiere la cerillera cuando
   llama al soldado una criatura?
2. "Un compañero del soldado galante le grita desde la larga
   fila del tranvía." ¿Cómo interpretan Vds. el adjetivo *galante*
   en esta frase?
3. "... los humildes humos de las chabolas de la ribera
   derecha, empañan la cristalina atardecida." ¿Por qué emplea Aldecoa el adjetivo *humildes* para describir el humo
   de las charboles? ¿Por qué el adjetivo *cristalina* para
   describir la atardecida?

VII. VERBOS

VIII. COMPOSICIÓN ORAL: estilo

Escuchen a continuación el primer párrafo del cuento.

Del oeste al sur, largas agujas de nubes de dulzón color
corinto. Del oeste al norte, el templado azul del atardecer.
Al este, las fachadas pálidas, los cavernosos espacios, la fosfórica negrura de la tormenta y de la noche avanzando. Alta,
lejana, como una blanca playa, la media luna.

En este párrafo inicial falta por completo una parte de la
oración. ¿Cuál es? ¿Por qué creen Vds. que el autor ha supri-
mido todo verbo en este trozo?

Ana María Matute: *Bernardino*

AUDICIÓN DEL TEXTO: págs. 197–204

I. ENTONACIÓN: Lectura en grupos de palabras

Repitan los siguientes grupos de palabras cuidando la entonación y el encadenamiento.

—Ese pavo... / decía mi hermano pequeño. / —Vaya un pavo ése... / Y, la verdad, / a qué negarlo, nos roía la envidia. / Una tarde en que mi abuelo nos llevó a "Los Lúpulos" / encontramos a Bernardino raramente inquieto. / —No encuentro a "Chu"— / nos dijo. / Se ha perdido o alguien me lo ha quitado. / En toda la mañana y en toda la tarde que no lo encuentro. / ¿Lo saben tus hermanas?—le preguntamos. / —No—dijo Bernardino—. / No quiero que se enteren... /

II. VOCABULARIO: el diminutivo

Cambien la palabra subrayada en las siguientes frases por un diminutivo y lean la frase en voz alta.

Bernardo vivía con sus hermanas mayores.
"Chu" se volvía saltando hacia su inexpresivo amo.
Nos llamó una voz desde el camino del bosque.
Bernardino acudía a la misa siempre muy serio y apacible.
Mariano y los otros echaron a correr con un trote menudo.
El perro le seguía saltando y moviendo su rabo.
Gracian tiró el junco al suelo y echó a correr.

III. PRÁCTICA AURAL: distinción de sonidos

Escuchen cuidadosamente y subrayen entre las dos posibilidades las palabras que pronuncia el modelo.

coro	corro
penado	peinado
huecos	o ecos
perro	pero
sonrían	sonreían
quedaron	quedaran
su tía era	su tierra

IV. LENGUAJE EXPRESIVO: omisión de palabras

Es muy frecuente en la lengua hablada omitir algunas palabras por quedar éstas sobreentendidas. En las siguientes frases omisiones de este tipo van señaladas por paréntesis. Inserten Vds.

las palabras que les parecen estar omitidas para demostrar su comprensión de la frase original en su forma escueta. Lean su frase en voz alta.

1. En toda la mañana y en toda la tarde ( ) que no lo encuentro.
2. En fin, ( ) buscarlo.
3. Le vamos a armar una ( ).
4. Y la verdad, a qué ( ) negarlo, nos roía la envidia.
5. —Tú, ( ) quieto—

V. VOCABULARIO: antónimos.

Lean las siguientes frases sustituyendo la palabra en bastardilla por el antónimo más apropiado en vista del contexto.

1. sus ojos de color pardo, fijos y *huecos*
2. debíamos jugar a juegos *necios* y *pesados*
3. Era muy *callado*
4. sus ojos seguían *indiferentes*
5. parecía tranquilo y *altivo* como siempre

VI. EL IMPERATIVO

Cambien los siguientes impertivos a su forma negativa.

VII. VOCABULARIO: modismos

Empleen en oraciones completas los siguientes modismos.

en absoluto / primero que ninguno / irle a uno en algo / parar(se) en seco / vaya un(a)

VIII. ESTRUCTURA

En español se refiere a las partes del cuerpo no con el adjetivo posesivo sino con el artículo definido. La posesión se indica por medio del objeto indirecto. Practiquen esta construcción en las frases siguientes.

MODELO:
Vds. oirán: **El corazón nos empezó a latir.** (his heart)
Vds. dirán: **El corazón le empezó a latir.**

A continuación oirán y repetirán la respuesta correcta.

Jesús Fernández Santos: *Una fiesta*

AUDICIÓN DEL TEXTO: págs. 209–215

I. ENTONACIÓN: lectura en grupos de palabras

Repitan los siguientes grupos de palabras cuidando la entonación y el encadenamiento.

Los chicos formaron, en torno a Antonio el mayor, / un círculo apretado y medroso. / —Ese es mi padre. / Y el mío viene también—musitó Antonio. / Y mi tío. Traen las correas en la mano. / ¿Qué correas? / Los cintos. Asómate y ya verás. / Los hombres llegaron, / deteniéndose en el puente, / casi sobre sus cabezas. /

II. ACENTUACIÓN

Escuchen las siguientes palabras pronunciadas por el modelo marcando el acento gráfico donde haga falta.

tambien / mio / sangoneas / cantina / mojandose / acariciando / chasis / penumbras / solitario /

III. ESTRUCTURA: el subjuntivo

En las siguientes frases sustituyan el infinitivo por una cláusula con el verbo en el subjuntivo, haciendo los cambios necesarios en el orden de palabras.

MODELO:
Vds. oirán: A su hijo le mandó **volver a casa.**
Vds. dirán: A su hijo le mandó **que volviera a casa.**

1. Dejó caerse al río la garrafa vacía.
2. Para los niños fue necesario encender una hoguera.
3. Una ráfaga cálida hizo hincharse las camisas.
4. Para los chicos fue preciso esperar.
5. Un rumor les hizo tenderse en la cuneta.

IV. VOCABULARIO: palabras de la misma familia

Para cada una de las siguientes palabras, den otra de la misma familia.

ahuecó / entonó / afinando / abultados / matanza / crecida

V. PRONUNCIACIÓN: la *rr* doble

VI. MODISMOS

Hagan oraciones completas empleando cada uno de los siguientes modismos.

rumbo a / nada de / tirar del cuerpo

VII. ESTRUCTURA: verbos de percepción seguidos del infinitivo

Después de verbos de percepción (*ver, oír, etc.*) donde en inglés se usa el gerundio ("I saw him coming"), en español se usa el infinitivo ("Le vi venir"). En las siguientes frases traduzcan y sustituyan en el lugar adecuado las palabras pronunciadas por el modelo y hagan los demás cambios necesarios.

1. Los chicos miraban a los padres cantar y bailar. *we*
2. Si me ve mi padre llegar con el vino. *my parents*
3. La luna se cernía inmóvil, contemplándoles cruzar el río. *seemed to smile*

VIII. VOCABULARIO: sinónimos

Empleen el sinónimo de cada uno de los siguientes términos en una oración completa.

estío / críos / al punto / de nuevo /

IX. ESTRUCTURA

Escuchen la siguiente frase.

Los animales parecían dormir, con sus abultados párpados a medio caer.

En español la expresión *a medio* más un infinitivo significa lo
que en inglés "half" más el participio (con sus párpados *a medio
caer* = "with their eyes half closed"). Practiquen esta construcción respondiendo a las siguientes preguntas según indica el
modelo.

MODELO:
Vds. oirán: ¿No leíste ese libro?
Vds. dirán: No, lo tuve que dejar **a medio leer.**
Vds. oirán: ¿No cosiste una blusa?
Vds. dirán: No la tuve que dejar **a medio coser.**

X. COMPOSICIÓN ORAL: lenguaje metafórico

Expliquen en español el uso metafórico de la palabra *paréntesis*
en la siguiente frase sacada del cuento.

Un especial frenesí parecía embargarles, una gran prisa por
apurar su júbilo antes del alba, antes de que el día siguiente
les sorprendiera trabajando, tras aquel paréntesis festivo.

❧ Vocabulario

The following types of words have been omitted from this Vocabulary: (1) most of the first 189 words of M. A. Buchanan's *A Graded Spanish Word Book* (Toronto, 1929); (2) easily recognizable cognates; (3) most articles, personal and possessive pronouns and adjectives; (4) cardinal numbers; (5) names of the months and days of the week; (6) adverbs in **mente** when the corresponding adjective is included; (7) common diminutives; (8) verbal forms other than infinitives and some past participles with special meanings when used as adjectives. Gender is not indicated for masculine nouns ending in **o** or for feminine nouns ending in **a, ad,** and **ión.** Words are given all meanings needed to clarify the text; only English cognates close to the Spanish are omitted.

ABBREVIATIONS

abbr.	abbreviation	*interj.*	interjection
adj.	adjective	*irreg.*	irregular
adv.	adverb	*m.*	masculine
aug.	augmentative	*n.*	noun
aux.	auxiliary	*neut.*	neuter
coll.	colloquial	*p.p.*	past participle
cond.	conditional	*pl.*	plural
conj.	conjunction	*prep.*	preposition
dim.	diminutive	*pres.*	present
f.	feminine	*pret.*	preterite
fut.	future	*pron.*	pronoun
imp.	imperfect	*subj.*	subjunctive
inf.	infinitive	*var.*	variant

a to, at, after, away, by, for, from, in, into, of, on, with; — + *inf.* if; — **los (diez)** at the age of (ten); — **(los pocos días)** (a few days) later; — **no ser** unless it were

abajo below, down, underneath, at the bottom; **bien** — way down; **boca** — face down; **calle** — down the street; **de arriba** — from head to foot; **los de** — the people below; **para** — on down; **para arriba y para** — up and down; **por un barranco** — over a cliff; **tirar** — to tear down

abandonar to desert, leave; to drop

abandono dejection, discouragement

abarcar to embrace, take in

abatido, -a abject, dejected, downcast

abatir to knock down; —**se** to fall

abdicación renunciation

abierto, -a *p.p. of* **abrir** open(ed); cut; spread

abismado, -a lost in thought

abismo abyss

abogado lawyer

abolir to abolish

abordar to undertake

abortar to cut off

abrasar to set afire; —**se** to burn

abrazar to hug; —**se a** to clasp, embrace; **abrazado a** with his arms around

abrazo embrace

abrigar to cover; to cherish, entertain (*hope*)

abrigo overcoat, wrap; shelter

abrir(se) to open, open up, break, cut; — **bien los ojos** to keep one's eyes open; **en un** — **y cerrar de ojos** in the twinkling of an eye; —**se camino** to make one's way; —**se en ala** to fan out

absoluto, -a despotic; **en** — (not) at all

absorto, -a absorbed in thought, entranced

abuchear to boo

abultar to swell

abundancia fullness, plenty

aburrido, -a boring, tiresome

aburrimiento boredom, monotony

aburrir to bore, be boring; —**se** to get bored, get tired, be indifferent

acá here; **para** — here; **por** — around here

acabar to end, end up, finish; — **de (morir)** to have just (died); to (die) at last; —**se** to end, come to an end, be finished; to be played out; to be sold out; to die

acantilado cliff, rock

acariciar to caress, pat

acaso maybe, perhaps

acción action; deed; movement

acechar to spy (on), watch

aceite *m.* olive oil; lubricating oil

aceituna olive

aceleradísimo, -a greatly accelerated

acentuar to stress

acera sidewalk; **la** — **de la sombra** the shady side of the street

acercar to bring near, hold close, ride up to, take over; —**se** to approach, come (over), get close, go (over), go to, go up

acertado, -a skillful

acertar (ie) to be right, guess right; manage; — **en** to hit

acicalarse to dress up

ácido, -a biting, sharp; *n.m.* acid

acierto success

aclarar to clarify, explain; —**se** to brighten, grow light

acodado, -a leaning (*on one's elbows*)

acodar to prop; —**se** to lean (*on one's elbows*)

acoger to receive, welcome

acometer to attack

acomodado, -a well-to-do

acomodar to adapt; —**se** to settle oneself

acompañar to accompany, go with, stay with

acompasado, -a rhythmical; slow

acongojar to distress, trouble

acontecer to happen

acontecimiento event, occurrence

acopio collection; **hacer** — **de** to gather, pick up

acordarse (ue) de to remember, think of

acorde *m.* chord

acordeón *m.* accordion
acostarse (ue) to go to bed
acostumbrar to be accustomed
acrecer to enlarge
actitud *f.* attitude, feeling
activar to start up
actividad activity; — **publicitaria** advertising campaign
activo, -a diligent, industrious
acto action, deed; — **piadoso** act of mercy; — **seguido** at once, right afterward
actual present
acuciar to goad, prod
acudir to come, go, hasten, respond
acuerdo accord, agreement; **de** — **con** characteristic of, in keeping with; **de mutuo** — by common consent
acuitar to distress, afflict
acusado, -a noticeable
acusar to accuse; to acknowledge; to accentuate, mark
achacar to ascribe, attribute; to consider as belonging; to relate
achuchón *m.* prodding
adelantar to advance, pass (ahead of); to cast (*a glance*); **patrulla adelantada** advance patrol
adelante ahead; **carretera** — along the road; **en** — from now on; **más** — later; **seguir** — to go ahead; *interj.* go on! come in!
adelfa oleander
adelgazar to thin, attenuate
ademán *m.* attitude, gesture, manner
además besides; — **de que** aside from the fact that
adentro within; **más** — farther inside
adherencia adhesion, attached bit
adherirse (ie,i) to stick
adiós good-by, hello
adivinar to divine, foresee, guess (at), prophesy
administrar to handle, manage
admiración astonishment; exclamation point
admirado, -a in wonder
admitir to permit; — **de nuevo** to take back
adormecer to put to sleep; —**se** to drowse off

adormecido, -a drowsy, motionless
adornar to decorate
adorno adornment; marking
adquirir (ie,i) to acquire, get
adueñarse de to master, take possession of
advertir (ie,i) to notice, observe, realize; to point out, warn
afán *m.* anxiety, eagerness
afanarse to strive; to ask anxiously
afanosamente desperately
afecto affection
afeitado shave, shaving
afeitar to shave; to adorn, trim; — **los maizales** to harvest corn; to get all spruced up
afición enthusiasm, liking, love; hobby
aficionado, -a *n.m. and f.* devotee, enthusiast, lover; (sport) fan
afilado, -a sharp, piercing
afiligranado, -a delicate; neat
afinar to elaborate, refine, soften
afirmar to declare, state
afirmativamente affirmatively; **mover** — to nod (one's head)
aflojar to loosen
afortunado, -a fortunate, happy
afuera outside; *n.pl.* outskirts
agachar to bend, lower
agarrar to grab; —**se a** to clutch, grasp, take hold of
agarrotar to bind, hold (tight)
agazaparse to crouch, hide
agigantarse to loom up, pile up
ágil agile, lithe, sprightly, supple
agitación turmoil
agitar to wave; —**se** to stir
aglomeración crowding, gathering; — **humana** mass of humanity
agonía death struggle; **de más larga** — who took so long to die
agonizante dying (person)
agonizar to be dying
agotar to exhaust, wear out
agradable agreeable, nice, pleasant
agradar to please
agradecer to thank (for); **se agradece** thanks; **se lo agradezco** I thank you; —**se** to be grateful
agradecido, -a grateful

agradecimiento gratitude
agravio insult
agregar to add
agresor, -a aggressive, attacking; *n.m.* aggressor
agrietar to crack
agrio, -a harsh; sour
agrupar to group; **—se** to gather, cluster
aguafuerte *m.* etching
aguantar to hold out, stick it out; **—se** to restrain oneself, grin and bear it
aguardar to await, wait, wait for
agudo, -a sharp, piercing; high-pitched
aguja needle
agujerear to pierce
agur so long!
ahí there; **— tienes** there is; **— van** I enclose; **a partir de —** from then on; **por —** around there
ahogar to drown out; **—se** to choke, drown, suffocate
ahora now, in a minute; **— mismo** right now
ahorcar to hang
ahorrar to hoard, save; **—se** to be spared
ahorros *m.pl.* savings
ahuecar to make deep (*one's voice*); to throw out (*one's chest*)
airado, -a angry
aire *m.* aspect, manner; air, breeze; **al — libre** outdoors; **dejar al —** to expose
airear to air, expose to the air
airecillo *dim. of* **aire**
airoso, -a lively; successful, on top
aislado, -a isolated
ajeno, -a unrelated; unaware, indifferent
al = a + el; — + infin. on, upon, when; **— (mes)** after a (month)
ala wing; row, line
alabanza praise
alambre *m.* wire
álamo poplar
alargar to elongate, lengthen; to hand over, hold out; **—se** to reach out

alba dawn
albayalde *m.* white lead
alborotar to get excited, make a fuss, stir things up
alcance *m.* reach; power; **al — de la mano** at arm's length
alcanzar to reach, catch, hit; to be enough
Alcarria a district in central Spain
los Alcázares small port on the southeastern coast of Spain
alcoba bedroom; cell
aldea village
alegar to allege
alegrar to delight, please; **—se** to be glad
alegre cheerful, gay, happy, joyful, merry
alegría gaiety, joy; Andalusian song and dance; a rhombus (*oblique-angled geometrical figure*)
alejarse to get away, go off, move away
alelar to stupefy
alentar (ie) to encourage; to cherish
alférez *m.* ensign
alfiler *m.* pin
algas *f.pl.* algae
algazara hurrah, outcry, uproar
algo something, anything; *adv.* a little, quite, somewhat
alguacil *m.* constable
alguien someone, anyone
alguno (algún), -a some, any, an occasional, a certain; **—os que otros** one or another; **en —a parte** somewhere; **en (modo) —** in no (way)
alhajar to furnish
aliento breath
alimentar to feed, nourish
alimento(s) food
alinear to align, line up; **—se** to fall in line
aliñar to season, dress (*foods*)
aliño adornment
alisar to smooth
aliviar to relieve, make one feel better
alivio relief, help
alma soul, heart; **— en pena** lost soul; **con el — en la boca** with

one's heart in one's mouth; **Clarita del —** my darling Clarita

almacén *m.* shop, store; warehouse

almena merlon (*of an indented parapet*)

almendro almond tree

almorzar (ue) to have lunch

almuerzo lunch

alojar to give lodging to; **—se** to lodge, stay

alpargata hemp sandal

alpinista *m.* mountain climber

alquilar to rent

alrededor around; **—** de around; a (**mi**) **—** around (me)

altavoz *m.* loudspeaker

alternativamente in succession, in turn

altivo, -a proud

alto, -a high, tall; loud; **dejar bien en —** to glorify; **en voz —a** aloud; **lo —** the top; *n.m.* top; stop; **hacer —** to stop

altura altitude, height, level; **a estas —s** by this time

alucinación hallucination, illusion

alud *m.* avalanche

alumbrar to light

aluminio aluminum

alzar to raise; **—se** to arise, rise, stand up

allá there, away, yonder; **— (vosotros)** it's up to (you); **hasta —** way over there; **más —** farther on; **más — de** beyond

allanar to overcome

allí there; **por —** around (there), that way

amabilidad amiability

amable amiable, kind

amanecer to get light; **al —** at sunrise; *n.m.* daybreak

amansar to soothe, calm; to subdue

amante *m.* lover

amapola poppy

amar to love

amargo, -a bitter, harsh

amargura bitterness

amarillear to (turn) yellow

amarillento, -a yellowish

amarillo, -a yellow

amasijo (*batch of*) dough; kneading (*motion*)

Amberes Antwerp (Belgium)

ambición desire

ambicioso, -a ambitious

ambientarse to adapt oneself

ambiente *m.* air, atmosphere, surroundings, background

ámbito bounds, limits, space, the four corners

ambos, -as both, the two

amenazador, -a ominous, threatening

amenazar to threaten

americana jacket, suit coat

amical friendly

amigo, -a friend; friendly; **ser — de** to be fond of

amistad friendship; **trabar — to** strike up a friendship

amo master, boss; star

amodorrado, -a asleep, drowsy

amolao *coll. for* **amolado, -a** on edge

amolar to annoy, bother, disturb

amontonar to pile, stack

amor *m.* love

amoratado, -a blue (*with cold*)

amoroso, -a loving

amparar to protect, shield; to disguise, hide

amparo protection, support

ampolla blister

anca haunch

anciano, -a old, aged; *n.* old man (woman)

ancho, -a broad, wide

andaluz, -a *n. and adj.* Andalusian (*of Andalusia, region of southern Spain*)

andanza act, exploit, happening

andar to go, walk; to be; **— a patadas** to kick around; **anda (ya)** go on! **ir andando** to walk, go on foot; *n.m.* step

andas *f.pl.* stretcher

anegar (ic) to sink, submerge

Angueira a village in northwestern Spain

ángulo angle, corner

angustia anguish, anxiety, distress, suffering

angustiado, -a distressed, in distress

angustioso, -a agonizing
anhelante eager, longing, wistful
anhelar to covet, crave, yearn for
anilla ringlet
anillo ring; (cigar) band
animal *m.* beast, idiot
animalejo small animal
animar to encourage, impel
ánimo spirit, mind, courage
anís *m.* anise; anise-flavored brandy
aniversario birthday
anochecer to get dark; *n.m.* nightfall
anotar to note, make a note of
ansiar to long for
ansiedad anticipation, eagerness
ansioso, -a anxious, eager
ante before, in front of, in the face of; **teníamos ante nosotros** we faced
anterior earlier, former, previous, before
antes before, earlier, formerly; — **(de) que** before; — **que** rather than; — **que nada** first of all
antiguo, -a old, familiar; **lo** — ancient times; **los** —**s** the ancients
antojadizo, -a capricious, notional
antojarse to seem
anual annual, yearly
anudarse to perish
anuencia consent
anular to deprive of authority, wipe out
anunciar to announce
añadir to add
añil *m.* bluing
año year; **con (mis)** —**s** at (my) age; **cumplir (diez)** —**s** to reach the age of (ten); **los (diez)** —**s** the age of (ten); **tener (diez)** —**s** to be (ten) years old; **un** — **largo** a whole year
apacible peaceful, gentle
apache (of the) Parisian toughs
apagado, -a extinguished; subdued, dim, dull; listless
apagar to switch off, turn off; —**se** to be silent
apalear to beat, thrash
aparato device, gadget; — **metálico** brace

aparatoso, -a ostentatious, pompous
aparcar to park
aparecer to appear
aparejo riding gear, harness
aparentemente apparently
apariencia appearance
apartado, -a apart, out of the way
apartar to move away, separate, set aside; —**se** to retire, turn aside, walk away, withdraw; —**se de** to avoid, depart from
aparte besides, not counting
apasionar to appeal to, arouse; —**se por** to be crazy about
apellido family name
apenas barely, hardly, scarcely, the moment that
apercibir to provide: —**se de** to be prepared with
apetecer to desire, long for
apetitoso, -a appetizing
apiñar to squeeze together; —**se** to huddle close
aplastar to crush, flatten
aplauso burst of applause; *pl.* applause
aplicar to apply; to set *(fire)*; —**se** to busy oneself
aplomado, -a calm, steady
aplomo poise, self-possession
apoderar to empower; —**se de** to take over
apostar (ue) to post, station
apóstol *m.* apostle, disciple
apoyado, -a leaning
apoyar to back up, rest, support; —**se** to lean
apoyo aid, backing, protection, support
apreciar to appreciate, appraise, regard
apremiar to press
aprensivo, -a apprehensive
apresurado, -a hasty, hurried
apresurar(se) to hasten, hurry
apretar (ie) to press, squeeze; to close (in), crowd together; to step on the accelerator; — **las manos sobre el volante** to grip the wheel
apretón *m.* pressure, squeeze
aprisa fast, hurriedly

aprobar (ue) to approve of; to get (*a degree*), pass (*a course*)

aprovechar(se) to benefit (from), take advantage (of)

aproximadamente approximately, anywhere nearly

aproximar to take near; —se to approach

apuntar to aim, point (out); to begin to appear; to register

apunte *m.* note, sketch; — carpetovetónico a sketch based on life in central Spain

apurar to drain, exhaust, relish fully

apuro difficulty, fix, tight spot; andarse con —s to have a lot of trouble

aquello *neut.* that; por — de que for the reason that

aquí here; he — (que) lo and behold

arabesco arabesque (*fanciful pattern*)

aragonés, -esa *n. and adj.* Aragonese (*of Aragon, region of northeastern Spain*)

Arahal a town in southern Spain

arbolado woodland; de — escaso sparsely wooded

arboleda grove, forest, woods

arbusto bush, shrub

arcilla clay

arco arch

arder to burn

ardiente ardent, fervent, passionate

ardilla squirrel

arena sand

argumento plot

arista angle, sharp edge

aritmético, a arithmetical

Arlanzón *m.* river flowing through Burgos

arma weapon; compañero de —s comrade in arms

armar to cause, make, stir up; — bronca to start a row; — una to do something; —se de. valentía (valor) to pluck up courage

armario closet

armatoste *m.* clumsy construction, hulk

armonio harmonium (*reed organ*)

aro ring

arrancar to draw out, extract, pick, pull off, pull out, snatch; to start; —se to start up

arrastrar to drag, haul, trail; —se to drag on

arrastre *m.* dragging, haul

arrear to spur, urge on

arrebatar to carry away, transport

arrebato impulse, rapture

arreciar to grow worse; to grow louder

arreglar to arrange, fix, settle; —se to come out

arreglo condition, order

arrellanar(se) to sprawl out

arrepentir(se) (ie,i) to be sorry, repent

arriba above, up, up there; corriente — upstream; de — abajo from head to foot; más — de above; noche — in the night ahead; panza — on one's back; para — y para abajo up and down

arriesgar to risk; —se to venture

arrimado, -a close, against

arrimar to bring close; —se to go up to

arrinconado, -a cornered, in a corner

arriscado, -a bold

arrodillarse to kneel

arrojar to throw

arrollar to loop, wind

arroyo stream

arroz *m.* rice

arruga wrinkle, facial line

arrugar to wrinkle

arrumaco caress; dar —s to show affection

artificio trick

asaltar to assail

asar to roast

ascender to climb, go up

ascetismo asceticism, self-denial

asco disgust, nausea

asediar to besiege

asegurar to assure (of), guarantee

asentir (ie, i) to agree; — con la cabeza to nod

asesinato murder

así so, thus, in this way, like this, like that, as follows; would that;

— **como** as well as, about; like;
— **fuera** even (if it were); **fue** —
como that was how
asiento seat, seat cushion
asignar to destine
asignatura (*academic*) course
asimismo also, likewise
asir to grasp, seize
asistir to attend
asociar to associate, relate
asomar to show, stick out; —**se a** to
appear at, come to, lean out of,
look out of
asombrar to astonish, frighten
aspado, -a cross-shaped, with out-
stretched arms
aspaviento demonstration; *pl.* fuss
aspecto air, look; angle
aspereza asperity, sharpness
áspero, -a angry; rough, rude; knotty
asqueroso, -a disgusting, repulsive
astro star, heavenly body; — **rey** sun
astroso, -a ragged, shabby
asturianada Asturian song
asturiano, -a *n. and adj.* Asturian (*of
Asturias, the mountainous region
of northern Spain*)
asumir to assume; — **el mando de** to
take (over)
asunto affair, business, case, matter,
question
asustar to alarm, frighten, scare,
startle, terrify
atacar to attack
atajo short cut
atar to bind, tie
atardecer to get toward evening;
n.m. (late) afternoon, twilight
atardecida (late) afternoon
atareado, -a occupied; **lo** — **de su
vivir** his busy life
atascar to clog; —**se** to get stuck
atemorizado, -a frightened, scared
atención attention; **fijar la** — to concentrate; **llamar la** — to interest
atender (ie) to wait on
atenerse a to rely on
atento, -a attentive, kind; intent
aterido, -a (frozen) stiff
aterirse to become stiff with cold
aterrorizar to terrify

atisbar to observe
atmósfera atmosphere, air
atontado, -a bewildered, confused
atraco holdup
atraer to attract, draw
atrás back, farther back, behind; before; **echar para** — to lean back;
muy — very far behind; **para** —
backward
atrasado, -a old, out of date
atravesar (ie) to cross, go over, pass
through; to put the evil eye on
atreverse to dare, venture
atribuir to attribute
atribulado, -a troubled
atrio atrium (*paved space in front
of a church*)
atronar (ue) to deafen
atropellado, -a hasty, hurried
atropellar to trample, knock down
atta. *abbr. of* **atentamente** sincerely
atuendo dress
aturdir to bewilder, stun
aturrullar to perplex; —**se** to get
mixed up
audaz bold, daring
aula classroom
aullar to howl
aullido howl, cry
aumentar to be greater, grow, increase
aumento increase, gain
aun (aún) even, still, yet; **ni** — not
even
aunque although, even if, even
though
aureola aureole, halo
aurora dawn
auscultar to hear, listen to
ausencia absence
ausente absent; alien, detached
auténtico, -a authentic, genuine,
natural
autobús *m.* bus
automóvil *m.* car; — **de turismo**
touring car
autónomo, -a autonomous, having in-
dependent life
autopista highway, turnpike
auxiliar auxiliary; **profesor** — professor's assistant

auxiliar to aid; —**se de** to make use of

avanzar to advance, approach, go farther, walk; to spread

ave *f.* bird

avecinar to bring near; —**se** to approach

avejentado, -a aged, (prematurely) old

avellana hazelnut

aventura adventure

avergonzar (ue) to embarrass

avería breakdown

averiguación inquiry

averiguar to find out

aviar to prepare; —**se** to get ready

avidez *f.* eagerness

avión *m.* airplane

avisar to notify, send word, tell

aviso call, notice, warning

avispa wasp

avutarda great bustard (*a bird similar to the crane and the plover*)

axila armpit; **por las** —**s** under the arms

ay *interj.* oh! alas!

ayuda aid, help, support

ayudante aide, assistant, helper

ayudar to help

ayuno fast, fasting

azar *m.* chance

azarar(se) to be disturbed, be upset

azaroso, -a hazardous

azogue *m.* quicksilver

azotar to lash, beat upon

azotea (flat) roof

azúcar *m.* sugar; **rosca de** — sweet roll

azulado, -a bluish

azulino, -a bluish

azuzar to egg on, urge

bacalao codfish

bachillerato bachelor's degree

bagazo shred of tobacco

bailaor *coll. for* **bailador** *m.* dancer

bailar to dance

baile *m.* dance, dancing

bajar to bring down, lower; to come down, descend, get down, go down, bend; — **(de)** to get off of, get out

of (*a vehicle*); — **la cabeza** to nod

bajo, -a down, low; in an undertone; short; **por lo** — secretly; *prep.* under, underneath; — **el terror** in terror

bala bullet

balazo bullet wound; shot

balbucear to stammer

balbucir to stammer

balcón *m.* balcony, balcony window

baldón *m.* insult

banco bench, row

banda side

bandada group, swarm

bandeja tray

banderola: en — slung over his shoulder

bandido bandit, outlaw

bandolero brigand, highwayman

banquillo *dim. of* **banco** footstool, small bench

bañar to bathe; —**se** to go swimming

baño bath, swim; **colonia de** — toilet water

baraja deck, pack (*of playing cards*)

baratija trinket

barba beard; **a sus mismas** —**s y reinos** in its very face

barbaridad blunder, outrage, rashness

bárbaro, -a barbarous, savage; *n.m.* barbarian

barbería barber shop

barbudo, -a bearded

barco boat, ship

barquillo thin rolled wafer

barquito *dim. of* **barco**

barra bar

barraca hut

barranca gorge, gully; **a trancas y** —**s** through fire and water

barranco ravine; **por un** — **abajo** over a cliff

barrer to sweep (over)

barriga belly, paunch

barrigoncete with protuberant belly, paunchy

barrio district

barro mud, clay

barruntar to guess, sense

bártulos *m.pl.* household goods

basa base
base *f.* base; — **hidronaval** hydroplane base; **a** — **de bien** right
basilisco basilisk (*a fabulous reptile*); **hecho un** — in a rage
bastante a good deal of, plenty of, quite a lot of; *pl.* quite a few; *adv.* fairly, pretty, quite
bastar to be enough, suffice
bastón *m.* cane, stick
basura(s) rubbish, trash
bata robe
batalla battle
batida battue (*driving of game from cover*); **dar una** — to search
batidor *m.* beater
batín *m.* smoking jacket
batir to beat; — **palmas** to clap
bautizo baptism
bayeta (woolen) cloth
beatífico, -a blissful
bebé *m.* baby
beber to drink; — **en blanco** to have a white lip (*a horse*)
belleza beauty
bello, -a beautiful
bendición blessing
bendito, -a holy
berrear to bellow
besar to kiss
beso kiss
bestia beast; fool
betún *m.* shoe polish, shoe blacking
biberón *m.* nursing bottle; infant
bicicleta bicycle
bicho animal, beast; bug; **mal** — crook, rat
bien well, right, very, really; — **abajo** way down; — **empleado** worthwhile; — **pensado** come to think of it; **está** — all right; **hombre** — **hombre** he-man; **más** — rather; **quedar** — to come off well; **¡qué** —! how nice! *n.m.* good, welfare; **con** — safely; *pl.* possessions, property
bienestar *m.* well-being, euphoria
bigote *m.* mustache; corn silk
billete *m.* ticket
birlonga: pasar la vida — to lead a carefree life

bisiesto leap year
bizco, -a cross-eyed, squint-eyed
blanco, -a white; **beber en** — to have a white lip (*a horse*); **en** — blank; *n.m.* bull's-eye, target; white wine; — **de España** whiting
blandengue soft
blando, -a bland, soft; vulnerable; timid
blusa blouse
bobo, -a stupid
boca mouth, lips; — **abajo** face down; **a** — **de jarro** all of a sudden; **dar a la** — to feed; **algo que llevarse a la** — anything to eat
bocado bit, bridle
bocal *m.* mouth (*of a receptacle*)
bochorno heat haze, sultry heat
boda wedding
bofetada blow, slap in the face
bohemio, -a *adj. and n.* Bohemian
boina beret
bola marble
bolsillo pocket
bomba bombing
bombardear to bombard, bomb
bombilla light bulb
bonito, -a pretty, good-looking, lovely; nice
borbotear to boil, seethe
borceguí *m.* high shoe
borde *m.* edge
bordear to border, skirt
borracho, -a drunk, drunken; *n.m. and f.* drunkard
borrico donkey; idiot
borronear to outline
borroso, -a blurred, dim
bosque *m.* forest, grove, woodland, woods
bosquejo sketch, outline
bostezar to yawn
bostezo yawn
bota boot; leather bag for oil or wine
botella bottle
boticario druggist
botón *m.* bud; button
botones *m.* bellboy
braña pasture; grass
brasero brazier

bravo, -a fierce; toro — fighting bull
brazada stroke (with the arm)
brazo arm; cruzado de —s with one's arms crossed; del — arm in arm, by the arm
brea pitch, tar
breve brief, passing, short
brillante bright, scintillating, shining; n.m. sparkling stone
brillar to gleam, glitter, shine
brillo brilliance, shine
brinco bound, leap; levantarse de un — to jump up
brisa breeze
brisca bezique (card game)
broma jest, joke; gastar una — to play a joke
bromear to joke
bronca dispute, wrangling; armar — to start a row
bronco, -a hoarse; rough, tough
brotar to spring; to appear; to be heard
brote m. budding
bruces m.pl. lips; de — face downward, on one's face
brújula compass; clear space made by windshield wipers
bruma mist
brusco, -a brusque, abrupt
buenaventura fortune, fortunetelling
bueno (buen), -a good, kind, fine; a —a hora on time; el — de (our) good friend; ponerse — to get all messed up; por las —as nothing to it; buen mozo good-looking; — nombre real name; a — seguro surely; interj. well, all right
buey m. ox
bufanda muffler, scarf
bufar to snort
buhardilla attic, garret
buho eagle owl
buhonero peddler
bulto bundle; figure, form
bulla crowd
buque m. boat, ship
burdo, -a coarse; stupid
Burgos a city, the capital of Old Castile

burgués, -esa bourgeois, middle-class
burilar to chisel, engrave
burla joke, ridicule; deception
burlar to disappoint, outwit; —se de to laugh at, scoff at
busca search; en (tu) — in search of (you)
buscar to look for, look up, meet, search for, seek (out), try to find
búsqueda search
butaca armchair; orchestra seat

caballería cavalry; de — mounted
caballero gentleman; sir
caballista m. horseman; coll. mounted highwayman
caballo horse; a — on horseback; — de pica horse ridden by a picador
cabecear to nod
cabello(s) hair
caber to fit; to be suitable
cabeza head; mind; asentir con la — to nod; bajar la — to nod; de — head first; in one's head
cabina cab (of a truck)
cabizbajo, -a crestfallen
cabo end; corporal; al — de after; llevar a(1) — to accomplish, carry out
cabra goat
cabrón m. billy goat
cacahuete m. peanut
cacería hunt, chase
cachazudo, -a slow
cachete m. punch (in the face)
cada each, every; — cual each one; — vez más more and more; — vez menos less and less
cadáver m. body, corpse
cadera hip
caer to fall, fall apart, fall off; — bien to be well received; — prisionero to be captured, a medio — half closed; dejar(se) — to drop; —se to fall, fall down
cafre m. and f. Kaffir; savage
caída fall; decline
caja box
cajón m. drawer

calcinar to burn
cálculo calculation; assumption; idea
caldo broth
calefacción heating
calentar (ie) to warm
calidad quality, style
cálido, -a warm
caliente hot, warm
calificar to characterize
caliginoso, -a foggy, misty
calma quiet; con — slowly
calor m. heat; dar — to make warm;
hacer — to be warm
calumnioso, -a false, slanderous
caluroso, -a hot
calvero clearing
calvo, -a baldheaded
calzada road, street
calzoncillos m.pl. drawers, shorts
callado, -a quiet; quedarse — to fall
silent
callar(se) to be silent, keep still, say
nothing; a — shut up
calleja alley, side street
callos m.pl. tripe
calloso, -a calloused
cama bed
camarada m. comrade
camaradería companionship, friendship
camarera chambermaid
camastro bunk
cambiar to change; to exchange; —
de cara to change expression; —
de parecer to change one's mind;
— de tema to change the subject
cambio change; shifting; en — on
the other hand
caminante m. traveler, wayfarer
caminar to go, walk
caminata hike, jaunt
caminillo track, trail
camino road, wayside; way, walk of
life; route; line; — de (headed)
for, on the way to; — de herradura
bridle path; — de vuelta way
back; abrirse — to make one's
way
camión m. truck
camisa shirt
campamento camp, encampment

campana bell; chimenea de — open
fireplace with cowl
campanada stroke of a bell; pl. tin-
kling
campanilla hand bell; thing of importance
campante cheerful
campaña campaign; de — in the
field; tienda de — army tent
campeón m. champion
campeonato championship
campesino farm hand, rustic
campestre (of the) country
campiña(s) countryside
campo country, countryside; field;
area, range; echarse al — to take to
the road; hombre de — peasant,
rustic
Canarias the Canary Islands
canas f.pl. gray hair
canción f. song
candela fire
cangrejo crab
canoso, -a gray-haired, hoary
cansado, -a tired, weary
cansancio fatigue, weariness
cansar to tire; —se to get tired
cansino, -a weary
cantar to sing; to chirp
cantarín, -ina lilting, melodious
cante m. singing
cantera quarry
cántico canticle, hymn, song
cantidad quantity, sum
cantimplora canteen, water bottle
cantina tavern
cantor m. singer
canturrear to hum
caña stalk
capa layer
capacitar to enable, qualify
capataz m. overseer; estar de — to
have a job as foreman
capaz capable
capear to defy; to weather (a storm)
caperuza pointed hood
capilla chapel
capitán m. captain
capitanear to lead
capitanía (captain's) headquarters
capítulo chapter

capón *m.* cuff, slap, tap

caprichoso, -a capricious, notional, willful

captar to capture, catch

capucha cowl

cara face; **— al cielo** looking up; **cambiar de —** to change expression; **dar la —** to face (it); **juego de —s** heads or tails; **poner una mala —** to glare, make a face; **poner ante la —** to show; **volver la —** (**atrás**) to look back, turn back

carabinero revenue guard

carácter *m.* character, nature; letter

característico, -a characteristic; *n.f.* characteristic

caracterizar to characterize, distinguish; **—se** to be outstanding

caramba *interj.* good heavens! goodness! confound it! you don't say so!

caramelo (hard) candy

caray *interj.* confound it!

carbonero, -a (of) coal

carburo acetylene lamp

carcajada guffaw; **reírse a —s** to roar with laughter; **soltar una —** to burst out laughing

cárcel *f.* prison

cárdeno, -a purple, violet

carecer de to lack

carencia deprivation

carga load; attack

cargar to carry

cargo burden; **hacerse — de** to grasp, realize, understand

caricia caress

caridad charity

cariño affection, love

cariñoso, -a affectionate

carnal bodily

carne *f.* flesh; meat; *pl.* flesh; **en — viva** sore

carnet *m.* identification papers; **— sindical** union card

caro, -a expensive

carpa circus tent

carpeta portfolio

Carpetovetónico *see* **Pirenaico**

carpintero carpenter

carraspear to clear one's throat

carraspeo clearing of the throat

carrera race, run; flight; career; studies; **echar una —** to start running; **hacer —** to get ahead; **hacer la —** to complete one's studies

carrerilla: de — without thinking, a cinch

carretera highway; **— adelante** along the road

carretilla: de — by heart, by rote

carrillo cheek

carro cart, wagon; chariot

carta letter; card

cartel *m.* poster

cartera wallet

cartero postman

casa house; estate; **a —** home; **como una —** as big as a house; **en —** at home, in

casarse (con) to get married (to)

cascado, -a hollow, weak

casco hoof

caserío village; group of buildings

caserón *m.* tumbledown house

casi almost, all but

caso case; fact, point, truth; **— que** in case; **en todo —** in any case; **hacer —** to pay attention

castañero, -a chestnut vendor

castaño, -a brown; *n.m.* chestnut; chestnut tree

castellano, -a *n. and adj.* Castilian (*of Castile, region of central Spain*)

castigo punishment, penance

castillo castle

castizo, -a classic, authentically Spanish

casualidad chance

catalán, -ana *n. and adj.* Catalan (*of Catalonia, region of northeastern Spain*)

catarro head cold

catarsis *f.* catharsis

catecúmeno neophyte

cátedra professorship

catedrático university professor

catre *m.* cot; *coll.* **en el —** hit the hay

cauce *m.* channel, river bed

caudal of great volume; **río —** swollen river

causa cause, reason; **hacer — común con** to take the side of

cautelosamente cautiously, warily
cavar to dig
cavilar to consider; to find fault
cayado crook; walking stick; handle, hook
caza hunt, chase
cazador m. hunter
cazar to hunt, pursue, track down; to shoot
cebada barley
ceder to yield
cedro cedar
ceja eyebrow
celda cell
célebre famous
celos m.pl. jealousy
cementerio cemetery
cena supper
cenar to have supper
cencerra var. of cencerro
cencerro small bell, cattle bell
cenicero ashtray
ceniza ash
centenar m. hundred
centenario, -a century-old
centímetro centimeter (.3937 inches)
céntimo centimo (a hundredth of a peseta); al — down to the last centimo
centinela m. sentinel
central f. power plant
centro center
ceñido, -a tight
ceño frown; fruncir el — to frown
cepa vinestalk
cepillo brush
cera wax
cerca close; — de near
cercanía nearness, proximity
cercano, -a close, near, nearby
cercar to enclose
cerco circle, ring
cerebro brain, mind
cerilla match
cerillero, -a match-seller
cerner (ie) to threaten; —se to hang suspended; to hover
cerrado, -a closed; sharp (curve)
cerrar (ie) to shut; to turn off; —se to close
cerro hill

certamen m. contest
cerveza beer
cesar to cease
césped m. grass, lawn, turf
cesta (picnic) basket
Ceuta Spanish town on the northern coast of Africa
cicatriz f. scar
ciego, -a blind
cielo sky, heaven, air; — raso cloudless sky; ¡— santo! good heavens!
ciencia science; learning
cierto, -a certain, a certain; real, true; lo — the fact; por — to be sure
ciervo deer, stag
cifra figure, number
cigarra locust
cigarrillo cigarette
cigarro cigar, cigarette; — puro cigar
cima mountain top
cincha cinch (of a saddle)
cine m. motion picture theater; movies
cínico, -a cynical, brazen; n.m. and f. cynic
cinismo brazenness, shamelessness
cinto belt
cintura belt; waist
cinturón m. belt
ciñuela pomegranate
círculo circle; estrechar un — to close a circle
circunstancia circumstance, condition
cirio wax candle
ciruela plum
cisco coll. row, brawl
citar to quote
civil m. policeman
clamor m. outcry, shouting, uproar; plaint, plea
clandestinamente on the sly
clarear to dawn, show through; apenas clareaba el día almost before it was light
claridad clarity, light; — mental clear perception; con mayor claridad more clearly
claro, -a clear; — es (está) of course; — que to be sure; las —as daylight; interj. of course!
clase f. class; kind, sort, style; dar (la)

— to hold (the) class
claustro cloister
clavar to fix, impose; to stick someone with
clave *f.* key, clue, means
clavo nail
cliente *m.* customer
clisé *m.* (*film*) negative, plate
cloqueo clucking
cobarde cowardly
cobertizo shed, shelter
cobrador *m.* conductor
cobre *m.* copper
cocer (ue) to boil, cook
cocina kitchen; stove
coche *m.* coach, car; **salida de —s** cab stand; end of a car line
codazo nudge (*with the elbow*)
codo elbow; **empinar el —** to (take a) drink
coger to take, pick up, hold; to catch; to get; **— el sueño** to get to sleep; **— velocidad** to make time; **cogido por la crin** by the mane
cohete *m.* rocket
coincidente coinciding, corresponding; **muy —** very much like
coincidir to agree; **— con** to meet, run into
cojo, -a lame
cola tail; line (*of people*), queue
colar (ue) to strain; **—se por** to penetrate
colchón *m.* mattress
colchoneta long cushion
colección set
colectivo, -a collective, (of a) group
colegial *m.* schoolboy
colegio school
cólera anger
colgar (ue) to hang, hang on, dangle
colilla butt, cigarette stub
colina hill
colmado, -a full, crowded
colmena beehive
colmenar to return to the hive
colmillo tusk
colocar to place, set
colonia region, community; cologne; **— de baño** toilet water
coloquio colloquy, conversation

colorado, -a red
colorear to color
columna pillar
combatividad aggressiveness, fighting spirit
comedor *m.* dining room
comemuertos: gusano — graveyard worm
comentar to comment (on), say
comentario comment; *pl.* gossip
comenzar (ie) to begin
comeúvas *m.* grape-eater
comida meal; lunch
comienzo beginning, start
comisaría police station
comitiva procession, retinue
como like, something like; somewhat; as, as if, since; **— no** unless; **— nunca** as never before; **— que** as if; **— quien dice** so to speak; **tal —** just as
cómo how, the way
cómoda bureau, chest of drawers
comodidad comfort, well-being
cómodo, -a comfortable
compadecer to pity, feel sorry for
compañero companion, comrade, mate, friend
compañía company
compás *m.* compass; measure; rhythmic movement
compensación reward
complacerse to delight, take pleasure
complejo, -a complex
completo, -a complete; **por —** completely
complexión constitution, make-up
componer to compose, write; to settle
compostura order
comprender to understand, realize
comprensión understanding
comprensivo, -a understanding
comprobar (ue) to check, confirm, verify
comprometer to commit; **—se** to obligate oneself, pledge oneself
compromiso commitment, obligation, pledge; engagement; burden; **a modo de —** as an engagement ring; **salir de un —** to discharge an obligation

común common, joint; **hacer causa — con** to take the side of
comunal (of the) community
comunicar to communicate, express
comunidad group of persons living together under certain rules
con with, along with, on, in spite of, to; **— (tristeza)** (sad)ly
conato attempt
concebir (i) to conceive of, imagine
conceder to allow, grant, make a concession
conciencia conscience; heart
concluir to conclude, finish, settle
concluyente decisive
concreto, -a definite
concupiscencia desire, greed
concurrir to compete
concurso contest
conde *m.* count; *pl.* count and countess
condecoración *(honorary)* decoration
condenado poor fellow
condenar to condemn, damn
condesa countess
condimentar to season
conducir to lead, take; to drive *(a car)*
conductor *m.* driver
conejo rabbit
conferencia lecture
confesar (ie) to confess
confiado, -a trustful, sure
confianza confidence, faith, trust; familiarity
confiar to confide, rely, trust; **—se** to be overconfident
confidencia secret
confidente *m. and f.* confidant(e)
conformar to adapt, fit
conforme agreed, satisfied; as, in proportion as
confortar to comfort, console
confundir to confuse; to mingle, mix; **confundido con** indistinguishable from
confuso, -a confusing; indistinct, vague
congestivo, -a gregarious, (of a) mass
congoja anguish, distress
congregación gathering

congregar to assemble
conjetura conjecture, guess
conjunto association
conminar to threaten; to warn
conmiseración compassion, pity
conmoción emotion, shock
conmovedor, -a moving, touching
conocer to know (of); meet, get acquainted with; **dar a —** to make known
conocido, -a familiar
conocimiento acquaintance; *pl.* knowledge
conque and so, so then
conquistador *m.* Spanish conqueror in sixteenth-century America
conquistar to conquer; to win over
consabido, -a regular, usual
consecuencia conclusion
conseguir (i) to get, obtain; make; **— + *inf.*** to manage to, succeed in
consejo board meeting; *pl.* advice
consentir (ie, i) to spoil *(someone)*
conservar to keep, preserve
consigo (mismo) with himself
constancia certainty, steadiness
constar to be evident
constatar to state
constituir to constitute, establish
construir to build, construct
consuelo consolation
consultar to consider
consumar to accomplish, complete
consumición food and drink
contador de velocidad *m.* speedometer
contagiado, -a affected by contagion
contagiar to affect by contagion; to infect
contagioso, -a contagious
contar (ue) to count; to recount, relate, tell; to say; **— con** to count on
contemplar to look at, observe, watch
contener to control, hold, restrain, subdue
contenido content(s)
contento, -a happy, satisfied; **ponerse — to** cheer up
contestación answer
contestar to answer

contienda contest, conflict, fight
contiguo, -a adjoining, next
continuación: a — at once, immediately, later on
continuar to proceed; **continuará** to be continued
continuo, -a continual
contorno outline; *pl.* vicinity
contra against, contrary to; in; **en —** opposed; *n.* shutter
contracorriente *f.* countercurrent
contradecir to contradict
contraerse to contract
contraído, -a drawn, strained
contramedida countermeasure
contrapuntear to counterpoint (*play one theme against another*)
contrariar to annoy, provoke
contrariedad annoyance, opposition
contrato contract
control *m.* check; *pl.* dashboard, instrument panel
convencer to convince
convencimiento belief, conviction
conveniencia conformity, desirability, ideal
convenir to be advantageous, important, suitable, well
converger to be centered, be directed
conversación: dar — to talk
conversar to talk
convertir (**ie, i**) to transform, turn; **—se** to become
convidar to invite, treat
convivencia living together
convocar to call, summon
coñac *m.* cognac
copa glass, cup; drink; (tree) tops
copeja *dim. of* **copa; echarse una —** to have a drink
copia copy
copiar to copy; resemble
copioso, -a full
coqueta coquettish
coquetео flirtation
coquetería coquetry
coraje *m.* anger; encouragement
corazón *m.* heart; sympathy
corbata necktie
corcho cork; stopper
cordero lamb

cordón *m.* shoelace; twine
corinto, -a greenish yellow
coro chorus, choir; **a —** in chorus
coronel *m.* colonel
corporal bodily, manual
corpóreo, -a tangible
corpulento, -a stout
correa (leather) strap
corredizo, -a sliding, slip (*knot*)
correo mail, post
correr to run, pass; to chase, hunt; to blow; to draw (*a curtain*); **— peligro** to be in danger; **— la ventolera** to face the storm
corresponder to be characteristic
corresponsal *m.* correspondent
corriente running; usual; *n.f.* current; **— arriba** upstream
corro circle, group; **hacer —** to gather around
cortado cut (*in highway construction*)
cortar to cut, crack; to take a short cut
cortés courteous, polite
cortesano, -a courtly; (of a) court
cortijo farm
cortina curtain
cortinón *m.* drape
corto, -a brief, short; **vestir de —** to wear knee-length trousers
La Coruña a port on the northwestern coast of Spain
corvejón *m.* hock
cosa thing, something; matter; idea; trick; **— de** about; **— extraña** oddly enough; **— que** which; **otra —** anything (something) else; **poca —** nothing much; **¿qué —?** what?
cosecha harvest
coser to sew
costa coast; cost(s)
costado side; **cuyo —** a side of which; **indicador del —** sidelight
costar (**ue**) to be hard, to require effort
costilla rib
costumbre *f.* custom, habit; **de —** usual; **falta de —** being unaccustomed
costura seam
cotidiano, -a daily

cotización (price) quotation
creador, -a creative; *n.m. and f.* creator
Creador *m.* the Creator
crear to create, make (*things*) up
crecer to grow, spread; to appear; **—se** to assume added importance
crecida freshet, high water
crecido, -a big, large
creciente growing, increasing; accelerating; **cuarto —** waxing quarter (*of the moon*)
credencial *f.* proof; testimonial
creencia belief
cremación burning
crepitación crackling, rustling
crepitar to crackle, rustle
crepúsculo dusk, twilight
criado, -a bred; *n.m.,* servant; *n.f.* maid
Criador *var. of* **Creador**
criatura baby; child; man
crin *f.* mane; **cogido por la —** by the mane
crío, -a baby; child
cristal *m.* glass; window pane
cristalino, -a crystalline
Cristo Christ
cromo colored picture
crudo, -a raw; **en —** uncooked
crujido clatter, crackling, creaking
cruz *f.* cross
cruzar to cross, pass; to fold; **—se con** to meet, pass; **cruzado de brazos** with one's arms crossed
cuaderno notebook
cuadra stable
cuadrado, -a square
cuadril *m.* hip
cuadro picture; square; descriptive sketch; **a (de) —s** checked
cual which; **cada —** each one; **el —, la —, los —es, las —es** who, which; **tal —** an occasional
cualidad quality, talent
cualquiera (cualquier) some, any; someone, anyone; **por — página** at random; **(por) — parte** anywhere
cuán how
cuando when, (at) the time of; **— mucho** at most; **de — en —** from time to time; **de vez en —** now and then
cuantioso, -a numerous, large
cuanto, -a as, as much as, all that, everything that; **en —** as soon as; **en — a** as for, regarding; **todo —** all that; *pl.* as many as; **unos —os** a few, some
cuánto, -a how much; *pl.* how many
cuartel *m.* barracks
cuartelero, -a (of the) barracks
cuarto fourth, quarter; room; **— creciente** waxing quarter (*of the moon*); **echar su — a espadas** to butt in
cuatralbo, -a with four white feet
cuatrero cattle thief, rustler
cubierto, -a *p.p. of* **cubrir** covered; *n.* cover, top; *f.* (*automobile*) tire
cubo can, pail
cucaña greased pole
cucaracha cockroach
cuclillas: en — squatting
cuchara spoon
cucharita teaspoon
cuchichear to whisper
cuchillo knife
cuello neck; collar
cuenco hollow
cuenta count, account; **darse — de** to realize, be aware of
cuento story, tale
cuerda rope; string; **dar —** to give free rein; **dar — a** to wind (up)
cuerno horn
cuero leather; **enfundado en —** in a leather case
cuerpecito *dim. of* **cuerpo**
cuerpo body; **separación de —s** legal separation; **tirarse del —** to move
cuesta slope; **— abajo** down the hill; **a —s** on one's back
cuestión question, matter
cuidado, -a studied; *n.m.* care, pains; **tener buen —** to be very careful; *interj.* be careful! look out!
cuidadoso, -a careful
cuidar to care for, take care of; **— de** to be careful to
cuita anxiety, worry
culata haunch

culpa fault; crime; **tener la —** (de) to be to blame (for); **¿qué — tengo yo?** how am I to blame?
culpable guilty, to blame
cultivado, -a cultured
culto, -a cultured; *n.m.* cult, religion
cumbre *f.* summit, top
cumplimiento fulfillment
cumplir to finish, finish a term; to do; to obey, follow; **— (cuatro) años** to be (four) years old; **— (mi) deber** to do (my) duty; **— penitencia** to do penance
cuneta (roadside) ditch
cupo quota, ration
cura *m.* (parish) priest
curar to treat
curiosear to pry, snoop, spy; to browse through, look over
curioseo prying, snooping, spying
curiosidad novelty
curioso, -a odd
cursar to study
curso course, flow; school year
cuyo, -a whose, of which

chabola hut
chacota laughter; **digno de —** laughable
chaflán *m.* angle
chamusquina singeing
chanca old shoe
chapa token
chaqueta jacket
charanga brass band
charca pool
charla conversation, talk
charlar to chat, chatter, talk
chasquido crack(ing), plop, report
chato, -a snub-nosed; *n.m.* wineglass
chaval *m.* boy, child, kid, lad
chavola *var. of* **chabola**
chillar to screech, shriek
chimenea chimney; fireplace; smokestack; **— de campana** open fireplace with cowl
chinche *m. and f.* bedbug
chino, -a *n. and adj.* Chinese; **tinta —a** India ink
chiquillo boy, kid, youngster
chirriar to squeak

chisme *m.* gadget
chismorrear to gossip
chispa spark, glint, gleam
chisporrotear to sputter
chiste *m.* joke
chivata staff, stick
chivatazo thrashing
chocar to clash, crash; to shock, irritate, surprise
chocho, -a doddering, senile
chocholo, -a doddering, senile
chófer *m.* chauffeur
chopera poplar grove
choque *m.* shock
chorro jet, torrent
choza cabin, hut
chucho *coll.* dog
chulo sporty fellow; **hacer el —** to swagger
chupar to suck; to draw on a cigarette
chupete *m.* lollipop
churrero, -a churro vendor
churrete *m.* spot, patch
churro cucumber-shaped fritter
chusco piece

danzar to dance
danzarín, -ina dancing, lilting
dañar to harm
daño harm; **dar —** to hurt
dar to give, give away, offer, pass; to utter; to beat, hit, tap, strike, kick; **— a luz** to give birth; **— arrumacos** to show affection; **— una batida** to search; **— la cara** to face (it); **— (la) clase** to hold (the) class; **— con** to come upon, hit upon, run into; **— cuerda a** to give free rein to, wind (up); **— la espalda** to turn one's back; **—le a uno la gana** to feel like; **— golpe** to do a tap; **— gusto** to be pleasant; **— igual** to be all the same; **— la mano** to shake hands; **— miedo** to be frightening; **— un paseo** to take a walk, drive; **— un paso** to take a step; **— pena** to be too bad, be touching; **— por** to believe, consider; **— mucha rabia** to make one furious; **— razón a** to inform,

report to; — **un rodeo** to make a detour; — **susto** to scare, terrify; — **vergüenza** to embarrass, make one ashamed; — **vuelta** to turn around; — **una vuelta** to stroll, take a walk; — **vueltas a** to circle, run around; —**se con** to get away with; —**se cuenta de** to realize, be aware of; —**se maña con** to manage; —**se prisa** to hurry; **le dio por fumar** he took to smoking; **lo mismo da** it doesn't matter

dato fact

de of, from, about, as, at, by, for, in, on, then, to, with; — + *infin.* if; — **(dos) en (dos)** (two) at a time

debajo below, underneath; — **de** under

deber to owe; ought, should; **yo debo de ser** I must be; *n.m.* duty; **cumplir (mi)** — to do (my) duty; **estricto** — solemn duty

debido, -a due

débil faint, feeble, thin, weak

debilidad weakness

debilitarse to become weak

decadencia decline

decaer to weaken

decepción disappointment

decidido, -a decided, firm

decidir to decide; —**se** to make up one's mind

decir to say, speak, call; to go (*of writing*), run; **es** — that is to say; **oír** — to hear (said); **querer** — to mean; **decimos así** that's what we call; **digo** I mean; **lo que se dice** really

declarar to state

decreto decree

dedicar to devote; to address

dedo finger

defensa defense; **en** — **propia** in self-defense

deficiencia lack; defect; difference, discrepancy

definición definiteness

definido, -a definite

definitivo, -a final; **en** —**a** in short, merely

defraudar to shatter (*illusions*)

dehesa pastureland

dehesilla meadow

deificación worship

deificar to deify, worship

dejar to leave; to allow, let, permit; — **al aire** to expose; — **bien en alto** to glorify; —**(se) caer** to drop; — **de** to cease, leave off, stop; fail; — **de la mano** to forsake; — **en el sitio** to kill; —**se hacer** to make no resistance; —**se el pellejo** to die; **dejemos esto sentado** let's agree to this

delante in front; — **de** before; **ponerse** — to be required; **por** — ahead

delantero, -a front

delatar to betray, give away

deleitarse con to delight in

delgado, -a slender, thin

delgaducho, -a lanky, skinny

delicadeza delicacy

delicado, -a delicate, fine

demacrado, -a emaciated

demás other(s), the rest

demasiado, -a too much; *pl.* too many

demostrar (ue) to demonstrate, prove

denotar to indicate, show

denso, -a strong

dentado, -a indented, notched

dentadura (set of) teeth

dentro inside; **de muy** — from way inside; **por** — inwardly; — **de** in, within

denuncia accusation

deparar to assign

depositar to leave, place

deprimido, -a depressed

deprimir to depress, flatten

derecho, -a right; straight; *n.m.* right, privilege; law

derramar to scatter, spill; —**se** to overflow, spread out

derredor *m.* circumference; **a (mi)** — around (me)

derretir(se) (i) to melt

derribar to fell, knock down, overthrow

derrotar to beat, defeat

derrumbarse to collapse, crumble

desabrido, -a gruff, surly, unpleasant

desabrochar to unbutton
desacuerdo disagreement
desafiante defiant, challenging
desafiar to challenge
desafinar to sing (play) out of tune
desagradable disagreeable, unpleasant
desahogo outlet, relief, unburdening
desahuciado, -a hopeless
desalentar (ie) to discourage
desaliñado, -a slovenly
desamparado, -a abandoned, forsaken
desandar to go back
desapacible disagreeable, unpleasant
desaparecer to disappear; hacer — to remove
desarrollarse to develop, go on, proceed, take place
desastre m. disaster, catastrophe
desatar to untie; —se to burst out
desayuno breakfast
descabezar to behead; — un sueño to doze, nod
descalabradura bump
descalzarse to take off one's shoes and stockings
descalzo, -a barefoot, unshod
descansar to rest; — la mirada to rest one's eyes
descanso rest
descarga shot; hacer una — to fire a shot
descargar to shoot; to deal, give
descarrilamiento derailing
descartar to discard, reject
descolgar (ue) to take down; —se to slip
descomponerse to break up, disintegrate
desconcertarse (ie) to be taken aback
desconfiado, -a distrustful, suspicious
desconocer not to know
desconocido, -a strange, unfamiliar, unknown; n.m. and f. stranger
desconsiderado, -a inconsiderate, thoughtless, flighty
desconsuelo affliction, desolation, grief
descorazonador, -a discouraging
descorrer to draw back (a curtain)
descubrimiento discovery

descubrir to discover, expose, reveal; p.p. descubierto exposed, uncovered
descuidado, -a careless; neglected
desde after, from, since; — (Cerezo) from (Cerezo) on; — hace (hacía) unos días for some days; — luego of course; — que since
desdichado, -a unfortunate, unhappy, sickly, wretched
desear to desire, want, wish; to be anxious
desembarco landing; bus stop
desembocarse to come out, emerge
desengaño disillusion
desenlace m. ending, outcome
desentender (ie) to affect ignorance; —se de to disregard
desenvolver (ue) to develop, elaborate; to unwrap
deseo desire, wish
deseoso, -a desirous
desesperación despair; desperate situation
desesperado, -a desperate, bitter; a la —a in desperation
desesperar to exasperate; —se to despair
desfallecido, -a faint, weak
desfilar to file, parade, pass
desgajar to tear away
desgalichado, -a awkward, ungainly
desganado, -a indifferent
desgañitado, -a hoarse
desgañitarse to scream oneself hoarse
desgarbado, -a uncouth
desgracia disaster, misfortune
desgraciado, -a unfortunate
deshacer to break down; to cancel; —se to break, disappear, disintegrate, dissolve, end
deshonra dishonor, disgrace
deshumanizado, -a without human interest
desinflado, -a deflated
desinteresado, -a disinterested, unselfish
desleír(se) (i) to dissolve
deslizar(se) to glide, slide, slip, sneak
deslumbrado, -a dazzled, blinded
desmadejado, -a unnerved
desmantelado, -a dismantled, empty

desmayado, -a unconscious
desmontar to dismount
desmonte *m.* clearing
desmovilizar to demobilize
desnivelado, -a uneven
desnudar(se) to undress
desnudo, -a bare, naked
desocupación inaction
desolación despair
desolado, -a desolate, dejected, downcast
despabilar to pep up, wake up
despacio slowly, deliberately; **todo lo — posible** as slowly as possible
despachar to dispatch
despachurrar to babble, break in
despanzurrarse to make a belly flop
desparramar(se) to spread out, expand
despecho spite
despechugado, -a bare-chested
despedida farewell
despedir (i) to send off; **—se de** to say good-by to, take leave of
despegar to detach; to open
despellejar to skin
desperdiciar to squander, waste
desperdigar to scatter (around), throw in
desperezarse to stretch (oneself)
despertar (ie) to arouse, awaken, wake; **—se** to wake up
despiadado, -a merciless, ruthless
despierto, -a awakened; acute
desplazar to displace; **—se** to move, shift
desplegar (ie) to unfold, open
desplomar to knock over; **—se** to collapse, topple over
despojar to strip; **—se de** to take off
despreciar to despise, slight, scorn
desprecio contempt, scorn
desprender to detach, take off; to derive; to give off
despreocupación freedom from care, unconcern
desprevenido, -a off one's guard, unaware
después afterward, later, then; **— de** after; **lo de —** what happened

afterward; **tiempo —** later on
desquiciado, -a unhinged
destacar to emphasize; **—se** to be highlighted, stand out
destartalado, -a forlorn, shabby
destello flash, gleam
destemplarse to get nervous
desteñido, -a faded
destierro exile
destinatario, -a addressee
destino destiny, fate; destination; assignment
destituir to deprive
destruir to ruin
desunido, -a separated
desvalido, -a helpless
desvanecerse to disappear, vanish
desvelado, -a wakeful
desventura misfortune
desvergüenza shamelessness
detalle *m.* detail; **con —** in detail
detener to arrest; **—se** to pause, stop; **—se en seco** to stop dead
deteriorar(se) to deteriorate
determinado, -a certain, specific
detonante flashy, loud
detrás (de) behind
devoción adoration
devolver (ue) to give back, take back, return (*something*)
devorar to devour
devoto, -a devout; *n.m. and f.* devotee
día *m.* day; **— festivo** holiday; **de — by** day, during the day; **niño de —s** small baby; **pan de cada —** daily bread, common
diablo devil; **a —s** like the devil
diáfano, -a diaphanous; translucent, transparent
diálogo dialogue, conversation
diario, -a daily, everyday; **a —** every day; *n.m.* newspaper
dibujar to draw, outline, trace
dibujo drawing
dictado dictate, pronouncement
dictar to decree, order
dicho, -a *p.p. of* **decir** said, above-mentioned; **— y hecho** no sooner said than done; **mejor —** or rather
diente *m.* tooth

diferencia discrepancy

difícil difficult, hard

dificultad difficulty, problem

difundir to diffuse, spread

difuso, -a diffused

digno, -a dignified; worth, worthy; — de chacota laughable; — de loa praiseworthy

dilatado, -a extended, vast

dilatar(se) to dilate

dilato, -a dilated

diligencia activity; attempt, effort

dilucidar to elucidate, throw light upon

diminuto, -a diminutive

dioptría diopter (*the strength of a lens whose focal distance is a meter*)

dirección (street) address; en — adonde yo estaba headed in my direction

dirigir to direct, address; to cast (a glance); —se a to address, be directed to; to go toward, head for

discernir (ie) to distinguish

discreto, -a reasonable

disculpa excuse

discurso speech

discutir to argue, discuss, talk over

disforme deformed, monstrous

disfrazar to disguise

disfrutar (de) to enjoy

disgustar to annoy, displease

disgusto quarrel, trouble

disimuladamente furtively, stealthily

disimular to conceal, disguise, hide, pretend

disipar to dissipate; —se to disappear

disminución loss, reduction

disminuido, -a diminished; discouraged; humble

disminuir to diminish, reduce

disolverse (ue) to dissolve

disparar to fire, shoot, shoot off; —se to dash off, hasten, rush off

disparo shot

displicente ill-humored

disponer to dispose, arrange, decree; —se to get ready, prepare

disposición disposal

dispuesto, -a *p.p. of* disponer ready, willing

distingo distinction; objection

distinguir to distinguish

distinto, -a different

distracción amusement

distraer to distract; —se to amuse oneself, entertain oneself, let one's mind wander

distraído, -a absent-minded; unconcerned, indifferent

distribuir to distribute, assign

divagatorio, -a digressing, rambling

divergente diverging

diverso, -a different

divertido, -a amused; amusing

divertir (ic, i) to amuse, entertain; —se to have a good time

divisar to discern, see

doblaje *m.* dubbing (*a film in another language*)

doblar to fold; —se to double up, bend

doble double, twice as much, twofold

docena dozen

documental *m.* documentary film

documento paper

dogma *m.* doctrine, opinion

doler (ue) to ache, hurt

dolor *m.* grief, pain, suffering

dolorido, -a doleful, mournful, sorrowful

doloroso, -a painful

doma breaking (*a horse*); training

doméstico, -a home-loving

domicilio address; residence

dominar to overlook; to overcome; to restrain

dominio supremacy

don *m.* gift

donar to give, present

doncella maid

dorado, -a gilded; golden

dormir (ue, u) to sleep; to put to sleep; — la siesta to take a nap; —se to go to sleep; quedarse dormido to fall asleep

dormitorio bedroom

dotar to endow, equip

dote *m. and f.* dowry; en — as a dowry; *f.* talent, gift

dril *m.* drill (*strong twilled cotton*)
ducha shower bath
duda doubt
dudar to doubt; to hesitate, vacillate; **— de** to question
dudoso, -a doubtful, dubious
duelo sorrow
dueño master, owner; landlord, proprietor
duermevela *m.* doze
dulce sweet, sweetened; *n.m.* sweet (*dish*)
dulcería candy shop, sweet shop
dulzón, -ona sweetish, sickening, cloying; wishy-washy
dulzura sweetness
durante during, for
durar to last, continue
duro, -a hard, harsh, strict

e and (*before words beginning with* **i** *or* **hi**)
ea *interj.* hey!
ebrio, -a drunken
eco echo
echado, -a lying
echar to throw, throw out, put, put out, let out; to give; to take; to begin; **— agua a** to water; **— una buena ojeada** to take a good look; **— una carrera** to start running; **— una copeja** to take a drink; **— de menos** to miss; **— una mirada** to cast a glance; **— para atrás** to lean back; **— pie a tierra** to dismount; **— un trago** to take a drink; **— un vistazo** to glance; **—(se) a** to start, dash out; **—se al campo** to take to the road; **—se de ver** to realize
edad age
edificio building, house
educación upbringing
educar to bring up; **bien educado** well-bred
efectivamente in fact
efectivo, -a actual, real; **dinero —** cash
efecto effect; end, purpose; **en —** in fact, so it was
eficaz effective

efímero, -a ephemeral, short-lived
efluvio vapor
egoísta selfish
ejecución execution
ejemplar exemplary, praiseworthy; *n.m.* copy, edition
ejemplo example; **por —** for instance
ejercicio exercise
ejército army
el (la, los, las) que who, whom, which; **el que** the fact that
elegante fashionable
elegir (i) to choose, elect, pick out, select
elemental simple
ello *neut.* it; that; **a todo —** and with it all
emanar to emanate, rise
embalse *m.* dam
embarazadamente with difficulty
embarazo embarrassment; pregnancy
embarazoso, -a embarrassing, uneasy
embargar to seize, take possession of
embargo: sin — however, just the same, nevertheless, still, yet
embocar to enter (*a narrow passage*)
emborracharse to get drunk
emboscado draft-dodger
embriagado, -a intoxicated
embriaguez *f.* drunkenness
embrollo difficult situation
emitir to utter
emoción excitement
emocionante exciting, moving
emocionar to excite, move, stir; **—se** to feel deeply
empanado, -a breaded
empañar to blur, cloud, dim, tarnish
empaquetar to pack
empedrado pavement, paving
empeñarse to insist
empeño pledge, obligation
emperador *m.* emperor
empezar (ie) to begin
empinar to raise; **— el codo** to (take a) drink; **—se** to rear up; to stand on tiptoe
emplear to employ, use; **bien empleado** worthwhile
emprender to undertake, begin
empresa company, firm

empresario impresario, theatrical manager

empujar to goad, push, urge

empuñar to clutch, grasp; **con el fusil empuñado** gun in hand

emular to imitate; to compete with **en** in, into, in the midst of, at, on, by, through, about

enajenamiento derangement

enamorado, -a (de) in love (with); *n.m.* lover; *n.f.* sweetheart

enamorarse (de) to fall in love (with); — **hasta los tuétanos** to fall head over heels in love

enano, -a dwarfish; *n.m. and f.* dwarf

encadenar to link

encallar to get calluses

encallecido, -a calloused

encaminar to direct; —se to set out

encampanarse to outdo oneself

encanecido, -a gray

encantador, -a charming, delightful

encantar to charm, delight

encanto charm, delight

encañonar to sight

encarar to face; — **de frente** to face directly; —**se con** to confront

encarcelar to imprison

encargar to order; —**se de** to take charge of, undertake to

encarnado, -a red; flushing

encasquetar to clap on, stick (*a hat*) on one's head

encender (ie) to kindle, light, light up

encendido, -a burning; lit; bright, brilliant, high-colored; heightened

encerado, a waxed, greased

encerrar (ie) to hold; to insert; to close up, lock up, shut up

encima above, overhead; — **de** on, upon; **por** — **de** over; **por** — **de su hombro** looking over his shoulder; **quitarse de** — to get rid of; **tirarse** — to spill on oneself; **venirse** — **a** to overtake

encina evergreen oak

encontrar (ue) to find, meet; —se to be, feel; —**se con** to come upon, run into, meet with, find; to realize

encorvar to bend; —se to become stooped

encubridor, -a concealing

encuentro encounter, meeting, reunion; **a (nuestro)** — to meet (us); **salir al** — to come (go) out to meet

endomingado, -a in gala attire, festive

enemigo, -a (of the) enemy; *n.m. and f.* enemy

energúmeno demoniac

enervar(se) to weaken

enfadado, -a angry, mad

enfadar to bother; —se to be annoyed, get angry, get mad

énfasis *m.* emphasis

enfebrecido, -a feverish

enfermedad disease, illness

enfermizo, -a sickly

enfermo, -a ill, sick; *n.m. and f.* invalid

enfoque *m.* focus

enfrente in front, opposite; **de** — on the opposite side

enfundar to sheathe; **enfundado en cuero** in a leather case

enfurecer to infuriate, enrage

engañar to deceive

engolar to deepen

engordar to gain weight

enhiesto, -a erect, upright

enlutado -a in mourning

enmohecer to mildew; to rust

enmudecer to fall silent

ennegrecer to blacken, turn black

enojoso, -a annoying

enorme enormous, immense

enrojecer to flush, redden, turn red

ensalada salad

ensangrentar to stain with blood

ensayar to practice, rehearse

ensayo essay; practice, rehearsal; **teatro de** — experimental theater

enseñar to teach; to display, show

ensimismado, -a absorbed in thought, self-absorbed

ensueño daydream

entablar to form, start, strike up

enteco, -a scrawny, sickly

entender (ie) to understand

enterar to inform; —se de to be aware (of), find out

enternecer to soften

entero, -a entire, complete, whole; absolute

entierro funeral

entonación intonation

entonar to intone

entonces (at) that time, then; and so; de (por) — at that time

entornado, -a ajar, half-closed

entornar to close halfway

entrada entrance; edge

entrañable intimate

entrar to enter, come in; — en to go into; to begin to feel

entre amid, among, between; — tanto meanwhile; por — through

entrechocar to clash

entredicho prohibition; estar en — to be questioned

entrega delivery

entregar to hand over, give up, give over, turn in; to abandon

entrenamiento training

entretanto meanwhile

entretener to entertain, amuse

entretenido, -a entertaining, amusing

entreverar to intermingle

entrevista interview

entristecer to sadden; —se to become sad, become dull

entumecer to benumb, make numb

entusiasmar to delight, enrapture; —se to be enthusiastic, enthuse

entusiasmo enthusiasm

entusiasta enthusiastic, eager

envalentonar to embolden

envarado, -a stiff

envarar to benumb, stiffen

envejecer to age, grow old

enviar to send

envidia envy

envidioso, -a envious

envolver (ue) to encircle, envelop; to wrap up; p.p. envuelto enveloped

epidemia epidemic

equilibrado, -a balanced

equipaje m. luggage

equis f. the letter X

equivocado, -a mistaken, wrong

era threshing floor; pl. threshing

erguirse (i) to rise up; se yergue she draws herself up

erial m. uncultivated land, wasteland

erigir to raise, elevate

eructar to belch, burp

esbelto, -a slender

escalera stairs, steps

escalofriarse to feel a chill; to be thrilled

escalofrío chill, shiver

escalón m. step; saltar de dos en dos los —es to take the steps two at a time

escalonado, -a progressive, step by step

escampar to clear up

escándalo commotion, uproar

escapada outing

escapar(se) to skip, slip out; to come out

escaparate m. show window

escarchar to frost

escarmiento punishment

escarpado crag

escasez f. scarcity; con — meagerly

escaso, -a scanty, sparse; little; pl. few

escayola plaster (imitating marble)

escena scene; stage; sacar a — to exhibit, stage

escéptico, -a skeptical; n.m. and f. skeptic

esclavitud f. slavery

escocer (ue) to burn, smart, sting

escoger to choose

escolar (for) school

Escombreras a suburb of Cartagena

esconder(se) to hide; a escondidas surreptitiously

escondrijo hiding place, lair

escopeta shotgun

escorado, -a (boat) with a list

escribiente m. clerk

escrito, -a p.p. of escribir written; n.m. manuscript; writing; letter

escritor, -a m. and f. writer

escrupulosamente carefully

escrutar to scrutinize, examine

escuálido, -a emaciated, thin

escuchar to listen (to), hear

escudo coat of arms; shield

escuela school; technique

escuetamente only, solely

escueto, -a plain, unadorned

escupir to spit (out)

escurrirse to slip away

esfera sphere, globe; circle, disk

esforzar (ue) to strengthen; —se (en) to make an effort (to)

esfuerzo effort

esmaltar to enamel, paint

eso *neut.* that, that business; that's right; — mismo just that, that very thing; — sí to be sure; a — de about; por — for that reason, that's why; por — que for the reason that

espada sword; echar su cuarto a —s to butt in

espalda back; shoulder; a la — behind (him), over (his) shoulder; a (mis) —s behind (me); dar la — to turn one's back; de —s with one's back turned; guardándole las —s behind him; por la — from behind; volverse de —s a to turn one's back on

espantar to frighten, terrify

esparcirse to spread

especie *f.* kind, sort; race

espectáculo spectacle, sight

espejo mirror

espera waiting; sala de — waiting room

esperanza hope

esperar to expect; to hope; to await, wait for; wait; — a que to wait until; esperando uncertain

espeso, -a thick

espesura thicket, woods

espetar to look hard at; to pierce

espiar to spy on, observe

espiga ear (*of corn*)

espina thorn; bone

espinoso, -a thorny; risky; ticklish

espíritu *m.* spirit

esplendente radiant

espontáneamente all of a sudden; freely; spontaneously

esposo, -a spouse; *m.* husband; *f.* wife

espuela spur

espuma foam

espumeante foaming

esquema *m.* diagram, outline

esquemático, -a diagrammatic, geometrical

esquila small bell, cowbell

esquina corner

esquivar to avoid, shun

establecer to establish

establecimiento place of business

estación season; station

estadillo report

estado state

estallar(se) to break out, burst out

estampa print, picture; image; sketch

estampido bursting; (gun) report

estanquero tobacconist

estaño tin

estar to be; to feel; to look, appear; to remain; to continue; — en entredicho to be questioned; — hecho to have become

estático, -a static, lifeless

estatura stature, height

éste, -a this, this one, this fellow; the latter; *pl.* these; the latter

estético, -a aesthetic

estilo style; por el — of the sort

estimado, -a precious

estimar to consider, think, value

estío summer

estirar to stretch

estirpe *f.* family, line, race

esto *neut.* this, this business, this matter

estoico, a stoical; *n.m. and f.* stoic

estómago stomach

estorbar to annoy, be in the way

estornudar to sneeze

estrafalario, -a extravagant, outlandish

estraperlista *m. and f.* black-marketeer

estrechar to clasp, shake (hands); to squeeze; to tighten; to close in; — un círculo to close a circle

estrecho, -a narrow; strict

estrella star

estrellarse to crash, dash

estremecer to scare; to shake; **—se** to shudder; tremble; vibrate
estremecimiento shudder, thrill
estribillo chorus, refrain
estricto, -a absolute, complete, plain; **— deber** solemn duty
estridencia rasping sound; *pl.* harshness
estruendoso, -a deafening
estuche *m.* box, case
estudioso, -a studious; *n.m. and f.* student
estufa stove
estupendo, -a amazing, stupendous, wonderful
estupidez *f.* stupidity; stupid thing, nonsense
eterno, -a eternal, perpetual
ético, -a ethical, moral
Evangelio gospel
evangelista *m.* preacher; writer of the gospel
evidencia evidence; **poner en —** to expose
evitar to avoid, dodge
evocar to evoke, recall
exagerado, -a exaggerated, excessive
exagerar to exaggerate
exaltadísimo, -a overwrought, extremely excited
examen *m.* examination
examinar to examine; **—se (de)** to take an examination (in)
excelso, -a lofty, sublime
excitación excitement
exclamar to exclaim
excluir to exclude, eliminate
exclusión elimination
exhausto, -a exhausted
exhibición display
exhibir to display; to hold out; **— ante la cara** to show
exigente bossy, exacting
exigir to demand, require
existencia life
éxito success
exorbitado, -a excessive; wild
exorcista *m.* exorcist (*one who expels evil spirits*)
expectación expectancy

expectativa curiosity, speculation; **con —** wondering
expediente *m.* provision; application, project
experimentar to experience, feel
explicación explanation
explicar to explain
explorar to investigate; to spot
explotar to exploit
exponer to exhibit, show; *p.p.* **expuesto, -a** on display
exportación export
expresivo, -a significant
exprimir to squeeze
exquisito, -a delicious
extender(se) (ie) to spread
extenso, -a extensive
exterior outer; *n.m.* outside world; **en el —** outdoors, outside
extinguir to extinguish
extraer to take out
extranjero, -a foreign; *n.m.* foreigner; foreign land(s); **del —** foreign; **en el —** abroad
extrañar to surprise
extraño, -a strange, odd; alien, unrelated; **cosa —a** oddly enough
extraordinario, -a unusual; **horas —as** overtime
extraviado, -a lost; wild
Extremadura a region of southwestern Spain
extremidad a limb of the body; *pl.* hands and feet

fabada bean soup
fábrica factory
fabricar to make, create, devise; to produce; to bring about
facción feature
fácil easy, likely
facultad faculty, power; school
fachada façade, surface
faena job, task; (*in bullfighting*) final phase ending with the death of the bull
faja sash; girdle; faja (*strip of cloth wound several times around the waist*)
falda skirt

falta absence; failing; lack; **— de costumbre** being unaccustomed; **hacer —** to be necessary
faltar to be lacking, be missing, be wanting; to be scarce; to be left; **— a** to miss; **faltaba lo mejor** the best was yet to come; **no (nos) faltaba nada** (we) lacked nothing
fallar to fail, fall through
fallecido, -a deceased
fallido, -a unsuccessful
familiar (*of the*) family; *n.m.* member of the family, intimate (friend)
familiarizarse con to become familiar with, get to know
fanfarronear to boast, brag
fantasía fancy, illusion; imagination
fantasmear to be ghostly; to fade
fantasmón *m.* stuffed shirt
farmacia pharmacy
faro headlight
farol *m.* lantern; street lamp
farola lamppost
fastidiar to annoy
fatiga fatigue, weariness
fatigar to tire
favor *m.* approval; **por —** please
fe *f.* faith
fealdad blemish; ugliness
febril feverish
fecundación fecundity, fertility
fecha date
felicidad happiness
felicitar to congratulate
feliz happy
fenómeno phenomenon; **estar — to** be terrific
feo, -a homely, ugly; bad
feria fair; holiday; market day
ferrocarril *m.* railroad
ferroviario railway employee
fervoroso, -a ardent
festivo, -a festive; **día —** holiday
fibra fiber; vein
ficción fiction; deceit
fidelísimo, -a most faithful
fiebre *f.* fever, temperature; **con —** feverish
fiel faithful, trustworthy
fiera wild animal
fiero, -a fierce

figura appearance; image, picture
figurar to appear, be depicted
figurilla *dim. of* figura
fijamente hard; **mirar —** to stare at
fijar to fix; **— la atención** to concentrate; **—se** to take note; **—se en** to notice
fijeza fixity
fijo, -a fixed, fast, set; staring; present
fila line, rank, row; **— india** Indian file, single file
filete *m.* fillet (*of meat or fish*)
filiación description, identification; regimental registry
filosófico, -a philosophical
filtraje *m.* filtering
filtro filter
fin *m.* end; purpose; **al —** at last, finally, well!; **en —** finally, in short; **por —** finally; **a — de** toward the end of
final *m.* end; **al —** finally; **a —es** toward the end
finca country place, estate
fingimiento pretense
fingir to pretend
fino, -a delicate, perfect, special; slender; polite
firmar to sign
firme solid, steady
física physics
físico, -a physical, bodily
flaco, -a emaciated, thin, scrawny
flamenco, -a fond of flamenco; snappy, tough; *n.m.* Andalusian gypsy song and dance
flaquear to weaken, flag
flaqueza weakness
fleco fringe
flecha arrow
flemático, -a apathetic, cool
flequillo bangs
flirteo flirtation
flojo, -a weak
flor *f.* flower
floresta woods
flotante floating, flowing
foco headlight
fogata bonfire
fondo back, background; bottom, depths; end; interior; hair roots;

a (en el) — at bottom; thoroughly;
  tener buen — to be good-natured
forastero, -a strange; *n.m. and f.*
  stranger
forjar to forge, create
forma shape, line; manner; **de tal** —
  in this (that) way
formal reliable, serious, true
formar to take one's place
formidable tremendous
formular to make
fortalecer to fortify, strengthen
fortaleza fortitude
fortificar to fortify
fortuna: por — fortunately
forzado, -a forced, strained
fosfórico, -a phosphorescent, lumi-
  nous
fotografía photograph
fotográfico, -a photographic
fracasar to fail
frágil frail, slender
fragilidad fragility, vulnerability
fragua forge
fraile *m.* friar, brother
franco, -a frank, open
frasco flask, bottle
fray *m. for* **fraile** brother
frecuentación company
fregona dishwasher, kitchenmaid
freír (i) to fry
frenar to brake, put on the brakes
frenesí *m.* frenzy
frenético, -a frantic
freno bit, bridle
frente *m.* (*military*) front; *f.* forehead; — **a** in front of, in the face
  of, across from; — **a** — face to
  face; **de** — straight; **en** — opposite; **encarar de** — to face directly
fresco, -a cool, chilly; fresh; **hacer** —
  to be cool
frescor *m.* coolness; freshness
frescura coolness; freshness; boldness
fresquito, -a *dim. of* **fresco**
frío cold, cool; **hacer** — to be cold;
  tener — to feel cold
friolento, -a cold, chilly
frito, -a *p.p. of* **freír** fried; **patatas**
  —**as** potato chips
fritura fried food

frontera frontier
frontero, -a front
frontispicio frontispiece (*decorated
  portion of the front of a building*)
frotar to rub
fruncir to wrinkle; — **el ceño** to
  frown; — **los labios** to curl one's
  lips
frustrar to thwart
fruta fruit
frutero, -a (of) fruit
fruto fruit; result
fuego fire, flame
fuente *f.* fountain; source; hydrant
fuera outside; **por** — outwardly; **a
  la parte de** — outside
fuero law; — **interno** conscience
fuerte strong, powerful; heavy; hard;
  considerable
fuerza force, intensity, might, power,
  strength; army; *pl.* strength; — **de
  imantación** magnetic attraction; **a**
  — **de** by dint of, by force of; **a la**
  — by force, forcibly; **sin ninguna**
  — feebly
fugarse to escape, run away
fugaz brief; fleeting, rapid
Fulano So-and-so
fulgor *m.* splendor
fumador *m.* smoker
fumar to smoke (away)
funcionar to operate, work
fundador *m.* founder
furioso, -a wild; stormy, rough
furtivo, -a stealthy, hushed
fusil *m.* gun, rifle; **con el** — **empuñado** gun in hand
fusilamiento shooting
fusilar to shoot
fútbol *m.* football (*soccer*)

gafas *f.pl.* glasses, spectacles
gaita bagpipe; nonsense; **templar** —**s**
  to make peace
gaje *m.* gage; pledge; *pl.* fees
galardón *m.* prize, reward
galerna blast, gust
galgo greyhound
galope *m.* gallop; **a** — **tendido** at full
  gallop
gallardía bravery, daring; grace

gallego, -a *n. and adj.* Galician *(of Galicia, region of northwestern Spain)*

galleta cooky; cracker

gallo rooster; **matanza del —** cockfight; celebration, revelry; **matar el —** to celebrate, carouse

gana(s) craving, desire, yen; **(me) da la (real) —** (I) feel (just) like; (I) have a (good) mind to

ganadero herdsman

ganado cattle, livestock

ganar to gain, win, beat; to earn, make *(money, time)*; to reach

gancho hook; tout *(one who solicits custom)*

gañán *m.* farmhand

gañanía lodge for farmhands

garduña marten

garganta throat, neck

garlopa plane

garrafa decanter, bottle

garrapatear to scribble

gaseosa soft drink; soda water

gasoil *m.* diesel fuel

gasolinera service station

gastar to spend; to waste; to wear (out), use up; **— una broma** to play a joke

gato, -a cat; **a —as** on all fours, all huddled up

gazapo young rabbit; fellow

gazpacho cold vegetable soup

gemebundo, -a doleful, mournful, wailing

gemir (i) to grieve, lament

género genre *(literary form)*

generoso, -a high-minded, noble; ample

genial of a genius, inspired

gente(s) *f.* people

Gerona a town in northeastern Spain

gesto gesture; face, expression

giboso, -a humped

gigante *m.* giant

gigantesco, -a gigantic

gilipollez *f.* childish nonsense

girar to revolve, turn; **— la vista** to look around

giro turn, whirl; *(bank)* draft

gitano, -a gypsy

glogloteo dripping, gurgle

glorieta square

gobierno government

golpe *m.* blow, slap; shock; **no dar —** not to do a tap; **de —** suddenly

golpear to hit, knock, tap

golpecito *dim. of* **golpe**

gordo, -a big, fat; coarse; major; **perra —a** copper coin *(worth 10 centimos)*

gorgorito trill

gorra *var. of* **gorro**

gorro cap

gota drop

gozar to enjoy, enjoy oneself

grabar to engrave; record

gracia appeal, attraction, charm; humor; **tener —** to be funny; *pl.* thanks

gracioso, -a amusing, funny

grado degree; **de mal —** unwillingly

granado, -a choice

grande (gran) big; great; **en —** on a large scale; **en gran plano** enlarged

grandísimo, -a very large

graso, -a fat, fatty

grato, -a pleasant

grave serious; in serious condition

gravitar to press, weigh

grey *f.* flock

griego, -a *n. and adj.* Greek

grifo faucet, tap

grillo cricket

gris gray; *n.m.* cold wind

grisáceo, -a grayish

gritar to shout, scream

grito shout, cry; **a —s** at the top of one's lungs

grúa crane, wrecker

grueso, -a big, thick, heavy; stout

gruñido growl, grunt

grupa rump *(of a horse)*

grupo group

guante *m.* glove

guapo, -a good-looking, handsome

guarda *m.* guard

guardar to keep, preserve, put (away); **—se de** to guard against, refrain from; **guardándole las espaldas** backing him up, behind him

guardavías *m.* flagman

guardia *m.* guard, policeman; **de —** on duty; *f.* body of police; **— civil** civil guard; rural police

guarida hiding place, lair; shelter, cover

guerra war; **cuando lo de la — at** the time of the war

guía *f.* guidebook; (telephone) directory

guindilla hot pepper

guiño grimace; **hacer un — to** wink

guionista *m.* scenario writer

guisajo smarty, wise guy

guitarra guitar

guitarrista *m.* guitar player

gusano worm; **— comemuertos** graveyard worm

gustar to please; **(me) gusta (el libro)** (I) like (the book)

gusto liking, pleasure; taste; **dar (como) —** to be (rather) pleasant; **quedar(se) a —** to feel good

gutapercha gutta-percha

habano, -a (of) Havana; *n.m.* Havana cigar

haber *aux.* to have; **— de + inf.** to be bound to, destined to, obliged to; **¿qué va a — ?** what is there going to be?

había *imp. of* **hay**

habitación room

habitante *m.* inhabitant, inmate

habitar to dwell, live

hábitos *m.pl.* (*monastic*) habit

habladurías *f.pl.* gossip

hablar to talk, say; **ni — don't** even speak of it; *n.m.* speech

habrá *fut. of* **hay**

habría *cond. of* **hay**

hace ago, before, for; **— poco** a little while ago (before); **— tiempo (que)** for some time, some time ago

hacendado, -a landed, of landholders

hacer to do, make, give, imagine; result; **— acopio de** to gather, pick up; **— alto** to stop; **— calor (fresco, frío)** to be hot (cool, cold); **— carrera** to get ahead; **— la carrera** to complete one's studies; **— caso** to pay attention; **— causa común**

con to take the side of; **— corro** to gather around; **— el chulo** to swagger; **— una descarga** to fire a shot; **— la digestión** to aid digestion; **— falta** to be necessary; **— un guiño** to wink; **— de plantón** to be stationed; **— prácticas** to train; **— presión** to exert pressure; **— que + subj.** to cause, grant, have; **— sangre a** to draw blood from; **— sol** to be sunny; **— (las veces) de** to act as, play the part of, serve as; **—se** to become; **—se a** to get accustomed to; **—se cargo de** to grasp, realize, understand; **haga Dios** God grant

hacia toward, in the direction of, to, for

hacía *imp. of* **hace** before, for; **— (años) que** for (years); **— un rato** a little while before; **desde — rato** for some time

hacienda estate; ranch; treasury

hala *interj.* come on!

hálito breath; breeze

hallar to find; **—se** to be

hallazgo discovery

hamaca hammock

hambre *f.* hunger

hambriento, -a hungry

Hamburgo Hamburg (Germany)

hartarse to be stuffed

harto, -a (de) fed up (with), sick (of), tired (of)

hasta as far as, to, to the point of, up to; until; even; **— (mañana)** see you (tomorrow)

hastiar to bore; to be a bore

hato shepherd's hut

hay *from* **haber** there is, there are; **— que + infin.** it is necessary to, it's best to, one must, one should; **— que ver** it's remarkable; **¿qué —?** what's the news?

haya *pres. subj. of* **hay**

haz *m.* bundle

haza tilled land, fields

hazaña exploit

he *from* **haber:** **— aquí (que)** lo and behold

hecho, -a *p.p. of* **hacer** done; made,

built; like; — **un basilisco** in a
rage; **a lo** —, **pecho** let's make the
best of it; **dicho y** — no sooner said
than done; **estar** — to have become; **lo** — what had been accom-
plished; *n.m.* fact; **de** — in fact
helar (ie) to freeze (over)
hélice *f.* spiral; blade
henchir (i) to fill, swell
heredado, -a inherited, handed down
herejía heresy
herencia inheritance
herir (ie, i) to wound, hurt, injure,
sting; — **de muerte** to wound fatally
herméticamente hermetically, airtight
herradura horseshoe; **camino de** —
bridle path
herraje *m.* iron cleat
herrero blacksmith
herriza hill, height
hidronaval: base — hydroplane base
hielo ice
hierba grass; weed
hierro iron; brand
higa contempt; **la** — **a** (to) the devil
with
higuera fig tree
hilo thread; wire
hinchar to inflate, puff out, throw
out; —**se** to swell
hirsuto, -a bristly
hispano, -a Hispanic, Spanish
historia history; story; — **Sagrada**
Bible history
historieta episode, tale (*of adventure*),
yarn
hito milestone, marker
hogar *m.* fireplace, hearth; home
hoguera fire, bonfire
hoja leaf; sheet (*of paper*)
hojarasca fallen leaves; foliage
hojuela thin fried wafer, pastry
hola hello
hollar (ue) to tread upon; to over
step, pass
hombre *m.* man; — **bien** — he-man;
— **de campo** peasant, rustic
hombría manhood, manliness
hombro shoulder; **por encima de su**
— looking over his shoulder

hondo, -a deep, profound
hondón *m.* hollow, ravine
hondonada hollow, ravine
hora hour, time, minute; —**s extraordinarias** overtime; —**s muertas**
endless time; **a buena** — on time; **a
primera** — the first thing; **a la** —
de la (cena) at (supper) time; **(a)
última** — (at) the last minute; **ya
era** — it was about time
horario time clock; timetable; work-
ing day
horca gallows; hanging
horizonte *m.* horizon
hormigueo crawling sensation
hornacina niche
horquilla fork (*of a tree*)
horripilante hair-raising
horrorizar to horrify
hosco, -a forbidding; gloomy; sullen
hostia *interj.* the devil!
hoyuelo dimple
hubiera, hubiese *imp. subj. of* **hay**
hubo *pret. of* **hay**
hueco, -a empty, hollow; *n.m.* opening (*in latticework*), space; — **de
la puertecilla** doorway
huella footstep
huérfano orphan
huerta garden
huerto garden; grove, orchard
hueso bone
huésped *m.* guest
huevo egg
huir to escape, flee, get away, run
away; — **de** to avoid
humeante smoking
humear to (give off) smoke
humedad dampness, moisture
húmedo, -a damp, wet
humildad humility
humilde humble
humillar to humiliate; to lower; —
la mirada to look down
humo(s) smoke
humor *m.* caprice, mood
hundimiento collapse; undoing
hundir(se) to plunge, sink
huracán *m.* hurricane
huraño, -a indifferent, unsociable
husmear to pry, sniff, spy

idéntico, -a the same
identificar to identify
iglesia church
ígneo, -a burning, fiery
ignorar to ignore; not to know
igual alike, equal, identical, the same; **— que (si)** as if, just like; **al — que** just as; **dar —** to be all the same
igualar to make equal
ijar *m.* flank (*of an animal*)
ilimitado, -a limitless, unlimited
iluminar to light; **—se de** to light up with
ilusionarse to have illusions
ilustrado, -a illustrated
ilustre illustrious
imagen *f.* image, figure, picture, statue
imaginar(se) to picture
imantación magnetization; **fuerza de — ** magnetic attraction
imbécil *m.* idiot, moron
impaciencia (mood of) impatience
impaciente impatient
impávido, -a fearless
impedir (i) to prevent, stop
impenitente obdurate, stubborn
ímpetu *m.* haste, violence
impetuoso, -a violent
implorar to beg for, pray
imponente imposing
imponer to impose (upon), inspire, order; **—se** to prevail
importación import
importar to concern, matter; **no (me) importa** (I) don't care
importunar to annoy
impotencia helplessness, powerlessness, weakness
impreciso, -a uncertain, undefined, vague
impregnado, -a permeated, saturated
impresión feeling
impreso, -a *p.p. of* **imprimir** printed
improviso unexpected; **de —** suddenly
impulsar to advance, promote; to drive, hurl, propel
inadvertido, -a unnoticed
inamovible stationary

inaplazable not subject to postponement
inapreciable imperceptible, indistinguishable
inasequible inaccessible, unattainable
incapaz incapable, unable
incierto, -a fitful, uncertain
inclemencias *f.pl.* inclemency
inclinar(se) to bend over, lean on
incluir to include
incluso even
incoherencia senseless thing; *pl.* nonsense
incómodo, -a uncomfortable, uneasy
inconfesable guilty
inconfundible unmistakable
incontenible irrepressible
incontrovertible undeniable
inconveniente inappropriate, unsuitable, useless
incorporar to enlist; **—se** to get up, sit up
incrédulo, -a unbeliever, skeptic
increíble incredible, unbelievable
indecible unutterable; **hasta lo —** unspeakably
indeciso, -a undecided, irresolute
indefectiblemente invariably
indefenso, -a defenseless
indefinido, -a vague
indiano, -a a person returning wealthy from America
indicación sign, signal
indicador *m.* indicator; **— del costado** side light; **— posterior** tail light
indicar to signal
índice *m.* index; index finger
indio, -a Indian; **fila —a** Indian file, single file
indiscutible undeniable
indispuesto, -a ailing, ill
inducir to lead; **— a error** to be mistaken
inédito, -a not treated, unpublished
inesperado, -a unexpected
inexistente nonexistent
inexplicable indescribable
inextricable perplexing
infamia baseness, disgrace
infancia childhood

infantil childish, (of) childhood, children's, juvenile
infatigable tireless
infelicidad unhappiness
infeliz unhappy
ínfimo, -a least, slightest
infinito, -a boundless, endless, immeasurable
inflamar to inflame; —se to become inflamed
inflar to puff up; — el papo to swell up like a turkey cock
informar to report
informe *m.* information
infundir to instill; — miedo to scare
ingeniero engineer
ingenio cleverness, wit
ingenuo, -a artless, simple
inglés, -esa English; *n.m.* Englishman; English language; llave —a monkey wrench
inhóspito, -a cheerless, inclement
iniciar to begin, start
ininterrumpido, -a uninterrupted
injuria abuse, insult
inmediato, -a immediate
inmenso, -a boundless
inminente immediate
inmóvil motionless, still
inmune untouched
inmunizado, -a immune
inquietante disquieting, disturbing, 'frightening
inquieto, -a uneasy
insaciable insatiable
inseguro, -a insecure, uncertain
inservible useless
insinuante insinuating, sly
insinuar to suggest
insistir to insist, be insistent, persist
insólito, -a unusual
insospechado, -a unsuspected
inspeccionar to inspect
instantáneo, -a instant, momentary; *n.f.* snapshot
instante *m.* moment; al — right away
instintivo, -a instinctive
instituto high school; junior college
instructivo guide, information, set of instructions
insufrible intolerable, unbearable

insuperable impassable
intacto, -a unchanged, undamaged
inteligencia understanding; mirada de — conspiratorial look
inteligente intellectual
intendencia headquarters
intensidad strength
intentar to try
intento attempt, trial
intercalar to insert
intercesión pleading
interés *m.* interest
interesante interesting
interesar to be interesting; to interest; —se por to be (get) interested in
interior inner, inside, inward; en su — inside him
intermedio interlude; el — neutro halfway between
internarse to enter, go deeper
interno, -a inner; fuero — conscience
interrogar to ask, question; —se to wonder
interrumpir to interrupt, break in
intervenir to interrupt; to take part
intimidad privacy
intransigente uncompromising
introducir to put into
intromisión intrusion
intruso intruder
intuir to foresee, know by intuition, sense
inundar to flood, overflow
inútil useless
invencible invincible, impregnable; imperishable
inventar to devise, imagine
ir to go; to be; — bien de tiempo to make good time; — (comprando) to begin (buying), (buy) gradually, keep (buying); — lanzado to speed; — de la mano de to hold the hand of; —se to get out, go off, go out, leave; ¡qué va! what an idea!
ironía sarcasm
irónico, -a sarcastic
irreal unreal
irreconocible unrecognizable, invisible
irregular ragged, uneven

irremediable incurable, inevitable, irreparable
irreprimible irrepressible
irritación irritable mood
irritante irritating
irrumpir to burst into (upon)
islote *m. (small barren)* island
izar to hoist, raise
izquierdo, -a left

jabalí *m.* wild boar
jabón *m.* soap
jaca pony
jadeante out of breath, panting
jalear to cheer, dance
jaleo jamboree, noise
jalonar to mark
jamás never, ever
jamón *m.* ham
jardín *m.* garden
jarra jug, pitcher
jarro pitcher; **a boca de** — all of a sudden
jefatura headquarters
jefe *m.* boss, chief; officer; stationmaster
jerarquía position, superiority
jinete *m.* horseman, rider
joder: ¡**qué** —! what the devil!
jofaina washbowl
jolgorio merriment
jornada day's journey
jornal *m.* (day's) work
jota Spanish dance
jubileo jubilee
júbilo celebration; jubilation, rejoicing
juego game, play; — **de caras** heads or tails; — **de manos** sleight of hand
juerga carousal, revelry; **de** — on a spree
juez *m.* judge
jugar (ue) to play *(games)*; — **a (los bandidos)** to play (bandits)
juguete *m.* plaything, toy
juicio judgment, mind, reason
junco rattan cane, switch
junta board meeting
juntar to unite; —**se** to gather, meet; to be clasped

junto, -a together; — **a** along with, beside, close to, next to; **unos** — **a otros** next to each other
jurado jury
jurar to swear; — **y rejurar** to swear over and over
justicia law; police
justificar to justify
justo, -a justifiable, (just) right; **el tiempo** — just enough time
justo *adv.* promptly
juventud *f.* youth
juzgado court, tribunal
juzgar to judge (of)

kilo kilogram *(2.2 pounds)*
kilómetro kilometer *(.621 miles)*
kiosco *var. of* **quiosco**

laberinto labyrinth
labio lip; **fruncir los** —**s** to curl one's lips
labor *f.* activity, task, work; **tierra de** — tilled land
laborioso, -a arduous, troublesome
labrado, -a furrowed
labrador *m.* farmer
labranza farming; **tierras de** — tilled land
labrar to carve; to work (out)
lacito *dim. of* **lazo**
ladera side, slope
lado side; direction; river bank; **de al** — adjoining, next door; **del otro** — on the other side; **de un** — **a (al, para) otro** back and forth, this way and that; **ir hacia (su)** — to go (his) way; **por ningún** — (not) anywhere
ladrar to bark; barking
ladrido barking
ladrillo brick
ladrón *m.* thief, robber; outlaw
lágrima tear; **paño de** —**s** comforter
lagrimón *m. aug. of* **lágrima**
lamentar(se) to groan, lament
lamer to lick
laminado lamination *(metal rolling)*
lampiño, -a hairless
lance *m.* affair, incident
lancha boat

lanza lance; wagon pole
lanzar to launch, throw; to ring (a
  bell); —se to dash, jump, rush; ir
  lanzado to speed
largo, -a long, tall; a lo — de along,
  down, through(out); pasar de — to
  pass without stopping; un año —
  a whole year
larguísimo, -a very long
lástima pity, sympathy; too bad
  (about)
látigo whip
latir to beat, throb
lávana water p!...nt
lavar to wash
laxo, -a lax, slack
lazo bow
leal loyal
lector m. reader
lectura reading
leche f. milk; ¿dónde —s? where in
  the devil?
lechera milkmaid
lechero milkman
lecho bed
lechuza screech owl
legua league
lejano, -a distant, remote, far off
lejos far, far off; a (en) lo — in the
  distance
lengua language; tongue
lenguaje m. language
lente m. lens; pl. (eye) glasses
lentitud f. deliberation, slowness
lento, -a slow, slow-moving; gradual
leña firewood
leonés, -esa n. and adj. of León (region of northwestern Spain)
letargo lethargy
letra letter; unas —s a few lines
levantar to lift, raise, pick up; to get
  (someone) up; to erect, build, create; —se to arise, get up, rise; —se
  de un brinco to jump up
leve light, slight
ley f. law
leyenda legend
liar to roll (cigarettes); —se to get
  mixed up, get involved
libertad freedom; con — freely
librar to free, rescue, save

libre free; al aire — outdoors
licencia discharge; leave
licenciado licentiate (holder of a
  master's degree); lawyer
licor m. liquor
liebre f. hare
lienzo canvas
ligar to bind, connect
ligero, -a light, slight
limo mud, slime
limosna alms
limpiabotas m. bootblack
limpiador m. windshield wiper
limpiar to clean, clean up
limpieza cleaning; operación de —
  mopping-up operation
limpio, -a clean
lindante con bordering (on)
linde f. borderline, bounds, limit
línea line
liquidar to scrap
lirón m. dormouse
litera berth, bunk
litro liter (slightly more than a quart)
lívido, -a livid (dark grayish-blue)
lo neut. the, so; — de about, the
  matter (question) of; — de después
  what happened afterward; — (extraño) something (strange), the
  (strange) thing; — que what, which,
  as long as; — que se dice really;
  — sucedido what had happened; a
  — mejor as likely as not; adv. how
loa praise; digno de — praiseworthy
localizar to find, locate
loco, -a crazy, mad; n.m. and f.
  insane person, lunatic
locomotora locomotive
locuacidad talkativeness
locura madness
lodo mud
lograr to succeed in, manage to; to
  capture; to produce
logrero, -a grasping, profiteering
loma long low hill
lomo back (of an animal, of a book,
  of a knife); pl. ribs
lonja slice
loza earthenware
lucecilla dim. of luz
lucir to shine; to show off; to wear

lucha struggle
luchar to struggle, fight
luego then, later; — **(de) que** as soon as; **desde** — of course
lugar *m.* place; village; **en** — **de** instead of; **tener** — to take place
lujo luxury; **de** — de luxe
lujoso, -a luxurious
luminosidad light, radiance
luminoso, -a bright
luna moon; — **de miel** honeymoon; **a la** — in the moonlight
lunar *m.* polka dot
lúpulo hop vine
lustroso, -a glossy
luto mourning; **de** — in black
luz *f.* light, glare; **dar a** — to give birth; **a todas luces** anyway

llama flame
llamada call, summons
llamar to call, summon, invite; to attract; to turn; — **la atención** to interest; —**se** to be called, named; **¿cómo se llama?** what's his name?
llamarada burst of flame, flare-up
llamita *dim. of* **llama**
llano, -a level, plain; clear, loud; *n.* plain
llanón *m. aug. of* **llano**
llanto crying, weeping
llanura plain
llave *f.* key; — **inglesa** monkey wrench
llegada arrival
llegar to arrive, come, go; — **a** to get to, reach; appeal to; — **a** + *inf.* to get around to, succeed in; — **a manos de alguien** to reach someone; — **a más** to do more, go further
llenar to fill
lleno, -a full, filled; **de** — fully
llevar to carry, take, put, bring, lead, drive, steer, raise, have; to wear; to suffer (*punishment*); — **(un año)** to have been (a year); — **a la práctica** to put into practice, do; — **a(l) cabo** to accomplish, carry out; **llevó su insolencia a preguntarme**

was so insolent as to ask me; —**se** to carry off, take along
llorar to cry, weep
llorón *m.* weeping willow
llover (ue) to rain
llovizna drizzle; spray
lluvia rain, shower

macana trick
maceta (potted) plant
machacón, -ona monotonous, tiresome
macho *n. and adj.* male, man
madera wood
madre *f.* mother; river bed; ¡**ay, mi** —! good heavens!
madrileño, -a *n. and adj.* (of) Madrid, Madrilenian; **a la** —a Madrid style
madrugada early dawn; **de** — at daybreak
madrugar (mucho) to get up (very) early
madurar to mature, ripen
maduro, -a mature, ripe
maestro, -a *m. and f.* teacher; *m.* master
magia magic
magnífico, -a magnificent
mago magician, wizard
magullar to bruise
mahón *m.* khaki, nankeen
maíz *m.* corn; **lo del** — the cornfield
maizal *m.* cornfield; **afeitar los** —**es** to harvest corn; to get all spruced up
majestuoso, -a majestic
majeza dash, showiness
mal badly, poorly, not right, not well; little, scarcely; ill; — **sujeto** flabby; **menos** — **que** a good thing that; **mirar** — to glare (at); **obrar** — to do wrong
Málaga region and city of southern Spain
maldecir to curse
maldición curse
maldito, -a accursed, confounded
malestar *m.* malaise, uneasiness
maleta suitcase
maleza thicket

malgastar to waste
malhumorado, -a out of sorts
maloliente ill-smelling
malva mauve, purplish
mancebo boy, lad
manco, -a one-armed, one-handed
mancha spot, patch; trace; surface
manchar to spot, stain; to dapple
mandar to command, order, rule; to send
mando command, control; asumir el — de to take over
manera way; — de ser nature; de (otra) — in (another) way; de todas —s anyhow
manga sleeve
manicomio insane asylum
manifestación display; statement
manifestar (ie) to show; —se to appear
mano f. hand; — sobre — with one's hands folded; al alcance de la — at arm's length; cogidos de la — hand in hand; dar la — to shake hands; dejar de la — to forsake; entre —s in hand, in process; ir de la — de to hold the hand of; llegar a —s de alguien to get to someone
manopla gauntlet
manosear to handle, rumple
mansedumbre f. gentleness; con — softly
manso, -a gentle, tame
manteca butter, lard
mantecado biscuit, shortbread; ice cream
mantel m. tablecloth
mantener to maintain, hold, keep; —se to remain
mantenimiento keeping, maintaining
mantequilla butter
manto cloak, robe
manuscrito, -a hand-written; n.m. manuscript
manzana apple
manzanilla camomile; (pale, dry) sherry
manzano apple tree
maña skill; darse — con to manage

mañana tomorrow; morning; muy de — very early; por la — in the morning; m. future
mañanero, -a (of the) morning
mañoso, -a tricky; wayward, willful
máquina machine, engine
mar m. and f. sea
maravilla marvel
maravilloso, -a marvelous
marca mark; make; commercial brand name
marcar to mark; to score; to dial (a telephone number)
marcial martial
marco frame
marcha course, march, progress; poner en — to start; ponerse en — to set out
marchar to go, walk; —se to go away, go off, leave
marchito, -a faded
marea tide
margarita daisy
margen m. margin, edge, side
mariachi m. street musician
marica m. coll. sissy
marido husband
marinero sailor
marino sailor, seaman
marisma salt marshes
mármol m. marble; statue
marqués m. marquis
marsellés m. coarse jacket
martillazo blow (with a hammer)
mas but
más more, most; any more; any other; — de la cuenta too much; — que except; llegar a — to do more, go further; no ... — que nothing but, only; no poder — to be exhausted, unable to go on; por — que even if; sin — alone, just; sin —, ni — all of a sudden, just like that; todo lo — at the most
mascarar to put a mask on, disguise
masticar to chew
mata bush, shrub, plant
matanza killing; — del gallo cockfight; celebration, revelry
matar to kill; — el gallo to celebrate, carouse

mate dull, lusterless

matemático, -a mathematical; *n.* mathematician

matizado, -a shaded (*in color or expression*)

matorral *m.* thicket

matrícula tuition, free tuition (*for superior students*)

matrimonio marriage, match

matutino, -a (*in the*) morning

mayor greater, chief, head, main; larger; older, oldest; **al por —** wholesale; **misa —** high mass

mecánico, -a mechanical

mecanismo mechanism

mecer(se) to rock; stir

mecha lock (of hair)

medalla medal

medianoche *f.* midnight

mediante by means of

mediar to half empty; to take place

médico, -a medical; **revisión —a** checkup; *n.m.* doctor, physician

medida measure, procedure, step; **a — que** (in proportion) as; **sin tasa ni —** at will

medio, -a half (a); middle of; **a —a voz** in an undertone; **a —as** halfway; **hasta —a pierna** to the knee; *n.m.* measure, method; social background, environment; midst; **en —** in the middle, in the midst; **por — de** by means of; **por el —** in the way, underfoot; **por en —** in between; *adv.* half; **a — caer** half closed

mediodía *m.* noon

medir (i) to measure, compare, match

meditar to contemplate, plan

medroso, -a dreadful, fearful, fearsome; frightened

mejilla cheek

mejor better, best; greatest; recovered; **— dicho** or rather; **a lo —** as likely as not; **faltaba lo —** the best was yet to come

mejorar to improve

melancolía melancholy, sadness

melancólico, -a melancholy, mournful

mella dent, impression, nick

memoria memory; **de —** by heart

mencionar to mention

mendigo beggar; **ser — de** to be in need of

menear to wag (*a tail*)

menester necessary

menor less, least

menos less, least; except; **— mal que** a good thing that; **al —** at least; **de —** missing; **echar de —** to miss; **por lo —** at least

mensaje *m.* message

mensajero messenger

menta mint

mentalidad psychology

mentira falsehood, lie; illusion; **parecer —** to be incredible

menudo, -a slight; **a —** often; **trotecillo —** slow trot

mercader *m.* merchant

mercado market

mercancía merchandise; stuff

merecer to deserve, be worth

merendar (ie) to have (a picnic) lunch

merendero crow

merienda (picnic) lunch

mérito merit; **de mucho —** very deserving

meritorio, -a meritorious, commendable

mesón *m.* inn, tavern

metálico, -a (*of*) metal

meteorológico, -a meteorological

meter to put in(to), put on, enclose, run (through); **— miedo** to scare; **— ruido** to make noise; **metido en** in; **—se en** to get into, go into; to interfere with

meticuloso, -a careful, painstaking

metraje *m.* meterage; **película de corto —** short (film)

metro meter (*39.37 inches*); subway

mezcla mingling, mixture

mezclar to mingle, mix (up)

mezquino, -a wretched; lower

miedo fear; **dar —** to be frightening; **infundir —** to scare; **meter —** to scare; **tener — (a, de)** to be afraid (of)

miel *f.* honey; **luna de —** honeymoon

miembro member

mientras while, as; — **tanto** meanwhile

mieses *f.pl.* grain

milagrero, -a miraculous; miracleworking

milagro miracle

milagroso, -a miraculous

milenario, -a ancient

miliciano militiaman, soldier

militar military; *n.m.* soldier

millonario millionaire; **muchas veces** — a millionaire many times over

mimar to pamper, pet, spoil (a person)

mimbre *m.* rattan, wicker; switch, reed, rush

mínimo, -a minimum, trivial

ministro minister

minucioso, -a careful, meticulous

minúsculo, -a tiny, very small

minutero minute hand

minuto minute; — **a** — minute by minute

Miño *m.* river flowing through northwestern Spain

mirada gaze, glance, look; expression; eyes; — **de inteligencia** conspiratorial look; **dar una** — to glance; **descansar la** — to rest one's eyes; **echar una** — to cast a glance; **humillar la** — to look down

Miranda de Ebro Castilian town in northern Spain

mirar to look at, glance at, watch; — **fijamente** to stare at; — **mal** to glare (at); **bien mirado** in fact; *n.* gaze

mirlo blackbird

mirón onlooker

misa mass; — **mayor** high mass

miserable despicable, mean, vile

miseria poverty

misericordia mercy, pity; **sin** — inexorably, relentlessly

mismo, -a same, (the) very; own, real; **(ahora)** — right (now); **(él)** — (he him)self; **eso** — just that, that very thing; **lo** — **da** it doesn't matter; **para sí** —**a** to herself; **valerse por sí** — to look out for oneself

mitad *f.* half; middle; **a** — **de** halfway (down)

mito myth

mochuelo little owl

moda fashion, style

modales *m.pl.* manners

modificar to modify, alter

modista dressmaker

modo manner; — **de vivir** means of livelihood; **a** — in style; **a** — **de** by way of; **de** — **que** so that; **de otro** — otherwise; **de (tal)** — in (such a) way

modorra drowsiness

mofar to mock; —**se de** to jeer at, make fun of, scoff at

moho mold; rust

mojar to dampen, drench, moisten, soak, (get) wet

mole *f.* mass

molestar to annoy, bother; —**se en** to take the trouble to

molesto, -a angry; annoying, disturbing

molienda grinding

molinete *m.* little mill

molino mill; — **de viento** windmill

momentáneamente momentarily

momento instant; *pl.* time; **de** — for the moment; **por** —**s** continually, progressively

monasterio monastery

moneda coin

monja nun

monje *m.* monk

mono, -a cute

monseñor *m.* monsignor

monstruosidad monstrosity

montaña mountain

montar to cock (a gun); —**(se)** to mount

monte *m.* mountain; woods

Montellano a town in southern Spain

montés wild

montón *m.* crowd, lot; **a** —**es** in great numbers

Montoro a town in southern Spain

montura saddle; spectacle rims

moño bun, topknot

morado, -a purple

morar to dwell

morder (ue) to bite, eat, gnaw at, nibble, crop

moreno, -a dark-complexioned; *n.m. and f.* brunet(te)

moribundo, -a dying

morir (ue,u) to die, die away; — **tísico** to die of tuberculosis

moro, -a Moorish; *n.m. and f.* Moor

moroso, -a slow, dilatory

mosca fly

mosquetón *m.* (big) musket

mostrador *m.* bar, counter

mostrar (ue) to reveal, show; —**se** to act, appear, look; prove to be

mote *m.* motto

motejar to call names, scoff (at)

motivo reason

movedizo, -a moving, shifting

mover (ue) to shake; to wag (*a tail*); to defend, plead (*in court*); — **afirmativamente** to nod (one's head); — **negativamente** to shake (one's head); —**se** to be drawn, move, stir

movible movable, shifting

móvil *m.* motive, meaning

movilizar to mobilize

movimiento motion, move, movement; **ponerse en** — to get started

moza girl, lass

mozo boy, lad; **buen** — good-looking

muchachote *m. aug. of* **muchacho** lad

mucho, -a a lot of, great; **cuando** — at most; *pl.* many, lots of

mudar to shed; **mudó la piel** the skin peeled off

muebles *m. pl.* furniture

mueca grimace

muelle *m.* dock, wharf

muerte *f.* death, killing; **herir de** — to wound fatally

muerto, -a *p.p. of* **morir** dead; — **de risa** laughing one's head off; **horas** —**as** endless time

mujer *f.* woman; wife

mujerona *aug. of* **mujer**

multa fine, penalty

multiplicar to multiply

mundo earth, world; **todo el** — everyone

muñeca doll; wrist

muñón *m.* stump (*of an amputated limb*)

muralla rampart, wall

murciano, -a *n. and adj.*, Murcian (*of Murcia, region of southeastern Spain*)

murciélago bat

murmullo murmur

murmuración gossip

muro wall

musaraña ridiculous figure or thing

músculo muscle

musitar to mumble

muslo thigh

mutación change

mutuo, -a mutual

ná *coll. for* **nada**

nacer to be born; to appear; — **a** to enter; **de recién nacido** as a newborn baby

nacimiento birth

nacional *n. and adj.* national; **la** — national highway

nada nothing, anything; — **de coñac** forget the cognac; — **de volver** no coming back; — **más (que)** just after; **antes que** — first of all; *adv.* (not) at all; *interj.* nothing doing!

nadar to swim

naranja orange

naranjo orange tree

nariz *f.* nose; *pl.* **narices**; **de narices** on one's face

naturaleza nature

naturalidad naturalness

naturalísimo, -a perfectly natural

naufragar to be shipwrecked; to sink

náufrago castaway, shipwrecked person

nave *f.* boat, ship

navegación navigation

navegar to sail

Navidad Christmas

navío ship

neblinoso, -a misty

necesidad need

necesitar to need; — **de** to have need of

necio, -a foolish, silly, stupid

negar (ie) to deny; —**se** to refuse

negativamente in the negative; **mover** — to shake (one's head)
negativo, -a negative
negligente careless
negocio affair, deal; **un** — **seguro** a sure thing; *pl.* business
negro, -a dark, evil; **suerte** —**a** bad luck
negrura blackness
nervio nerve
nerviosismo nervousness, apprehension
nervioso, -a nervous
neto, -a clear
neutralizar to counteract
neutro, -a neuter, neutral; **el intermedio** — halfway between
nevera refrigerator
ni nor, or, (not) even; — ... — neither ... nor; — **(siquiera)** not even
nido nest
niebla fog, mist
nieto, -a grandchild
nieve *f.* snow
Níjar town in southern Spain
nimio, -a insignificant, negligible, trivial
ninguno (ningún), -a no, not any; **por** —**a parte** nowhere
niña little girl; — **del ojo** apple of one's eye
niñera nursemaid
niñez *f.* childhood
niño, -a child; — **de días** small baby
nirvana *m.* freedom from pain, worry, and the external world, blissful state
nivel *m.* level
nocturno, -a (by) night, nighttime; **club** — night club
noche *f.* night; dark; **de** — (by) night; **esta** — tonight; **por la** — at night
nombrar to name, mention; to appoint
nombre *m.* name, given name; **buen** — real name
nones nones; **pares o** — odd or even (*guessing game*)
noria a device, consisting of a series

of buckets on a wheel, for raising water
norma standard
notar to notice, be conscious of, observe
noticia (piece of) news; *pl.* news; **recibir** —**s de** to hear from
notificar to notify, inform; to declare, state
novedad novelty, change, freshness; trouble
novena devotion consisting of prayer on nine consecutive days
novio, -a boy (girl) friend; fiancé(e); lover
nubarrón *m.* black cloud
nube *f.* cloud
nuca nape of the neck
nudillo knuckle
nudo knot
nuevamente again, anew
nuevo, -a new, as good as new, fresh; another; **de** — again; **admitir de** — to take back
numeración number, numbering
número number, figure
nunca never, ever
nutrido, -a full, meaty

o or; — ... — either ... or
obedecer to obey
objeto object
oblicuo, -a oblique, at an oblique angle, diagonal
obligación duty; **tener la** — to be obliged
obligar to force, require
obra work; — **maestra** masterpiece; **poner en** — to set to work on
obrar to work; — **mal** to do wrong
obrero, -a *m. and f.* worker
obscuridad darkness
obsequiar (con) to present (with), treat (to)
observar to look at, notice
obsesionar to obsess, haunt, trouble
obstante standing in the way; **no** — nevertheless, still, yet
obtener to obtain, get, win
ocasión chance, opportunity
ocaso sunset; west

occidente *m.* west
oceánico, -a (of the) ocean
ocioso, -a idle
ocultar(se) to hide
oculto, -a hidden
ocupar to occupy; —se de (en) to attend to, pay attention to
ocurrente witty
ocurrir to happen; —se to occur
odiar to hate, detest
odio hatred
odioso, -a hateful
oficial *m.* officer; de — as an officer
oficina office
oficio job, occupation, trade
ofrecer to offer, present
oído (inner) ear
oír to hear, listen to; — decir to hear (said)
ojalá would to God; if only . . . !
ojeada glance; echar una buena — to take a good look
ojén *m.* anisette
ojeroso, -a hollow-eyed
ojo eye; a —s cerrados with one's eyes closed; con el rabillo de los —s out of the corner of one's eye(s); en un abrir y cerrar de —s in the twinkling of an eye; niña del — apple of one's eye; *interj.* look out! watch out!
ola wave
olé *interj.* bravo! hurrah!
oler (ue) to smell; huele a it smells of
olivar *m.* olive grove
olivo olive tree
olor *m.* odor, scent, smell
olvidar(se) to forget
ombligo navel
onda wave
ondular to wave
opacar to cloud; —se to become opaque, darken
opaco, -a dull, gloomy
operación operation; — de limpieza mopping-up operation
operar to operate; —se to take place
opinar to judge, have an opinion
oponer to oppose; — resistencia to offer resistance

oportuno, -a favorable
oposición (competitive) examination
oprimir to oppress
oprobio disgrace
optar to choose; — por to decide in favor of
optimista optimistic; agreeable
opuesto, -a opposite
oquedad emptiness, hollowness
orar to pray
oratorio oratory, small chapel
orden *f.* command; (religious) order; *m.* order (*arrangement*); por — in order
ordenar to arrange, line up, place; to order (*command*), say
ordinario, -a ordinary; de — usual
oreja (outer) ear; de la — by the ear
organizar to organize, get up
orgullo pride; tomar a — to take pride in
orgulloso, -a proud
oriente *m.* east
origen *m.* origin
orilla bank, shore; edge, side, roadside; a —s de beside
oro gold
orondo, -a rounded
oropéndola golden oriole
orujo bagasse of grapes; cheap wine
oscilación swaying
oscilar to sway
oscuridad darkness
oscuro, -a dark; gloomy, cryptic; *n.m.* darkness, shading
otear to scan, survey
otero hill
otorgar to grant
otro, -a another, other, any other; next; — toro let's change the subject; —s tantos as many more; a una y a —a parte this way and that; de — modo otherwise; por —a parte besides
oveja sheep
oyente *m.* listener, auditor

paciencia patience
paciente *n.m. and f., adj.* patient
padecer to suffer (from)
padrastro stepfather

pagar to pay (for), repay, reward, render, give

página page; **por cualquier —** at random

pago payment

país *m.* country, land

paisaje *m.* landscape

paisano peasant, rustic; fellow countryman; civilian

paja straw

pájaro bird; **— parlanchín** warbler

paladar *m.* palate

Palencia a city in northwestern Spain

palidecer to turn pale

pálido, -a pale, pallid

palma palm (*of hand*); palm tree; **batir —s** to clap; **de sus propias —s** by clapping

palmada pat

palmar *m.* palm grove

palmear to clap

palmetazo blow, slap

palmo hand's-breadth, span

palo pole

Palos cape on the southeastern coast of Spain

palpar to feel

pálpito intuition, presentiment

pámpano vine leaf, tendril

pan *m.* bread; meal; **— de cada día** daily bread; common

pandereta tambourine

pandilla gang

pánico fright

pantalón (pantalones) *m.* trousers

pantalla screen

pantano dam, reservoir

panza belly, paunch; **— arriba** on one's back

paño cloth; **— de lágrimas** comforter

pañuelo handkerchief

papel *m.* paper; role; **representar un —** to play a part

papelera wastebasket

papo dewlap; **inflar el —** to swell up like a turkey cock

paquete *m.* package

par *m.* pair; **—es o nones** odd or even (*guessing game*); **a su —** equally; **sin —** matchless, peerless

para to, toward, for; by; in order to; **— con** toward, for; **— que** in order that; **¿— qué?** what for? **— sí** keeping to himself

parabrisas *m.* windshield

parada stop

parado, -a parked; perched; standing

paraguas *m.* umbrella

paraje *m.* place, spot

parar(se) to stay, stop; to park; **ir a —** to end (up), get at (to); **¿dónde había ido a —?** what had become of? **—(se) en seco** to stop dead

pardo, -a brown, dark

parecer to seem, appear, look (like); **— mentira** to be incredible; **cambiar de —** to change one's mind; **¿qué te ha parecido?** what did you think of it? **—se a** to resemble

parecido resemblance

pared *f.* wall

pareja couple, pair

parentesco relationship

paréntesis *m.* parenthesis; interlude

parlanchín, -ina chattering; **pájaro —** warbler

parlotear to babble, prattle

párpado eyelid

parque *m.* park

párroco (parish) priest

parroquia (parish) church

parsimonioso, -a sparing

parte *f.* part, share; direction, side; region; **a la — de fuera** outside; **a una y otra —** this way and that; **de — y —** from one direction or another; **en alguna —** somewhere, **hacia todas —s** in all directions; **(por) cualquier —** anywhere; **por ninguna —** nowhere; **por otra —** besides; **por todas —s** everywhere

participar to share

partida bunch, gang, lot; game; departure

partido game; party

partir to break, divide; to come, issue, depart; **a — de ahí** from then on

pasadizo passage, corridor

pasado, -a past; **de —a** passing by;

el (año) — last (year); *n.m.* past; *f.*
  passage; passing
pasaje *m.* passage
pasajero, -a passing, temporary
pasar to go on, go over, go through,
  enter; to spend (*time*), lead (*a life*);
  to happen; to send; — **de** to get beyond; — **de largo** to pass without
  stopping; —**lo bien (mal)** to have
  a good (bad) time; —**se** to go over,
  pass around; —**se de la raya** to
  go too far
Pascua(s) church holiday; Christmas;
  Easter
pasear(se) to walk, walk around, go
  walking, stroll, wander; promenade,
  parade; — **la vista** to let one's
  eyes wander
paseo walk, promenade; ride; **dar
  un** — to take a walk, drive; **de** —
  for a walk
pasillo passage
pasmar to astound, stun
paso step; passing; passageway; **a
  (nuestro)** — as (we) passed; **a** —
  constante continually; **al** — **de** in
  front of; **dar un** — to take a step
pastar to graze
pastel *m.* cake, pie
pasto grass
pastor *m.* shepherd
pastora shepherdess
pastorcito *dim. of* **pastor**
pata leg; **tener mala** — to have bad
  luck
patada kick; **andar a** —**s** to kick
  around
patata potato; —**s fritas** potato chips
paternidad parenthood
patético, -a pathetic
patetismo pathos
patinar to skid, slide, slip
patrón *m.* owner; skipper
patrulla patrol; — **adelantada** advance patrol
pausadamente deliberately, slowly
pavo turkey; *coll.* dope
pavor *m.* fear, terror
payaso clown
paz *f.* peace, peace of mind
pecado sin

pécora sheep's head; **mala** — schemer
Pecos *m.* river flowing through New
  Mexico and Texas
pecoso, -a freckled
peculio small savings
pecho breast, chest; **a lo hecho,** —
  let's make the best of it
pedazo piece, bit
pedernal *m.* flint
pedir (i) to ask (for), beg, order,
  pray
pedrada a blow with a stone; a —**s**
  by throwing stones
pegado, -a stuck; close; — **a** against
pegar to attach, stick; to beat, give
  (*blows*); to bury (*the face*); to utter;
película film, motion picture; — **de
  corto metraje** short (*film*)
pegón, -ona bellicose, pugnacious
peinar to comb (*someone's*) hair;
  —**se** to comb one's (*own*) hair
pelar to shell
  — **voces** to yell
pelear to fight, quarrel
peligro danger; **correr** — to be in
  danger
pelo hair, coat (*of animals*)
pelotari *m.* pelota player
peluquero hairdresser
pellejo skin; a leather wine or oil
  container; **dejarse el** — to die
pellizco pinch
pena pity, sorrow; **dar** — to be too
  bad, be touching
penal *m.* penitentiary
pender to hang, dangle; — **de** to
  hang on
pendiente hanging, dangling; unex-
  plained; unresolved
penetrar to enter
penitencia penance; **cumplir** — to do
  penance
penoso, -a painful, dreadful
pensamiento thought; mind
pensar (ie) to think (out), plan, consider; to imagine; — + *infin.* to intend; — **en** to think about; **bien
  pensado** come to think of it
pensativo, -a thoughtful
pensil *m.* enchanted garden
penumbra half light

peña cliff, rock
peñasco rock
peón *m.* laborer
peor worse, worst
pepinillo gherkin
pequeño, -a little, small; faint
percibir to perceive, notice, be aware of, hear; to grasp
perder (ie) to lose, miss; to ruin, be one's undoing; —se to vanish
perdido, -a stray; messed up, smeared, stained
perdigón *m.* shot
perdón *m.* pardon, forgiveness
perdonar to pardon, forgive (for), excuse
pereza indolence, laziness
perezoso, -a indolent, lazy
perfil *m.* outline
perforar to pierce, go through
pericia skill
periódico, -a periodical; *n.m.* newspaper
periodista *m.* journalist
peripecia development, episode, incident, situation
peripuesto, -a dressy
permanecer to remain, stay
permiso leave
permitir to allow
pernales *m.pl.* uprights in the sides of a cart
perplejidad mystification; para universal — to the surprise of everyone
perro dog; —a copper coin; —a gorda coin worth 10 centimos
persecución chase, pursuit
perseguidor *m.* pursuer
perseguir (i) to pursue, hunt, follow
personaje *m.* personage, hero, character
personalización embodiment, incarnation; personification
persuadir to convince
pertenecer to belong
pertrechar to equip, supply
perturbar to disturb
pesado, -a heavy, clumsy; slow, tiresome; harsh
pesar to weigh; *n.m.* regret, sorrow;

a — de (que) in spite of (the fact that)
pesaroso, -a sorrowful; terrible
pesca fishing; fish
pescadilla small hake
pescado fish (*once caught*)
pescar to fish
pescuezo neck
pese a in spite of
pesebre *m.* manger; crib, rack
pesebrera row of mangers
peseta Spanish monetary unit; una — son cinco five for a peseta
peso weight, burden
pesquera fishery
pestaña eyelash
petaca cigarette case; tobacco pouch
pez *m.* fish; *coll.* cold fish
piadoso, -a merciful, sincere; acto — act of mercy
piara herd
picadura sting
picar to sting; to cut (up); to pit; —se to get mad, take offense
picudo, -a pointed
pie *m.* foot; a — on foot; de (en) — standing; echar — a tierra to dismount; ir a — to walk
piedra stone, rock
piel *f.* skin; coat (*of an animal*); surface; mudó la — the skin peeled off
pienso feed
pierna leg; hasta media — to the knee; *pl.* lap
pieza room; game, quarry
pijama pajamas
pinar *m.* pine grove
pincel *m.* brush
pinchazo jab, prick, sharp pain
pino, -a steep; *n.m.* pine tree
pintar to paint; to amount to; — de (azul) to paint (blue)
pintor *m.* painter
pintoresco, -a picturesque
pintura painting
pinzas *f.pl.* (pair of) pincers
piña cluster
Pirenaico-Carpetovetónico, -a (of the) rivers between the Pyrenees and the mountains of central Spain

pirotécnico, -a brilliant
pisar to step on, tread on, walk on
piso floor, story (*of a building*); apartment, flat
pista trail
pitañoso, -a bleary
pitillo cigarette
pito whistle
pizarra blackboard; slate
pizarrín *m.* slate pencil
pizpireto, -a lively, smart
placa plaque, plate
placer *m.* pleasure
placidez *f.* calm, placidity
plagado, -a crowded, full
plan *m.* regime
plana page
plancton *m.* plankton
planchar to iron, press
plano (*photographic*) shot; plane; **en gran —** enlarged
planta stalk; floor, story (*of a building*)
plantado, -a standing
plantear to state, pose
plantón *m.* watchman; **hacer de —** to be stationed
plata silver; money
plátano banana
platillo cymbal
plato plate, dish; course
playa beach
plazuela little square
plegaria prayer
plenitud *f.* abundance, fullness; height (*of something*)
pleno, -a full; deep; the height of, the middle of; **cantar a — pulmón** to sing at the top of one's lungs; **respirar a — pulmón** to breathe freely
pliego fold
pliegue *m.* crease, fold
plisado pleat
plomo lead, tin
pluma feather; pen
poco, -a little, not much, lack of; *pl.* few, not many; **— a —** little by little, slowly; **—a cosa** nothing much; **— más o menos** more or less; **— (propicio)** un(propitious);

a — after a little; **al — rato** after a little; *adv.* fairly, a little, not much, not very
podenco small whippet (*cross between greyhound and terrier*)
poder (**ue**) to be able, manage; **en — de** in possession of; **no — más** to be exhausted, unable to go on; **puede que** perhaps; **no puedo con** I can't stand; *n.m.* power
poderoso, -a powerful, strong
poesía poem
policíaco, -a (of) police; **novela —a** detective story
policromo, -a polychrome, many-colored
polvillo fine dust
polvo dust
polvoriento, -a dusty
pollo chicken; young fellow
poner to put, put on, set, lay, fix; to make, turn; **— al tanto** to give the news; **— ante la cara** to show; **— en evidencia** to expose; **— en marcha** to start; **— una mala cara** to make a face; **— en punto** to set (*a watch*); **—se** to become, get, turn, be; to set (*the sun*); **—se a** to start, begin; **—se contento** to cheer up; **—se delante** to be required; **—se en marcha (movimiento)** to get started, set out; **—se en puntillas** to stand on tiptoe; **—se en serio** to be in earnest, mean business; **—se malo** to get sick
poniente setting (*the sun*); *n.m.* west
popular (*of the*) lower class; popular
por about, along, around, at, because of, by, for, for the sake of, in, on, over, through, to; **— más que** even if; **— (mucho) que** no matter how (much); **¿— qué?** why? **— si** in case
porque because; in order that, so that
porqué *m.* reason
porrón *m.* a glass wine container with one long and one short spout
portar to carry; **—se** to act, behave; to dress
portentoso, -a amazing, extraordinary
portezuela small door, car door

pos: en — de after, behind, in pursuit of
posar to put down; **—se** to perch, rest
poseer to possess
posibilidad chance
posible imaginary; **lo más (objetivamente) —** as (objectively) as possible
posición post, line
poste *m.* pole
postergar to postpone, put off
posterior back, rear; later; **indicador — tail** light
postigo shutter
postizo, -a artificial, false
postre *m.* dessert
postura position
potestad power
potro colt, pony
práctica practice; **hacer —s** to train; **llevar a la —** to put into practice, do
prado meadow
precario, -a precarious, dangerous
precavido, -a cautious, foresighted
precio price; **no tener —** to be priceless
precioso, -a beautiful, lovely
precipitadamente headlong, hurriedly
precipitar to hasten, hurry, rush, urge on
precisar to state precisely
preciso, -a definite, exact; necessary
predecir to foretell, predict, prophesy
pregonar to announce publicly; to set a price on someone's head
preliminar introductory, opening; *n.m.* preliminary
premio prize
prenda pledge; **en —** as security
prender to pin (up)
prensa press
preocupación worry
preocupar(se) to worry
preparar to get ready; to think up; **— de domingo** to dress in Sunday clothes
preparativo preparation
presa prey, victim

presagio premonition
prescindir de to disregard, drop, eliminate, leave out
prescribir to plan
presenciar to witness
presentar to show, introduce; **—se** to appear, show up, turn up; to happen
presentimiento feeling, premonition
presentir (ie,i) to foresee, sense
presidente *m.* master of ceremonies
presidio penitentiary
presidir to preside over
presión pressure; **hacer —** to exert pressure
preso prisoner
prestar to lend
presteza quickness
presto, -a ready
presumido, -a arrogant, vain; *n.m. and f.* conceited person, smarty
presunto, -a hypothetical
pretender to attempt, try
pretil *m.* (stone) railing
pretina belt, waistband
prevención forethought
prever to foresee
previo, -a previous
previsto, -a *p.p. of* **prever** anticipated; prescribed
prez *m. and f.* glory, honor, praise; *pl.* **preces**
primaveral (of) spring
primero (primer), -a first; oldest; **a —a hora** the first thing; **— que ninguno** first of all
primo, -a cousin; *f.* bonus
principio beginning; principle; entree; **al (en) —** at first; **en un —** at the beginning
prisa haste, hurry; **a toda —** with the greatest speed; **darse —** to hurry; **de —** fast, swiftly; **tener (un poco de) —** to be in (something of) a hurry
prisionero prisoner; **caer —** to be captured
privar to deprive
probar (ue) to prove; to taste; to fit
procedimiento procedure
proclamar to declare, state

procurar to get; to manage; to try
producción output
producir to bring about; **—se** to take place
proemio preface
profecía prophecy
proferir (ie,i) to utter
profesor *m.* teacher; **— auxiliar** professor's assistant
profundo, -a deep, profound; sound; the utmost
prohibir to prohibit, forbid
prójimo fellow creature, fellow man, neighbor
prolongadamente at length
prolongar to continue
prometer to promise, engage
pronto right away, soon; early; **de —** all of a sudden, suddenly
pronunciamiento insurrection, revolt
pronunciar to decide, give a pronouncement
propicio, -a proper, suitable; **poco —** unpropitious
propietario, -a owner
propio, -a own; characteristic, peculiar *(to)*; **de sus —as palmas** by clapping; **en defensa —a** in self-defense; **en provecho —** to one's own advantage
proponer to propose; **—se** to intend, plan; **sin proponérselo** without meaning to
proporciones *f.pl.* stature
propósito intention, plan, purpose, resolution
prórroga postponement
prorrumpir to burst forth
proseguir (i) to continue
prosperar to succeed
protagonista *m. and f.* leading character
protector, -a protective
proteger to protect
protesta protestation
protestar to complain
provecho advantage, profit; **en — de** to promote; **en — propio** to one's own advantage
proveer a to provide for
provisión amount, supply

provisto, -a *p.p. of* **proveer; — de** provided with
provocar to provoke, arouse
proximidad approach, nearness
próximo, -a close (together), near, next
proyectil *m.* projectile
proyecto project, plan
prueba *(photographic)* proof; trial
psicología psychology
publicitario, -a (for) publicity; **actividad —a** advertising campaign
puchero stew
pudrir(se) to decay, rot away
pueblo town, village; people
puente *m.* bridge
puerco pig
puerilidad childishness
puerta door, gate
puertecilla *dim. of* **puerta; hueco de la —** doorway
puerto port; (mountain) pass
pues then, well, why; for, since; **— bien** well
puesta setting; **— del sol** sunset
puesto, -a *p.p. of* **poner** fixed; on *(of clothing)*; *n.m.* post; booth, stall, stand
pulgar *m.* thumb
pulir to polish
pulmón *m.* lung; **cantar a pleno —** to sing at the top of one's lungs; **respirar a pleno —** to breathe freely
pulsación beat, pulse
pulsera bracelet; **reloj de —** wrist watch
punta (sharp) point, tip; top
puntapié *m.* kick
puntero, -a lead (animal)
puntiagudo, -a sharp-pointed
puntillas: ponerse de — to stand on tiptoe
punto point; **a — de** on the point of; **al —** at once; **de todo —** completely; **está en su —** he's really warmed up; **poner en —** to set *(a watch)*
puntual punctual, prompt; exact
puntualizar to emphasize; finish
puñado handful

puñal *m.* dagger
puño fist
pupila eye
pupitre *m.* desk
pureza purity, innocence
la Purísima the Virgin Mary
puro, -a unchanged; mere; a — salto
at one jump; de — cansado from
sheer exhaustion; *n.m.* cigar
puta harlot, whore

que that, which, who; than; to; because, for, as, how; — + *pres. subj.*
let(s)
qué what?, how?; ¡— de! how many!;
¿a —? why?; ¿en —? how?; ¿y —?
so what?
quebrantar to break, wear out
quedar(se) to be left; to remain,
stay; to be, become; to get off; to
stop; — bien to come off well; —
a gusto to feel good; ya queda
poco it won't be long now; —se
callado to fall silent; —se con to
keep; —se dormido to fall asleep;
—se rígido to stiffen; —se sin to
lose
quedo, -a soft, low
quehacer *m.* task, work; trouble
quejado, -a whining
quejar to lament; —se de to complain of
quejido complaint, moan; whine
quemar(se) to burn
querer to want, love; to try; to intend
to, mean to; — decir to mean; de
mi — my dear
querido, -a dear
quicio hinge; sacar de — to unhinge
quiebra break, breakdown; fissure
quien who, whom; whoever; (the)
one who; *pl.* who, those who
quién who? whom?; —...— one...
another; de — whose?
quieto, -a motionless, still
quilómetro *var. of* kilómetro
quinta *m.* draftee
quiosco kiosk, stand
quitar to remove, take away, take
out; —se to disappear, withdraw;

to take off (*clothing*); —se de
encima to get rid of
quizá(s) perhaps

rabia rage; dar mucha — to make
one furious
rabiar to rage, be furious
rabillo tip; con el — de los ojos out
of the corner of one's eye(s)
rabioso, -a mad, furious
rabo tail
rácano tramp
racimo bunch (of grapes); cluster
ración portion, quota, supply
radicar to be rooted, lie
radiofónico, -a radiophonic; novela
—a radio serial, soap opera
ráfaga flash, gust
raíz *f.* root; a — de right after
ralear to become fewer
ralo, -a thin
rama branch
ramal *m.* strand; branch (*of a road*)
rana frog
rango rank
rapar to shave, crop
rápido, -a fast, quick, swift
raposo fox
raptar to abduct
rapto burst, fit
rareza peculiarity
raro, -a odd, queer, strange, unusual
rascar to scrape, scratch
rasgo characteristic; feature
rasgueo strumming
rasguño scratch
raso, -a clear; cielo — cloudless sky
rasponazo bruise, scratch
rastrero, -a crawling, low-lying
rata rat
rato while, time; — y — endless time;
a —s occasionally; al poco — after
a while; desde hacía — for some
time
raya stripe; border; line; part (*in the
hair*); a —s striped; pasarse de la
— to go too far
rayo ray; streak of lightning
raza race, pedigree
razón *f.* reason; dar — a to inform,
report to; tener — to be right

reaccionar to react, recover
real royal; **(me) da la — gana** (I) feel just like, (I) have a good mind to; *n.m.* real (*worth one fourth of a peseta*)
realizador *m.* (motion picture) producer
realizar to accomplish, carry out, do, fulfill
realquilado (*sublet*) tenant; roomer
reanudar to resume
reaparecer to reappear
rebato alarm; **lanzadas a —** sounding the alarm
rebelde recalcitrant, refractory, resistant, stubborn
reborde *m.* edge, rim
recado message
recalentar (ie) to reheat; **—se** to get overheated
receloso, -a distrustful, fearful
recibir to receive, accept, be given; **— noticias de** to hear from
recién recently, newly, just; **de — nacido** as a newborn baby
recinto enclosure
recio, -a loud, strong
recluir to confine, shut up
recobrar to recover, regain
recodo bend, turn
recoger to collect, gather, pick up; to take in; to catch, capture; to hitch up (*trousers*)
recolección harvest
recompensa reward
recompensar to reward
reconocer to recognize; to scrutinize
reconvención admonition, expostulation, remonstrance
reconvenir to admonish, remonstrate with, reproach
recordar (ue) to recall, remember; to remind (of)
recorrer to cover (*ground*), go over, travel over, traverse; to look over, survey; to trace
recorrido passing, traveling
recortarse to be outlined, stand out
recreo recreation, recess
recta straight stretch (*of road*)
recubrir to coat, cover completely

recuerdo memory; memento, souvenir; **en —** as a keepsake
recuperar to regain, make up (*time*); **—se** to recover
recurrir to have recourse, resort
recurso recourse, method
recusable objectionable, reprehensible
rechazar to reject
rechazo rebound, recoil; **de —** flung back
rechoncho, -a chubby
redactar to compose, write, edit
redención redemption
redondear to round out
redondo, -a round; **a la —a** around
reducto redoubt, fortification
reedición new edition; re-editing
refectorio refectory
referir (ie,i) to relate, tell; to refer; **—se** to refer
reflejar to reflect, reproduce, show
reflejo reflection, glare
reflexionar to reflect, muse
refrescar to be refreshing
refresco cold drink; **de —** fresh, spare
refuerzo reinforcement
refugiarse to take refuge
regador *m.* hose, sprinkler
regalar to bestow, give
regar (ie) to irrigate, water
regatear to bargain, haggle; to begrudge; to dodge
registro register (*tones produced in the same way*)
regla rule; ruler
regresar to go back, return
regreso return, return trip; **de —** (on the way) back
reguero beam, track
regular fair, usual
regularcillo, -a so-so
rehuir to avoid
reinante prevailing
reinar to reign, prevail
reino kingdom
reír(se) (i) to laugh; **—se a carcajadas** to roar with laughter; **—se de** to laugh at
reiterativo, -a repetitious
rejilla latticework (*of lines in a ledger*)

rejo strength, vigor
rejurar to swear again; **jurar y —** to swear over and over
relación account; connection
relámpago flash, streak (of lightning)
relampaguear to flash
relato account, narrative
releer to reread
relevo relief, change (of guard)
religioso monk
relincho neigh; *pl.* neighing
reloj *m.* clock, watch; **— de pulsera** wrist watch
reluciente flashing; glossy, shiny
relucir to gleam, shine
relumbrón, -ona dazzling, showy
remachar to rivet
remangar to roll up the sleeves (of)
remanso backwater
rematar to complete, finish (off)
remate *m.* end, ending
remedio cure; **no tener —** to be unavoidable; **aquello ya no tenía —** there was nothing to do about that
remiendo darn, patch
remite *m.* answer, response
remo leg
remolino whirlpool; whirlwind; commotion
remover (ue) to shake up, stir up
rencor *m.* resentment
rencoroso, -a resentful
rendido, -a exhausted, worn out
rendija crack, chink, slit, fissure
rendir (i) to surrender, yield
renegar (ie) to curse; **— de** to deny, resent
renglón *m.* line; **a — seguido** right after
renovar (ue) to renew, restore
renuncia renunciation
renunciar to renounce, relinquish, give up
reñir (i) to quarrel
reojo: de — sidelong, out of the corner of one's eye; over one's shoulder
repantigarse to sprawl out
reparación redress
reparar en to notice, pay attention to

repasar to go over, overhaul; to review
repaso going-over
repeinado, -a slicked up
repeluzno chill, shiver
repente *m.* sudden movement; **de —** suddenly
repentino, -a sudden
repetir (i) to repeat
repipio, -a unsophisticated; dumb
reponer to regain; to reply; **—se** to recover, relax
reposo rest; calm, stillness
representar to picture; **— un papel** to play a part
reprimir to repress, restrain
reprobable reprehensible
reprochar to reproach for, reprimand for
reproche *m.* reproach
republicano, -a *n. and adj.* loyalist, republican
resaca undertow, surf
resbalar to slide, slip
rescatar to atone for
rescoldo embers
reseco, -a parched
resentido, -a resentful
resentir (ie,i) to become weakened; **—se** to suffer
reseña account; review
reserva reservation
resfriar to chill; **—se** to catch cold
resina resin, pitch
resistencia resistance; **oponer —** to offer resistance
resistir to hold out; to stand, survive
resolver(se) (ue) to decide, resolve; to solve; **—se en** to turn into
resonancia overtone
resoplar to snort
respecto reference; **— a** with respect to
respetar to respect
respeto respect
respiración breathing; **sellar la —** to hold one's breath
respirar to breathe; **— a pleno pulmón** to breathe freely
respiro breathing space, respite

resplandecer to light up, shine
resplandor *m.* glare, glow, light
responder to answer; to correspond; to conform
respuesta answer, reply
restar to be left, remain
restregarse (ie) to rub hard
resultado outcome, result
resultar to be, become, prove to be, turn out
resumen *m.* summary; **en —** in a word
resumido, -a compact
resumir to sum up
retardar to delay, postpone, put off
retener to guard, hold, restrain
retirar to take away; **—se** to leave, withdraw
retorcer (ue) to twist, wring
retraso delay; **de —** late
retratar to portray
retrato portrait; photograph
retrepado, -a leaning
retreparse to lean back
retrete *m.* toilet
retroceder to back away, go back
reunión meeting
revelado developing (*of photographs*)
revelar to reveal, disclose
reventar (ie) to burst; smash
reverencia bow
revés *m.* reverse; **al —** the other way around, upside down, wrong side out
revisión review; **— médica** checkup
revista magazine
revistero reviewer, writer
revivir to relive
revolar (ue) to flutter around
revolcarse (ue) to roll over
revolver (ue) to shake; **—se** to turn, twist
revuelto, -a *p.p. of* **revolver** disorderly, topsy-turvy
rey *m.* king; **astro —** sun
rezagado, -a straggler
rezar to pray
rezongar to grumble
ribera (river) bank
rico, -a rich; delicious; darling, dear
ridículo, -a ridiculous

rienda rein
riesgo risk, danger
rígido, -a motionless; **quedarse —** to stiffen
riguroso, -a severe
rincón *m.* corner; direction
río river; **— caudal** swollen river
riqueza wealth
riquísimo, -a awfully good
risa laugh; **muerto de —** laughing one's head off; *pl.* laughter
risco crag, cliff
risita giggle, titter
rítmico, -a rhythmic
ritmo rhythm
rito ritual, ceremony
robar to hold up, steal
roble *m.* oak
robleda oak wood
robustez *f.* strength, sturdiness, vigor
robusto, -a brawny, strong
roca rock, cliff
roce *m.* brushing (against), contact
rocío dew
roda prow
rodar (ue) to roll
rodear (de) to surround (with)
rodeo roundabout way; **dar un —** to make a detour
rodilla knee; **de —s** kneeling
roer to bite, gnaw (at); to consume
rogar (ue) to ask, beg
rojizo, -a reddish
romance *m.* ballad
romancero collection of ballads
romería picnic; celebration on a saint's day, usually near his shrine
romero pilgrim
romper to break, break up; to tear
ronda round, going the rounds; night serenaders; patrol; **a la —** all around
ronquido snort
ropa clothing; *pl.* clothes; bedclothes
rosado, -a rosy
rosca screw, spiral, twist; **— de azúcar** sweet roll; **tapón a —** screw top
rosquilla doughnut
rosquillera doughnut-seller
rostro face

roto, -a *p.p.* of **romper** broken; ragged, torn; worn; all in
rotundo, -a complete; emphatic, peremptory
rozar to brush (against)
rubio, -a fair, light-complexioned; golden; *n.m.* gold; *m. and f.* blond(e)
rubor *m.* bashfulness
ruborizar(se) to blush, flush
rucio silver-gray horse
rueda wheel; (*round*) slice; **sillita de —s** baby carriage, stroller
ruedo edge (*of something round*); *pl.* environs
ruido noise, sound; **meter —** to make noise
ruiseñor *m.* nightingale
rumbo course; **— a** bound for, headed for, in the direction of, on (one's) way to
rumio grumble
rumor *m.* murmur, sound
rumorearse to be rumored
runrunear to murmur, whisper
rutina routine

sábana sheet
saber to know; to know how; **— (a)** to taste (of); **a —** namely; **a — dónde** who knows where
sabiduría wisdom
sabio, -a wise; *n.m. and f.* scholar
sabor *m.* taste
saborear to savor, relish, enjoy
saboteador *m.* saboteur
sabroso, -a delicious, flavorful, tasty
sacadineros *m.* catchpenny, moneymaker
sacar to take out, get out, draw (out), stick out; to produce; **— a escena** to stage, exhibit
sacerdotisa priestess
sacristán *m.* sexton
sacudir to shake, shake off, to beat up
sagrado, -a sacred; **Historia Sagrada** Bible history
sal *f.* salt
sala room; parlor; **— de espera** waiting room

saleta little hall
salida exit; sally, (sudden) remark; **— de coches** cab stand; **a la — del trabajo** after work
salir to go out, get out, get through, leave, emerge, issue; to come off, come out; to prove to be, turn out; to rise (*the sun*); **— al encuentro** to come (go) out to meet; **— de** to leave, get rid of; **—se** to go off; to stick out
salmodiar to drone, singsong
salmuera brine
salón *m.* living room, parlor; lounge, recreation hall; motion-picture theater
salpicar to sprinkle; to cover
saltar to bound, hop, jump (up), leap; to climb over, get over, jump over; to skip; to spurt; to poke out; **— de dos en dos los escalones** to take the steps two at a time
salto bound, leap; **a puro —** at one jump
salud *f.* health, good health
saludable healthy; wholesome
saludar to bow; to greet, speak to
saludo greeting, salute
salvaje fierce; wild; *n.m.* savage
salvar to save; to get through, pass
salvo, -a safe, out of danger; **sano y — safe** and sound; *prep.* save, except (for)
sandalia sandal
sangonea water plant
sangre *f.* blood; **hacer — a** to draw blood from
San José St. Joseph
sano, -a healthy; healthful; **— y salvo** safe and sound
Santiago de Compostela an historic city in northwestern Spain
santo, -a holy; **— y puro** pure and simple; **¡cielo —!** good heavens! *n.* **santo (san), santa** saint; *m.* saint's day
sapo toad
sarampión *m.* measles
sargento sergeant
sarmiento vine shoot, stem
sarnoso, -a mangy

sartén *f.* frying pan, grease kettle
satisfecho, -a satisfied, pleased
saturado, -a saturated
saya skirt
secar to dry, wipe; **—se** to dry up
seco, -a dry, withered; curt, sharp; **detenerse en —** to stop dead, suddenly; **parar(se) en —** to stop short
secretaría office
sed *f.* thirst; **tener —** to be thirsty
sedante *m.* sedative
sedoso, -a silky
seductor *m.* seducer, charmer, tempter
segregar to set apart
seguido, -a consecutive, successive; **a renglón —** right after; **acto —** at once, right afterward; **en —a** at once, right away
seguidor *m.* pursuer
seguir (i) to follow; to continue, go on; to keep, remain, stay; - - **adelante** to go ahead; **suma y sigue** add and carry over (*to the next page*)
según according to, as, following, depending upon, so
seguridad assurance, certainty
seguro, -a sure, for sure, defined; safe; **— que** surely; **a buen —** surely; **de —** surely; **un negocio —** a sure thing; *n.m.pl.* insurance
selva forest, woods
sellar to seal; **— la respiración** to hold one's breath
semana week; **entre —** during the week
semanario weekly (publication)
semblante *m.* face
sembrado (cultivated) field
sembrar (ie) to sow; scatter, spread
semejante similar; such a
sencillo, -a simple; humble; mere
sendero path
sensación feeling
sensatez *f.* good sense, stability
sentado, -a seated, sitting (up); settled; **dejemos esto sentado** let's agree to this
sentar (ie) to seat; to suit; to fit; **—se** to sit (down)

sentido sense
sentimiento feeling
sentir (ie,i) to feel; to hear; to regret, be sorry (about); **—se** to feel, be; **lo siento** I'm sorry; pardon me
seña sign; *pl.* (street) address; location; whereabouts
señal *f.* sign, signal, mark; beam
señalar to mark; to indicate, point (to); to appoint
señor lord, sir; **muy — mío** dear sir
señorial majestic, noble
señorito young gentleman
separación de cuerpos legal separation
separar(se) to come between, intervene; to part; **—se de** to go away from, leave; to outdistance
septembrino, -a (of) September
séptimo, -a seventh
sepultar to bury
sequedad dryness; asperity, sharpness
ser to be; **— de** to become of; **manera de —** nature; **es que** it's true that; **o sea** that is; *n.m.* being, creature
serenidad calm
seriecito, -a *dim. of* serio
seriedad seriousness
serio, -a serious, solemn; **en —** seriously, hard; **ponerse en —** to be in earnest, mean business
serranía de Morón mountainous region in southern Spain
serrano, -a (of the) mountain
servicio service; **de —** on duty
servilleta napkin
servir (i) to work; to tend; to be useful; **¿de qué le servía?** what good did it do him?
sesgo turn; **al —** obliquely
sestear to drowse, nap
severo, -a strict
si if; why, you see; **por —** in case
sí yes; certainly; **— que** of course, really; **eso —** to be sure
sí herself, himself, itself, themselves; **para —** keeping to himself; **para — misma** to herself; **por — solo** by itself
siega harvest, reaping

siempre always, ever; — que whenever; de — habitual, usual

sien *f.* temple

siglo century

significado meaning

significar to indicate, mean

signo sign; symbol; appearance

siguiente following, next

sílaba syllable

silbar to whistle; hoot

silbato whistle

silbido whistle

silbotear to whistle

silencio silence; hacer un — to be silent; se hizo el — silence fell

silencioso, -a silent

silueta silhouette; figure

silla chair; saddle; stroller

sillita de ruedas baby carriage, stroller

sillón *m.* armchair

simétrico, -a symmetrical

simio monkey

simpatía sympathy; liking; approval

simpático, -a delightful, likable, nice, pleasant

simple mere

simultanear to carry out simultaneously

sin without; sin (pintar) un(painted); — más, ni más all of a sudden, suddenly; — que without

sindical (of a trade) union; carnet . — union card

sindicato syndicate, trade union

singular extraordinary, strange

siniestro, -a disastrous, ominous, sinister; perverse

sino (que) but, except; nothing but

sintonizar to get in tune

siquiera even; ni — not even

sitio place; room; dejar en el — to kill

situación location, whereabouts

situar to place

soberbio, -a superb, wonderful; proud

soborno bribery

sobra excess; de — all too well

sobrado, -a more than enough

sobrar to be left over

sobre on, onto, on top of, over, above; at, in; about; — todo especially; *n.m.* envelope

sobreleer to read through, skim through

sobremesa: de — after eating

sobreponerse a to rise above, overcome

sobresaliente distinguished (*examination grade*)

sobresalto fright, shock

sobrevivir to survive

sobriedad moderation

sobrino nephew

sociedad society, social organization

socorro help, rescue

sofocante stifling, suffocating

sofoco blush, flush; heat; chagrin

sol *m.* sun; sunlight, sunshine; al — in the sun; hacer — to be sunny; puesta del — sunset; tener un — del bueno to be pleasantly sunny

solamente only

solanera hot sunshine

solano hot wind

solar *m.* ground; lot, yard

soldado soldier

solear *m.* Andalusian song and dance

soledad solitude, isolation; loneliness

soler (ue) to be accustomed to; — + *inf.* usually

solicitar to ask for, call

solitario, -a alone, lonely, solitary

solo, -a alone; single; very; a —as (all) by oneself; por sí — by itself

sólo only; tan — just, only

soltar (ue) to let go, free; to unclasp, untie; to drop; to shout, utter; — una carcajada to burst out laughing

soltero, -a unmarried

sollozo sob

sombra shade, shadow

sombrío, -a somber, gloomy; sullen, taciturn

someter to subdue; —se to yield

son *m.* sound

sonado, -a talked-about, famous, a scandal

sonar (ue) to sound, be heard; to ring out; — a to sound like

sondear to sound, probe

sonreír(se) (i) to smile
sonriente smiling
sonrisa smile
soñar (ue) (con) to dream (of)
sopa soup
sopapo slap
soplar to blow
soplo tip (secret information)
soportable endurable, bearable
soportar to bear, endure, hold up
sorbo sip
sordina: en — muted
sordo, -a deaf; indifferent; dull
sorprender to surprise, startle
sorpresa surprise
sosegado, -a calm, quiet
sosiego peace, quiet
sospechar to suspect
sostén m. support
sostener to sustain, hold, keep up,
uphold
suave mild, soft; smooth; tranquil;
easy; poco — rough
subir to lift (up), raise; to come up,
go up, rise; — (a) to get on (a
vehicle); —(se) a to climb
subrepticiamente surreptitiously, on
the sly
suceder to follow; to happen; to succeed
sucedido, -a successive; lo — what had
happened
suceso event
suciedad dirt, filth, grime
sucio, -a dirty, soiled
suculento, -a luscious; alluring, prom-
ising
sudado, -a sweaty
sudar to sweat, perspire
sudor m. sweat, perspiration
sudoroso, -a sweating, sweaty, per-
spiring
suegra mother-in-law
suegro father-in-law
suelo ground; floor
suelta a holiday, leave
suelto, -a loose; unrelated
sueño sleep, drowsiness; dream; coger
el — to get to sleep; con — sleepy;
descabezar un — to nod, doze;
tener — to be sleepy

suerte f. (piece of) luck, fate; —
negra bad luck; por — fortunately,
luckily
suficiente enough; lo — sufficiently
sufrir to suffer
sugerencia suggestion
sugerir (ie,i) to suggest
suizo, -a n. and adj. Swiss
sujetar to fasten, hold up, tie; to
subdue
sujeto, -a attached, fastened; mal —
flabby; n.m. fellow
sumar to add; suma y sigue add and
carry over (to the next page)
suministrar to provide, supply
sumisión submission
sumiso, -a submissive, obedient
suntuoso, -a sumptuous
superar to surpass, rise above, tran-
scend; to overcome
superficie f. surface
superfluo, -a superfluous
superior upper
suplicante suppliant, imploring,
pleading
suponer to suppose, imply
supuesto, -a p.p. of suponer: por —
of course
surco ditch; furrow
surgir to arise, come
surtidor m. pump; — de gasolina
filling station
suscitar to arouse
suspirar to sigh
suspiro sigh
sustituir to replace
susto fright, horror
susurrar to murmur, whisper
susurro whisper
sutil subtle, indefinable, intangible,
mysterious
suyo, -a hers, his, theirs, yours; de —
by nature; los —os his family; his
men; his people

tabaco tobacco, tobacco smoke
taberna tavern
tabernera barmaid
tabique m. partition
tabla board; wide part; back (of the
neck); box pleat

tabú *m.* taboo
taciturno, -a reserved, silent
tacón *m.* heel
taconear to tap one's heels
taconeo heel tapping
tacto discretion
tachuela large-headed tack; hobnail
tajada jag, spree
tajante cutting, sharp
tajo cut; chasm; trench
tal such (a); aforesaid; — **como** just as; — **cual** an occasional; — **vez** perhaps; **de** — **forma** in this (that) way
talar to cut down
talla carving
taller *m.* factory, mill; shop, workshop; *pl.* works
tallo quill
tambalear(se) to reel, sway
también also, too; even
tamborilear to drum, tap
tampoco not ... either, neither
tan so, such a; —... **como** as ... as; — **sólo** just, only
tantear to feel, try out
tanto, -a as much, so much, such; *pl.* as many, so many; **entre** — meanwhile; **otros** —**os** as many more; **poner al** — to give the news; **por (lo)** — therefore; **un** — something of a, somewhat
tañido ringing
tapa cold cut; free lunch (*with drinks*)
tapar to cover up, conceal
tapia (adobe) wall
tapón *m.* stopper; — **a rosca** screw top
tardar to delay, take long; to be late; — **(mucho) en** to be (very) long in; **ya no tardará** it won't be long now
tarde late; **más** — later
tarde *f.* afternoon; **a media** — in the middle of the afternoon; **por la** — in the afternoon
tarea task
tarima platform
tarjeta card
tartana two-wheeled carriage
tartera dinner pail, lunch box
tasa rule; **sin** — **ni medida** at will
tasca tavern, eating place
taurino, -a (of) bullfighting
taza cup
té *m.* tea
teatro theater; — **de ensayo** experimental theater
técnica technique
techo ceiling; roof
tejado roof
tejer to weave
tejido fabric, textile
telefonear to telephone
telefónico, -a (by) telephone
telón *m.* (*stage*) curtain; — **de foro** backdrop, background
tema *m.* theme, topic; story; **cambiar de** — to change the subject
temblar (ie) to tremble, shake, shiver; to flicker
temblor *m.* trembling
tembloteante flickering
temer to fear, be afraid
temeroso, -a afraid, fearful, scared, timid
temor *m.* fear, apprehension
templanza self-restraint
templar to temper; to tune; — **gaitas** to make peace
templo temple, church
temporada period (of time), season; time
temporal *m.* storm, tempest
temprano early
tendencioso, -a slanted, biased
tender (ie) to extend, spread; to stretch out; to hold out; —**se** to lie down
tenderete *m.* booth, stand
tendido, -a lying down; **a galope** — at full gallop
tener to have; to hold; — **buen cuidado** to be very careful; — **calor (frío)** to feel hot (cold); — **la culpa (de)** to be to blame (for); — **gracia** to be funny; — **lugar** to take place; — **miedo** to be afraid; — **por** to consider; — **(un poco de) prisa** to be in (something of) a hurry; — **que** + *inf.* to have to;

— **que ver con** to have to do with;
— **razón** to be right; — **sed** to be
thirsty; — **sueño** to be sleepy; —
en vela to keep awake; **no** —
precio to be priceless; **no** — **remedio** to be unavoidable
teniente *m.* lieutenant
tensión suspense
tenso, -a taut, strained
tentación temptation
tentador, -a tempting
tentar (ie) to feel, touch; to tempt
teñir (i) to dye, stain, tint
teoría theory
teórico, -a theoretical, speculative;
n.f. theory
teorizar to theorize
terapéutica therapeutics, treatment
terciar to fill in, intervene; —**se** to
be favorable
tercio corps, troop
terco, -a persistent, stubborn
térmico, -a thermal
terminantemente absolutely, strictly
terminar (de) to finish, end
término conclusion, end; term
ternura tenderness
terraplén *m.* embankment; terrace
terreno ground, land, terrain
terrón *m.* lump
terroso, -a dirty, muddy
tersar to polish; —**se** to become
smooth
tertulia gathering, group of talkers
testuz *m. and f.* forehead (*of an animal*)
tía aunt; old woman
tibio, -a lukewarm, tepid
ticatacos *m.* tic-tack-toe
tiempo time; season; day; weather;
— **después** later on; a — on time;
a un — at the same time; **al** —
(de) que as, while; **el** — **justo** just
enough time; **hace** — **(que)** for
some time, some time ago; **hacer**
— to gain (make) time; **ir bien de**
— to make good time
tienda shop; tent; — **de campaña**
army tent
tiento Andalusian song and dance
tierno, -a tender, fond, sweet

tierra earth, ground, land, country;
world; — **de labor (labranza)** tilled
land
tila linden-blossom tea
timbre *m.* bell
timidez *f.* timidity
tinieblas *f.pl.* darkness
tino aim
tinta ink; — **china** India ink
tinte *m.* cleaners
tintero inkstand, inkwell
tintineo clinking, jingling
tinto, -a *irreg. p.p. of* **teñir** wine-
colored; *n.m.* red wine
tiñoso, -a mangy
tío uncle; fellow, guy
tiple *m. and f.* soprano
tipo type; fellow
tirador *m.* marksman
tirar to throw, throw away, throw
down, toss; to take off; to drive;
— **abajo** to tear down; — **de** to
draw, pull (at), tug (at); —**se del
cuerpo** to move; —**se encima** to
spill on oneself
tiritar to shiver
tiritera shivers
tiritona shivering
tiro shot; — **al blanco** shooting gallery; a — ready, within range
tísico, -a tubercular; **morir** — to die
of tuberculosis
titubeante wavering
titular to entitle, call, name
título title; qualification, recommen-
dation
tiza chalk
tiznar to soil, stain
tocar to touch, touch at, tap; to play
(*an instrument*), ring (*a bell*); to
be scheduled
todavía still, yet; further
todo, -a all, whole; everything; —
cuanto all that; — **el mundo** everyone; — **lo (despacio) posible** as
(slowly) as possible; — **lo más** at
the most; — **lo que** all that, everything that; a — **ello** and with it
all; a —**a prisa** with the greatest
speed; —**os los (años)** every (year);
a —**as luces** anyway; **de** — com-

pletely; **de —as maneras** anyhow; **en un —** completely; **hacia —as partes** in all directions; **por —as partes** everywhere; **sobre —** especially

toldo awning, tent

Toledo city and province in central Spain

tomar to take; to take on, assume; **— a orgullo** to feel pride in

tomate *m.* tomato

tomavistas *m.* motion-picture camera

tomo volume

tonelada ton

tonificador, -a invigorating, strengthening

tontería foolish thing, triviality; *pl.* nonsense

tonto, -a foolish, silly, stupid; *n.* fool, idiot, simpleton

topar to bump; **—se con** to run into

toque *m.* touch

torcer (ue) to twist, screw up, turn

torear to provoke, string along, tease

torero bullfighter

tormenta storm; turmoil

tornar to return; to restore; **— + *infin.*** to do again

torno turn; **en — a (de)** around

toro bull; **— bravo** fighting bull; **otro —** let's change the subject

torpe slow, sluggish

torpedeamiento torpedoing

torreón *m.* turret

torrero lighthouse keeper

torta *coll.* slap; **a —s** at odds

tortilla omelet

Tortosa a town southwest of Barcelona

torvo, -a grim, fierce

tos *f.* cough

toser to cough

trabajado, -a overworked, worn out

trabajador, -a hard-working

trabajar to work

trabajo work; **a la salida del —** after work

trabajoso, -a laborious, painful

trabar to begin; **— amistad** to strike up a friendship

traducir to translate

traer to bring, carry, pass; to have

tragar to swallow

trago swallow; **echar un —** to take a drink; **entre — y —** between drinks

traición betrayal; **a —** treacherously, on the sly

traicionar to betray

traída bringing

traje *m.* suit; dress; *pl.* clothes

trajinar to bustle, hustle

trama plot

tramar to contrive, plot

tramo stretch

trance *m.* critical moment, danger

tranquilidad calm, quiet, assurance

tranquilizar to reassure

tranquilo, -a calm, peaceful, quiet

tranquillo knack

transcurrir to pass; to take place

transcurso passing, course (of time)

transeúnte *m.* passer-by; pedestrian

transgredir to transgress

transigir to agree, compromise

transmitir to pass on

transportar to bring

tranvía *m.* streetcar

trapear to flap

tras behind; **— de** after

trasatlántico ocean liner

trasero, -a back, hind

trasladar to transfer; **—se** to move, go

traslado transfer

traslúcido, -a semitransparent

traslucir to be evident

trasmundo afterlife

traspié *m.* stumble, trip

trasponer to cross

trastornar to disturb, upset

tratar to treat; **— de + *infin.*** to try to; **— de tú** to be on intimate terms with; **—se de** to be about, be a matter (question) of; **¿de qué se trata?** what is it?

través *m.* turn; **a — de** across, through

travieso, -a mischievous, naughty

trayecto journey

trazar to trace, lay out, outline, draw

trecho distance, stretch; while; **a —s**

at intervals; **de — en —** from time to time

tregua truce; **poner —** to call a halt, put a stop

tremendo, -a tremendous, dreadful

trémulo, -a quivering, vibratory

tren *m.* train

trenza braid

trepar to climb

tresillo ombre (*a card game*)

triángulo triangle

tribu *f.* tribe

tribunal *m.* court

trigo wheat; wheat field

trilla harrow; routine

trimestre *m.* trimester, quarter (*of a school year*)

trinidad inseparable three, oneness

trino trill

triscador, -a frisky

triste sad, mournful; dull

tristeza sadness; **con —** sadly

trocha trail

trole *m.* trolley pole

trompo (*spinning*) top

tronco trunk; team (*of horses*)

tropa gang; troops

tropel *m.* bustle; **en —** in a mad rush

tropezar (**ie**) to stumble; **—se con** to run into, encounter; to come across

trotecillo menudo slow trot

trovador *m.* troubadour

trozo bit, fragment, part, piece, section

tubo tube; stovepipe

tuerto, -a one-eyed

tuétano marrow; **enamorarse hasta los —s** to fall head over heels in love

tufo lock of hair

tumbado, -a arched, falling; lying down

tumbar to knock down; **—se** to lie down

turbar to disturb, trouble, upset

turbio, -a clouded, dark, dirty; troubled

turbión *m.* whirl

turgente thick

turismo tourism; touring car

turrón *m.* nougat

tute *m.* card game

último, -a last, latter; final; lowest; top; (a) **—a hora** (at) the last minute; **por —** finally

umbral *m.* threshold

unánime unanimous, as of one man

únicamente only, solely; the only way

único, -a only, single, unique

unidad unit; unanimity

uniformado, -a in uniform

unir to unite, combine, connect, join

unísono: al — in unison, at once

uno (**un**), **-a** a, one, a person; *pl.* some, a few, certain, a bunch of, a lot of; **unos cuantos** a few, some

uña fingernail

urbano, -a (of the) city

utensilio tool; *pl.* equipment

útil useful

utilizar to use, employ

Utrera a town in southern Spain

uva grape

vaca cow

vacilación hesitation

vacilante unsteady, wavering

vacilar to hesitate

vacío, -a vacant, empty; *n.m.* emptiness, vacuum, void

vacuo, -a empty, hollow

vadear to ford, wade

vado ford

vagabundo, -a stray

vagar to wander, roam, stroll; to prowl

vago, -a vague, faint

Valencia a port on the east coast of Spain

valentía courage; **armarse de —** to pluck up courage

valer to be worth, amount to (something); to be good; **— de nada** to be useless; **— más** to be better; **—se de** to avail oneself of, make use of; **—se por sí mismo** to look out for oneself; **no me vale** I don't get it

valeroso, -a brave

valiente brave; fine

valor *m.* courage; value; meaning; **armarse de —** to pluck up courage

Valladolid historic city in northwestern Spain

valle *m.* valley

vanidoso, -a vain, proud, conceited

vano, -a vain, empty, idle

vaquero cowboy, herdsman

vara rod, stick, wand; yard

varga steep slope

variante *f.* variation, variant

vario, -a varied; *pl.* various, several

varita baton; switch

varón *m.* male; boy

vasco -a *n. and adj.* Basque

vaso glass

vaya *pres. subj. of* **ir** you don't say so!; **— noche** some night! **— un pavo** what a dope! **— si lo es** I'll say it is! **— tío** what a guy!

vecindad neighborhood

vecino, -a neighboring; *n.m. and f.* neighbor

vedar to forbid

vegetal greenish, of vegetation

vehemencia violence; **con —** eagerly, emphatically, warmly

vejestorio old dodo

vejez *f.* old age; **a la —, viruelas** no fool like an old fool

vela sail; candle; **tener en —** to keep awake

velada evening; evening party

velado, -a blurred, husky

velocidad speed; **a gran —** at high speed; **coger —** to make time; **contador de —** speedometer

velocísimo, -a very swift

veloz fast, rapid, swift

vena vein, quality; inspiration

venal corrupt, unscrupulous

vencer to beat, conquer, overcome, overpower, win

vencido, -a bent, bowed, stooped

vendar to bandage, veil, conceal; to blind

vendedor, -a seller, vendor

vender to sell

vendimia vintage

vengativo, -a spiteful, vindictive

venir to come, come back; to be; **—se encima a** to overtake; **el (mes) que viene** next (month); **vente ya** come on

venta sale

ventana window

ventanal *m.* big window

ventanilla (car) window

ventilador *m.* (electric) fan

ventolera blast of wind

ventura chance; **a la — de** depending on

ver to see, watch; **a —** let's see; **echarse de —** to realize; **hay que —** it's remarkable; **tener que — con** to have to do with; **—se** to be

veraneante *m. and f.* summer vacationer

veranear to spend the summer

veras *f.pl.* truth; **de —** really; hard

verdad truth; *pl.* accuracy; ¿ **— ?** isn't that right? **de —** real, really; **las de — real** ones; **una — como una casa** a monumental truth

verdadero, -a real, true

verdín *m.* green scum (*vegetable matter on the surface of still water*), water algae

verdura vegetable

vereda path

vergüenza shame, something shameful; **dar —** to embarrass, make ashamed

vericueto (stretch of) rough ground

verídico, -a true

verja grating

vermut *m.* vermouth

verraco boar

versión version, form

vértigo dizziness, confusion

vestíbulo vestibule

vestido dress

vestir (i) to dress; to wear; **— de** to dress in; **— dc corto** to wear knee-length trousers; **—se** to get dressed (*put on clothes*)

vez *f.* time, occasion; *pl.* **veces**; **a —s** at times; **a la —** at once; **a (su) —** in (his) turn; **alguna —** sometimes; **cada — más** more and more; **cada**

— menos less and less; **de — en —** now and then; **de — en cuando** now and then; **de una —** once and for all; **en — de** instead of; **hacer las —s de** to serve as, play the part of; **muchas —s** often, many times over; **otra —** again, for the second time; **una —** once; **tal —** perhaps

vía track; **—s digestivas** digestive tract

viajante *m.* commercial traveler

viajar to travel

viaje *m.* journey, trip; travel; voyage, voyaging; **de —** making a trip, traveling

viajero, -a *m. and f.* traveler

vibrar to vibrate, move back and forth

Vichy Catalán mineral water

vida life, living

vidriero, -a (of) glass

vidrio glass

vientecillo *dim. of* **viento** breeze

viento wind; **molino de —** windmill

vientre *m.* belly, stomach

vigilancia watching; (military) police

vigilante *m.* lookout

vigilar to look, oversee, watch

vilo: en — in suspense

vinagre m. vinegar

vino wine

viña vineyard

viñedo vineyard

viñeta vignette, sketch

violado, -a violet

violento, -a by force; loud; showy

virgen *f.* virgin

viril virile, manly

virilidad manliness, manhood

virtud *f.* virtue

viruela pockmark; smallpox; **a la vejez, —s** no fool like an old fool

viscoso, -a sticky

visillo shade

visión view

visitante visitor

visitar to (go to) see

víspera eve (of), night before

vistazo look; **echar un —** to glance

visto, -a *p.p. of* **ver** seen, obvious; **por lo —** evidently; **¡estás tú muy —!** I can see right through you!

Vitoria Basque town in northern Spain

vitualla(s) food

vituperable censurable, objectionable

viuda widow

viudez *f.* widowhood

viveza brilliance

vivienda dwelling

viviente living

vivir to live, live through, experience; **lo atareado de su —** his busy life; **modo de —** means of livelihood; **¡viva!** hurrah (for)!

vivo, -a alive, live, living; lively; strong; bright, striking, vivid; **en carne —a** sore

vocación calling, career

vocear to shout

volandas: en — bodily, without touching the floor; swiftly

volante *m.* flounce, ruffle; (steering) wheel

volar (ue) to fly

volcán *m.* volcano

volcar (ue) to overturn, upset

voltereta somersault

voluntad authority; will, will power

voluntario volunteer

voluta scroll

volver (ue) to come back, go back, return; to turn; to become; **— a +** *infin.* to do again; **— la cara** to look back, turn back; **—se** to become; to turn around; **—se de espaldas a** to turn one's back on

voto vow

voz *f.* voice; cry, yell; word; **a media —** in an undertone; **en — alta** aloud; *pl.* **voces; pegar —s** to yell

vuelta return; revolution, turn; **camino de —** way back; **dar —** to turn around; **dar —s** to circle, run around; **dar una —** to stroll, take a walk; **estar de —** to be back

vuelto, -a *p.p. of* **volver** back

vulgar commonplace

vulgaridad familiarity; **¡qué —!** how commonplace!

ya already, now, soon; once; certainly, O.K., that's right; **— no** no

longer; — que since; vente ya
come on
yacer to lie
yegua mare
yeguada herd of mares
yegüerizo keeper of mares
yema (finger) tip
yergue *see* erguir
yermo wasteland
yerno son-in-law
yerto, -a stiff, rigid
Yucatán peninsula and state in southeastern Mexico

zagal *m.* youth
zagalillo lad, boy
zaino, -a dark chestnut (*color*)
zalamero, -a fawning, wheedling
zamarra (*sheepskin*) jacket
zambra celebration
zambullirse to dive
zapato shoe
zarandear to move to and fro
zarza bramble
zigzaguear to zigzag
zona area, region
zurrido blowing, humming, mooing